옛이야기의 매력

김옥순은 이화여자대학교 국어국문학과를 졸업했고, 동대학원에서 문학박사를 취득했다. 현재 국립국어연구원에서 학예연구관으로 일하고 있다. 옮긴 책으로는 《비교문학》, 《페미니즘과 문학》, 《기호학사전》 들이 있다.

주옥은 서강대학교 영어영문학과를 졸업했고, 동대학원 국문학 박사과정을 수료했다. 현재 배화여자중학교에서 영어교사로 일하고 있다. 옮긴 책으로는 《이유있는 반항》 외 다수가 있다.

옛이야기의 매력 1

초판 제1쇄 발행일 1998년 6월 20일
초판 제23쇄 발행일 2023년 3월 5일
지은이 브루노 베텔하임 옮긴이 김옥순, 주옥
발행인 박헌용, 윤호권 발행처 (주)시공사
주소 서울시 성동구 상원1길 22
전화 문의 02-2046-2800
홈페이지 www.sigongsa.com/www.sigongjunior.com

옮김 ⓒ 김옥순·주옥, 1998

THE USES OF ENCHANTMENT
by Bruno Bettelheim
Copyright ⓒ 1975, 1976 Bruno Bettelheim
Korean translation copyright ⓒ 1998 by Sigongsa Co., Ltd.
This Korean edition was published by arrangement with Ruth Bettelheim,
Naomi Pena & Eric Bettelheim c/o Raines & Raines,
New York through KCC, Seoul.

이 책의 한국어판 저작권은 KCC를 통해 Ruth Bettelheim,
Naomi Pena & Eric Bettelheim c/o Raines & Raines와
독점 계약한 (주)시공사에 있습니다. 저작권법에 의해
한국 내에서 보호받는 저작물이므로, 무단 전재와 무단 복제를 금합니다.

ISBN 978-89-7259-654-7 04800
ISBN 978-89-7259-653-0 (전 2권)

홈페이지 회원으로 가입하시면 다양한 혜택이 주어집니다.
잘못 만들어진 책은 구입하신 곳에서 바꾸어 드립니다.

옛이야기의 매력 1

브루노 베텔하임 지음 · 김옥순, 주옥 옮김

시공주니어

차 례

1권 차례

추천의 말	7
감사의 말	9
제1부 마법이 가득 찬 세계	
들어가는 글 — 삶의 의미를 찾기 위한 투쟁	13
1. 내면에서 들여다본 삶	39
2.《어부와 지니》— 옛이야기와 우화의 비교	48
3. 옛이야기와 신화 — 낙관주의와 비관주의	60
4.《아기 돼지 삼형제》— 쾌락원칙과 현실원칙	71
5. 마법의 필요성	77
6. 대리만족과 의식적 깨달음	90
7. 외부화의 중요성 — 환상적인 인물과 사건	102
8. 변형 — 사악한 계모의 환상	110
9. 내면의 혼돈에 질서 부여	122
10.《여왕벌》— 통합에의 도달	126

11. 《오누이》 — 이중적 본성의 통합　　　　　　　　　　　130

12. 《뱃사람 신드바드와 짐꾼 신드바드》 — 환상과 현실　138

13. 《천일야화》의 액자 이야기　　　　　　　　　　　　143

14. 두 형제 이야기　　　　　　　　　　　　　　　　　150

15. 《세 가지 언어》 — 통합하기　　　　　　　　　　　160

16. 《세 개의 깃털》 — 얼간이 막내둥이　　　　　　　　169

17. 오이디푸스적인 갈등과 해결

　　— 빛나는 갑옷의 기사와 위기에 처한 소녀　　　　182

18. 환상에 대한 공포 — 왜 옛이야기는 금지되는가?　　190

19. 환상의 도움으로 유아기를 넘어서기　　　　　　　201

20. 《거위 치는 소녀》 — 자율성 획득　　　　　　　　219

21. 환상, 회복, 도망, 그리고 위안　　　　　　　　　　231

22. 옛이야기의 구연에 대해서　　　　　　　　　　　242

찾아보기　　　　　　　　　　　　　　　　　　　　251

2권 차례

제2부 동화의 나라에서

23. 《헨젤과 그레텔》	267
24. 《빨간 모자》	278
25. 《잭과 콩나무》	304
26. 《백설 공주》의 질투하는 왕비와 오이디푸스 신화	319
27. 《백설 공주》	327
28. 《금발의 소녀와 곰 세 마리》	350
29. 《잠자는 숲 속의 미녀》	365
30. 《신데렐라》	381
31. 동물신랑 이야기	443
옮긴이의 말	495
참고 문헌	498
찾아보기	503

추천의 말

    심층심리학이 어린이의 교육에 무엇을 이바지할 수 있을까? 이 물음에 대한 해답이 바로 이 책《옛이야기의 매력》에 담겨 있다. 이 책은 더 나아가 어린이의 교육보다는 어린이의 정신적 발육과 정서적 성장 그 자체의 깊디깊으면서도 더없이 밝은 통찰을 강조하고 있다.

    이 책은 옛이야기를, 어린이가 유아기에서 소년기로 자라가는 과정에서 갖게 되는 경험이라기보다 자라나는 과정, 또는 현실 그 자체의 신비롭고 명증한 거울로써 이해한다. 엉뚱한 환상, 갑작스런 변신 내지는 변화, 이 세상의 것일 수 없을 상상…… 등 옛이야기의 전형적인 광경과 사건들이 어린이의 마음 속 깊은 곳에서 생생하게 펼쳐지고 있는 진실임을 낱낱이 분석하고 있다. 그것도 어머니며 할머니 그 밖의 혈친들에 관계된 것임을 보여 주고 있다. 이른바 '가족 로맨스' 또는 '가족 드라마'라고 부를 만한 이야기들의 피할 데 없는 내면적 현실에 대해서 보여 주고 있다.

    그러기에 이 책은 어린이들 마음 속을 비쳐내는 현미경이다.

    그러기에 이 책은 교사들의 지침서요, 부모들의 성전(聖典)이다.

김열규

감사의 말

　많은 사람들이 옛이야기의 연구에 몰두해 왔다. 이 책의 저술에도 많은 사람들의 노력과 도움이 있었다. 우선 어린이들과의 대화를 통해서 나는 옛이야기가 어린이들의 삶에 있어서 얼마나 중요한지를 깨닫게 되었다. 또한 정신분석은 나에게 옛이야기의 심층적 의미들을 강조할 수 있게 해 주었다. 옛이야기라는 마법의 세계를 나에게 열어 준 사람은 바로 나의 어머니였다. 어머니의 영향이 없었더라면 나는 이 책을 쓰지 못했을 것이다. 이 책을 쓰면서 여러 사람들로부터 많은 관심과 도움을 받았다. 마조리, 알 플라르쉐임, 프란시스 기텔슨, 엘리자베스 골드너, 로버트 고틀리에브, 조이스 잭, 폴 크래머, 루스 마르퀴스, 재키 샌더즈, 리네아 베이커 그 외 많은 이들에게 진심으로 감사를 표한다.

　이 책이 지금의 모습을 갖출 수 있게 원고를 편집한 조이스 잭의 노력에 감사를 드린다. 내가 로버트 고틀리에브를 만나게 된 건 행운이었다. 뛰어난 통찰력을 지닌 고틀리에브는 심오하고 비판적인 태도로 필자들을 고무시키는 힘을 겸비한 사람으로, 작가들이 바라는 가장 이상적인 편집 발행인이다.

　마지막으로 이 책의 저술을 가능하게 한 스펜서 재단의 총체적인 지원에 진심으로 감사를 표하고 싶다. 재단 이사장인 토마스 제임스의 따뜻한 이해와 우정은 내가 맡은 일을 완수하는 데 많은 격려가 되었다.

브루노 베텔하임

옛이야기의 매력 1

들어가는 글—삶의 의미를 찾기 위한 투쟁

　만약 우리가 하루하루를 덧없이 보내는 것이 아니라 참된 존재로서의 나를 의식하며 살고 싶다면, 가장 절실한 과제는 삶의 의미를 찾는 일일 것이다. 얼마나 많은 사람들이 삶의 의미를 찾지 못한 채 살려는 의욕마저 상실하고 마는가. 삶의 의미란 특정한 나이가 된다고 해서 저절로 알게 되는 것이 아니며, 더구나 어른이 된다고 해서 갑자기 이해되는 것도 아니다. 삶의 의미에 대한 온전한 이해는 정신적 성숙을 통해서만 가능한데, 정신적 성숙은 오랜 시일에 걸친 자아 발전의 최종적 결과이다. 그러므로 나이를 먹으면서 그때마다의 정신연령과 이해 수준에 알맞게 고민하며 탐색한 의미들이 차곡차곡 쌓여서 삶의 의미가 찾아지는 것이다.
　고대 신화에서는 아테네 Athena가 제우스 Zeus의 머리에서 이미 다 만들어져 나왔다지만, 인간의 지혜란 한 번에 완성될 수 없다. 어렸을 적부터 기회가 있을 때마다 조금씩 늘어나는 것이다. 그리고 성인이 되어서야 비로소 세상 속에서 자신이 경험한 바를 통해 자기 존재의 의미를 제대로 이해할 수 있게 된다. 그런데 안타깝게도 많은 부모들은 자녀의 정신 작용이 자신들과 같다고 여긴다. 마치 부모 자신들이 세상을 이해하고 삶의 의미를 자각하는 데에, 그리고 몸과 마음이 자라는 데에 오랜 시간이 전혀 필요 없었다는 듯이 말이다.

예로부터 지금까지 어린이들을 키우는 데 가장 중요하면서도 힘든 일은 어린이가 자기 삶의 의미를 발견하도록 도와 주는 것이다. 삶의 의미를 발견하려면 어린이는 성장 과정에서 많은 경험을 할 필요가 있다. 어린이는 성장하면서 단계적으로 자신을 보다 잘 이해하게 되고, 타인도 잘 이해할 수 있게 되며, 결국에는 서로 만족스럽고 의미 있는 관계를 맺게 된다.
  보다 심오한 의미를 발견하기 위해 사람은 자기 중심적 사고라는 좁은 경계를 뛰어넘어야 하며, 자신이 세상에 어떤 중요한 기여를 할 것이라는 믿음이 있어야 한다. 물론 당장은 아니겠지만 언젠가는 그렇게 될 거라는 믿음이 있어야 하는 것이다. 그래야만 자신과 자신의 일에 만족할 수 있다. 그리고 삶의 일시적인 역경에 흔들리지 않으려면 스스로 내면적인 자질들을 개발해야만 한다. 즉 감수성, 상상력, 지성과 같이 서로 상승작용을 하는 내면적 자질들을 개발해야 한다. 긍정적인 감정은 우리에게 이성을 강화할 수 있는 힘을 주며, 미래에 대한 희망은 어쩔 수 없이 부딪쳐야 하는 역경 속에서 우리를 지탱시켜 주기 때문이다.
  정신장애아를 교육하고 치료하는 의사로서, 나의 주된 임무는 사람들에게 삶의 의미를 되찾아 주는 일이었다. 이 일을 하면서 내가 새삼 확인한 바는, 삶의 의미를 느끼며 성장한 어린이들에게는 이런 특별한 도움이 따로 필요 없다는 사실이다. 나는 어린이들이 어떤 체험을 통해 자기 삶의 의미를, 더 나아가 보편적인 삶의 의미를 발견하게 되는지 알아내고자 하였다. 부모와 보호자의 영향이 무엇보다도 중요하였다. 그 다음으로 중요한 것은 문화적인 유산으로, 그것은 어린이에게 올바른 삶의 태도를 전달한다. 어린이에게 가장 영향력 있는 문화적 유산은 역시 문학이다.
  이 사실을 생각할 때, 나는 어린이들의 심성이나 인격을 계발시킬 의도로 만든 많은 문학작품들에 대해 매우 불만스럽다. 요즘의 문학작품들이 어린이의 내적 문제를 해결하는 데 필요한 내적 자질들을 자극하고 북돋우지 못하기 때문이다. 초등학교 저학년용 책들은 의미보다는 읽는 능력을 가르치기 위해 고안되었다. 그리고 소위 "어린이책"들은 흥미와 정보를 주려는 내용들이 대부분이다. 이런 책들은 대체로 내용이 가벼우며 별 중요한 의미를 담고 있지 않다. 읽기 능력을 포함한 어휘력을 습득하였다 하더라도, 읽은 내용이 어린이의 삶에 별로 의미를 보탠 바 없다면 그 책의 가치는 떨어질 수밖에 없다.

우리는 어떤 행위의 현재적 의미로 미래의 의의를 평가할 때가 많다. 특히 어린이들의 경우는 더욱 그렇다. 어린이들은 현재 속에서 생활하고 있으며 비록 미래를 불안해하지만, 미래에는 무엇이 필요하며 또 어떤 모습일 거라고 막연하게 생각하고 있다. 현재 어린이가 열심히 읽고 있는 책의 내용이 공허하다면, 책을 읽으면 미래의 삶이 풍요로워진다는 사실을 어린이들은 믿지 않으려고 할 것이다. 이런 어린이책의 단점은, 어린이들이 문학으로부터 얻어야 할 것들을 제공하지 못한다는 것이다. 발달 단계에 있는 현재의 어린이에게 가장 중요한 심층적 의미를 담지 못하고 있다는 점이다.

어린이의 관심을 유발시키는 이야기는, 어린이를 즐겁게 만들고 호기심을 불러일으키는 이야기이다. 또 그 이야기들이 어린이의 삶에 도움이 되려면 어린이의 상상력을 자극해서 지적 능력을 발달시키고 감정을 풍요롭게 하는 이야기여야 한다. 뿐만 아니라 어린이의 불안이나 소망을 받아들이고, 어려움을 이해시키며, 동시에 어린이가 괴로워하는 문제의 해결책도 제시하는 이야기여야 한다. 간단히 말해, 어린이의 인성 전반에 작용하는 이야기여야 한다. 어린이가 처한 난관을 대수롭지 않게 여기기보다는 심각성을 충분히 인식하고, 동시에 어린이에게 현재나 미래에 대한 자신감을 북돋우는 이야기여야 한다.

이런 모든 관점에서 볼 때, "어린이 문학" 전체를 통틀어, 옛이야기만큼 어린이와 어른 모두에게 충족감을 주는 것은 없다. 옛이야기가 현대사회의 구체적인 삶의 상황들에 대해 직접적으로 가르치는 바가 거의 없는 것은 사실이다. 현대사회가 생기기 훨씬 전에 만들어진 이야기이기 때문이다. 그러나 옛이야기는 어린이들이 읽는 어떤 유형의 이야기보다도 인간의 내면 문제들에 대해서 많은 가르침을 주고 또 어린이가 처한 난관에 알맞은 해결책을 제시한다. 어린이는 항상 자신이 속한 사회의 여러 상황에 노출되어 있기 때문에, 내면적인 자질들을 발휘하기만 하면 틀림없이 그러한 삶의 상황들에 대처하는 방법을 알게 될 것이다.

살다보면 혼란스러운 때가 많다. 언젠가는 스스로 혼란을 극복해 나가야 하는 이 복잡한 세상에서, 어린이는 자신을 더 많이 알 기회가 필요하다. 그러기 위해서는 어린이가 감정의 동요를 극복할 수 있도록 도와 주어야 한다. 어린이에게는 내면을 정리할 수 있는 방법이 필요하다. 그래야만 그것을 기초로 안정된 삶을 살아갈 수 있다. 그리고 요즘 세상에서는 경시되고 있지만 도덕 교육도 중요하다. 미묘하고 암시적인 방식으로 도덕적 행위의 이로움을 알려 주는 그런 도덕 교육이 어린이에게 필요하다. 추상적이고 윤리적인 개념이 아니라 실감나면서도 저절로 의미를 깨닫게 되는 방식이 필요한 것이다.

옛이야기는 어린이들에게 이런 의미들을 제공해 준다. 현대 심리학자들이 연구해 낸 이 사실을 옛 시인들은 이미 예견했다. 독일 시인, 쉴러 Schiller는 인생이 가르쳐 준 진리보다 훨씬 심오한 의미가, 어린 시절에 들었던 옛이야기 속에 들어 있다고 말했다.

옛이야기는 수백 년 동안 거듭되면서 표면적 의미와 심층적 의미를 함께 지니게 되었다. 그리하여 인간의 모든 심리적인 측면에 동시에 호소할 수 있게 되었으며, 어른은 물론이고 순진한 어린이의 마음에까지 닿을 수 있는 방법으로 의미를 전달한다. 정신분석 모델을 적용해 보면, 옛이야기는 의식 conscious, 전의식 preconscious, 무의식 unconscious 등 모든 정신 층위에 작용하며 중요한 메시지를 전달한다. 그리고 삶의 보편적인 문제들, 특히 어린이들의 머릿속에 자리잡고 있는 문제들을 다룸으로써, 이제 싹트기 시작하는 자아의 발달을 자극한다. 뿐만 아니라 옛이야기는 어린이를 전의식과 무의식의 억압에서 해소시킨다. 이야기가 전개됨에 따라, 어린이는 본능의 억압을 긍정적으로 자각하게 되며, 또 자아와 초자아가 허용하는 선에서 본능을 충족시킬 방법을 찾게 된다.

그러나 옛이야기에 대한 나의 관심은 옛이야기의 효용에 대해 심리학적인 분석을 하다가 생겨난 것이 아니다. 정상이든 아니든 지적 수준이 어떠하든 간에 어린이들이 다른 책보다 옛이야기에서 훨씬 만족감을 느끼는 이유가 무엇일까를 자문하면서 그런 관심이 생긴 것이다.

왜 옛이야기들이 어린이들의 내면적 삶을 풍요롭게 만들어 주는가를 이해하려고 하면 할수록, 나는 그 이야기들이 다른 어떤 책보다도 어린이의 심리와 감정에 대해 깊은 이해를 가지고 시작하고 있음을 깨달았다. 옛이야기는 어린이들이 무의식적으로 겪는 심각한 내면적 억압을 이해할 수 있게 해 준다. 그리고 어린이들이 성장하면서 겪게 되는 심각한 내적 갈등을 소홀히 다루지 않으며, 여기에 대한 일시적이면서도, 영구적인 해결책을 동시에 제공하고 있었다.

나는 스펜서 재단 Spencer Foundation의 후원으로 정신분석이 어린이교육에 기여하는 바가 무엇인지 연구할 수 있었다. 책을 읽거나 이야기를 듣는 것이 어린이교육의 핵심적인 방법이므로, 나는 옛이야기가 어린이교육에 있어 그토록 중요한 이유를, 깊고 치밀하게 연구하는 기회로 삼아야겠다고 생각했다. 나의 희망은 옛이야기의 고유한 장점을 부모나 교사들이 제대로 이해하는 것이다. 그리고 옛이야기가 수백 년 동안 어린이들의 삶 속에서 담당하던 그 역할을 다시 맡기를 바라는 것이다.

옛이야기와 삶의 어려움

　어린이들은 성장하면서 심리적으로 여러 가지 난관을 겪는다. 자아도취에서 비롯된 실망, 오이디푸스적 갈등 oedipal dilemmas, 형제간의 경쟁심 sibling rivalry 등을 극복해야 하고, 또 소아적 의타심을 버려야 하며, 자신감과 자긍심을 기르고 윤리적인 감각을 익히기 위해서 자기의 내면을 이해할 수 있어야 한다. 그래야만 자신의 무의식 속에서 일어나는 일에 대처할 수 있기 때문이다. 어린이는 이성의 힘으로 무의식을 이해하고 여기에 대처하는 능력을 발달시키는 것이 아니다. 어린이는 백일몽 속에서 천천히 무의식과 친숙해지면서 그런 능력을 얻게 된다. 이야기 속에서 자신의 무의식적 억압과 부합되는 요소들을 만나면, 그것들을 되새겨 보고 이리저리 맞추어 보고 공상하다가 자연스럽게 그런 억압과 친숙하게 된다. 이 과정에서 어린이는 무의식적 내용을 환상의 형태로 의식하게 되는데, 이 환상으로 무의식적 억압에 대처하게 된다. 옛이야기의 가장 소중한 가치가 바로 여기에 있다. 옛이야기는 스스로는 발견하지 못했을 어린이의 상상력에 새로운 차원을 부여하기 때문이다. 더욱더 중요한 것은, 옛이야기의 형식과 구조가 제시하는 이미지를 통해 어린이들은 백일몽을 만들며 보다 나은 삶의 방향을 알게 된다는 사실이다.

　어른에게든 아이에게든 무의식은 그 사람의 행동을 결정짓는 강력한 요인이 된다. 무의식을 억압하고 무의식의 내용이 의식으로 떠오르지 못하게 출구를 막아 놓으면, 나중에는 의식까지도 이런 무의식적인 억압이 파생시킨 영향에 부분적으로 지배를 받게 될 것이다. 그렇지 않으면 자신의 무의식을 강제로 억제해야 하는데, 그러다가 성격이 심하게 비뚤어지게 된다. 그러나 무의식의 내용이 어느 정도 의식의 층으로 떠오르도록 허용이 되고 상상 속에서라도 작동을 할 수 있으면, 무의식이 자신에게나 남에게 해를 끼칠 가능성은 훨씬 줄어든다. 오히려 무의식적 욕망이 긍정적인 용도로 활용될 수도 있다. 그러나 대부분의 부모들은 어린이를 혼란시키는 그런 힘들로부터 어린이를 떼어놓아야 한다고 믿고 있다. 즉 어린이들은 형체 없고 이름 모를 불안, 혼돈, 분노, 심지어는 폭력적인 환상까지 지니고 있는데, 여기에서 어린이들의 주의를 돌려놓아야만 한다고 믿는다. 오로지 실제로 의식되는 현실이나 즐겁고 소망스런 이미지들과 같은 사물의 밝은 면만 보여 주어야 한다는 것이다. 그러나 현실은 절대로 밝은 면만 있는 것이 아니기 때문에 그런 정서적인 편식은 마음의 한쪽 면만 살찌우게 된다.

일반적으로 부모들은 세상의 많은 악의 근원이 바로 우리 자신에게 있다는 사실을 어린이에게 알리는 데에 거부감을 느낀다. 모든 인간에게는, 공격적이고 배타적이고 이기적이며 화를 잘 내는 성향이 있다는 사실을 어린이들에게 밝히고 싶어하지 않는다. 그 대신 모든 인간이 본질적으로 착하다고만 가르치려고 한다. 그러나 어린이들은 자신이 항상 착하지는 않다는 사실을 알고 있으며, 또 비록 착한 행동을 하더라도 마음 속은 그렇지 않은 경우도 많다는 것까지 알고 있다. 이런 점은 부모가 가르쳐 준 것과는 모순이 되며, 따라서 어린이는 자신을 괴물처럼 느낄 수도 있다.

인간에게는 어두운 면이 존재하지 않는 것처럼 이야기하고 사회가 좋은 방향으로 나아가리라는 낙관론만을 어린이들에게 강조하는 것이 문화적인 관습이 되었다. 정신분석 자체도 인간의 삶을 편안하게 만드는 데 그 목적이 있는 것처럼 보인다. 그러나 이것은 정신분석학의 창시자가 의도했던 바가 아니다. 정신분석은, 삶의 부정적 본질 때문에 사람들이 파멸하거나 도피하지 않고, 삶의 부정적 본질을 자연스럽게 받아들일 수 있게 하기 위하여 창시되었다. 프로이트 Sigmund Freud의 처방에 의하면 인간은 자기를 압도하는 듯 보이는 것들에 용감하게 대항함으로써 자기의 존재 의미를 찾는 일에 성공할 수 있다.

바로 이 점이 옛이야기가 어린이들에게 다양한 형태로 전달하는 메시지이다. 삶의 가혹한 어려움에 대처해야 하는 것은, 어쩔 수 없는 인간 존재의 본질적인 측면이다. 그러나 소심하게 피하지 않고 예기치 못한 곤경이나 부당한 어려움에 대항해 싸우다 보면 어느새 모든 장애물을 극복하여 결국에는 승리하게 된다는 메시지가 모든 옛이야기에 들어 있다.

오늘날의 창작동화들은 이러한 존재론적인 문제들이 우리 모두에게 매우 중요한 것인데도 그것을 잘 다루지 않는다. 특히 어린이들에게는 이런 문제를 어떻게 극복하여 무사히 성장할 수 있는지를 상징적인 형태를 통해 암시해 줄 필요가 있다. "건전한" 창작동화들은 존재의 한계인 죽음이나 늙음에 대하여, 또는 영원한 삶을 얻으려는 소망에 대하여 아무런 언급도 하지 않는다. 이와 반대로 옛이야기는 어린이들을 기본적인 삶의 역경과 대면케 한다.

예를 들면, 많은 옛이야기는 부모 중 어느 한쪽의 죽음에서 이야기가 시작된다. 그리고 현실에서와 마찬가지로 옛이야기 속에서도 부모의 죽음은 가장 고통스런 문제들을 일으킨다. 또 어떤 옛이야기는 늙은 부모가 자식들에게 재산이나 가업을 물려주어야겠다고 결심하는 대목에서 이야기가 시작된다. 여기서 자식들은 가업을 물려받기 전에 자신의 능력과 가치를 증명하여야 한다. 그림 형제 The Brothers Grimm의 옛이야기《세 개의 깃털 The Three Feathers》은 이렇게 시작된다.

> 옛날 옛적에 세 명의 아들을 둔 왕이 있었습니다……. 왕은 나이가 들어 하루가 다르게 기운이 떨어지자, 자기가 죽고 난 뒤의 일을 걱정하기 시작했습니다. 왕은 어느 아들에게 왕위를 물려주어야 할지 고민이었습니다.

왕위를 물려줄 아들을 결정하기 위해서 왕은 세 아들에게 어려운 과제를 내고 그 일을 가장 잘 해내는 아들에게 "왕위를 물려주겠다"고 한다.

존재의 복잡함을 간단명료하게 보여 주는 것이 옛이야기의 특징이다. 옛이야기는 어린이에게 가장 핵심적인 형태로 문제를 파악할 수 있게 해 준다. 구성이 복잡하면 어린이는 혼란스러워진다. 옛이야기는 모든 상황을 단순화시킨다. 윤곽은 명료하게 드러내고, 덜 중요한 세부사항은 과감하게 삭제한다. 옛이야기에 등장하는 인물들은 개성적이라기보다는 전형적이다.

오늘날의 창작동화와는 대조적으로, 옛이야기에서는 악도 선과 마찬가지로 아무데서나 나타난다. 옛이야기에는 모든 선과 악이 각각 어떤 인물의 모습이나 행위로 형상화되어 있다. 현실 세계에 선과 악이 고루 존재하고 인간의 마음 속에 그 두 성향이 나란히 존재하는 것과 마찬가지이다. 바로 이 양면성 때문에 윤리 문제가 제기되며, 그것을 해결하기 위한 투쟁이 필요하게 되는 것이다.

모든 악에는 매력적인 요소가 있다. 옛이야기에서 악은 힘센 거인이나 용, 마녀의 힘, 《백설 공주 Snow White》에 등장하는 사악한 여왕 등으로 상징되고 있으며, 일시적이나마 우월한 위치에 서는 경우가 많다. 또 《신데렐라 Cinderella》에 나오는 간사한 언니들처럼, 마땅히 주인공이 차지해야 할 지위를 잠시 강탈하고 있는 경우가 많다. 악한이 벌을 받는 결말 부분에서 어린이가 도덕적 교훈을 얻는 것은 아니다. 현실에서나 옛이야기에서나 처벌에 대한 두려움은 악행을 제한적으로 억제할 뿐이다. 악행으로는 결코 승리할 수 없다는 확신이야말로 훨씬 더 효과적인 악행 억제 수단이다. 이것이 바로 옛이야기 속에서 악한이 마지막에는 모든 것을 잃게 되는 이유이다. 또 마지막에는 선이 승리한다는 사실보다는 주인공이 너무나 매력적이라는 사실이 어린이들의 도덕성 증진에 더 기여한다. 어린이는 주인공과 자신을 동일시하는데, 주인공과 더불어 온갖 시련과 고통을 겪다가 마지막에 승리하면, 자기도 함께 승리하였다고 상상한다. 어린이들은 이런 동일시를 통해, 주인공의 내적 외적 투쟁으로부터 얻은 도덕률을 마음 속 깊이 새기는 것이다.

옛이야기 속의 인물들은 현실 속의 우리와는 달리 선악을 동시에 지니지 않는다. 어린이들은 편가르기를 즐겨하므로, 옛이야기 속에서도 좋은 편과 나쁜 편이 분명히 갈라진다. 그리하여 등장인물은 착하거나 나쁘거나 둘 중의 하나이지, 그 중간이란 있을 수 없다. 형이 어리석으면, 동생은 현명하다. 동생이 착하고 부지런하면, 언니는 비열하고 게으르다. 한 사람이 아름다우면, 다른 사람은 추하다. 아버지가 선하면, 어머니는 사악하다. 이런 대립적 성격의 병치는, 교훈적인 문학과 달리, 선한 행동을 강조하기 위해서가 아니다(선악이나 미추가 아무런 기능도 하지 않는, 도덕과 무관한 옛이야기들도 얼마든지 있다). 상반되는 성격을 등장시키는 것은 어린이가 둘의 차이를 쉽게 이해할 수 있게 하기 위해서이다. 만약에 옛이야기 속 인물을 실제 인물처럼 실감나게 그린다면, 어린이는 인물들 간의 차이를 파악하기 힘들다. 바람직한 인물과의 동일시를 통하여 비교적 확고한 인격이 자리잡을 때까지 모호한 요소들은 뒤로 미루어져야 한다. 그래야만 어린이는 사람들 사이에 큰 차이가 있다는 것을 깨닫게 되며 자기도 어떤 쪽이 되고 싶은지를 선택할 수 있다. 이런 기초적인 선택은 훗날 내면적 성숙을 이루는 바탕이 된다. 옛이야기 속 인물의 양극화는 바로 이 선택을 수월하게 만드는 것이다.

 더욱이 어린이는 옳고 그름의 기준보다는 자기의 맘에 드는지 아닌지의 여부로 선택한다. 따라서 선한 인물이 더욱 단순하고 명료하게 그려질수록 어린이는 그 인물과 쉽게 동일시되며 나쁜 인물을 거부한다. 어린이는 주인공이 선하기 때문에 동일시하는 것이 아니라, 주인공의 조건이 마음에 들기 때문에 동일시하는 것이다. 어린이가 스스로에게 하는 질문은 "착한 사람이 될까?"가 아니라 "누구처럼 될까?"이다. 어린이는 옛이야기 속의 인물에 자신을 전적으로 투사시킴으로써 그 질문의 답을 결정한다. 만약 옛이야기 속의 그 인물이 착하다면, 자기도 착한 사람이 되겠다고 마음먹는 것이다.

 도덕과 무관한 옛이야기들은 선악으로 양극화하거나 선악을 병치하지 않는다. 왜냐하면 이런 이야기들은 전혀 다른 목적을 지니고 있기 때문이다. 《장화 신은 고양이 Puss in Boots》의 주인공은 속임수를 통해 성공하며, 《잭과 콩나무 Jack and the Beanstalk》에서 잭은 거인의 보물을 훔친다. 이런 이야기들은 선과 악 사이의 선택은 중요하지 않으며, 보잘것없는 인물도 인생에서 성공할 수 있다는 희망을 어린이들에게 심어 줌으로써 인성 발달을 돕는다. 자신이 너무나 하찮아서 아무 일도 못 해낼 거라고 두려워하는 어린이에게 착한 사람이 되겠다는 선택이 무슨 소용이 있겠는가? 이런 옛이야기의 주제는 도덕성이 아니며, 누구나 성공할 수 있다는 확신이다. 어려움을 극복할 수 있다는 믿음으로 사느냐, 아니면 패배를 예상하며 사느냐는 매우 중요한 문제이다.

대부분의 현대 창작동화는 원초적 충동과 폭력적 감정에서 비롯되는 깊은 내면적인 갈등을 다루지 않는다. 이런 창작동화를 읽으면서 어린이들은 그런 내적 갈등을 해결하는 데 아무런 도움도 받지 못한다. 오히려 어린이들은 고독감과 소외감 등의 자포자기적 감정에 휘말리기 쉽고, 종종 죽음에 대한 불안 같은 절망감도 경험한다. 그런 경우 대개는 자기의 감정을 언어로 표현하지 못하며, 한다 해도 우회적으로 표현할 수밖에 없다. 예를 들어, 어둠이나 어떤 동물을 무서워한다든지, 자신의 신체에 대한 불안 등에 대한 표현이다. 부모들은 어린이의 그런 불안감의 표현을 무시하거나 가볍게 여기는 경향이 있다. 어린이의 그런 정서를 인정하게 되면 부모의 심경이 불편해지기 때문이며, 그런 태도가 어린이의 공포를 덮어 줄 수 있다고 믿기 때문이다.

그러나 옛이야기에서는 이러한 존재의 불안과 어려움을 매우 진지하게 다루며 직접 말해 준다. 예를 들어, 애정에 대한 욕구, 자신의 가치에 대한 불안감, 또 삶에 대한 애착이나 죽음의 공포 등을 직접 다룬다. 게다가 옛이야기는 어린이의 이해 수준에 맞게 해결책을 제시한다. 예를 들어, 옛이야기는 "그들이 만약 죽지 않았다면, 아직도 살아 있을 것이다"라는 결말을 통해 오래 살고 싶어하는 욕구를 표현한다. 또 다른 결말에 사용되는 "그 후 그들은 영원히 행복하게 살았답니다"라는 표현은 마치 영원한 삶이 가능한 것처럼 어린이를 속이는 것이 아니다. 홀로 살면 이 세상의 삶이 고통스럽지만 다른 사람과 진실로 만족스러운 관계를 맺으면 그런 고통이 사라진다는 것을 말하고 있다. 그런 유대를 통해 사람은 궁극적으로 정서적인 안정감과 관계의 영속성에 도달하고, 또 죽음의 공포까지도 사라지게 한다고 가르친다. 옛이야기는 또 진실하고 성숙한 사랑을 발견한 사람은 더 이상 영원한 삶을 바랄 필요가 없음을 말해 준다. "그 후로 그들은 오래오래 행복하게 살았답니다"로 끝나는 옛이야기들이 다 그러하다.

옛이야기의 이런 결말이 비현실적인 소원성취라고 보는 견해는, 옛이야기가 어린이에게 주는 중요한 메시지를 지나치고 있는 것이다. 옛이야기는 어린이에게 참된 인간관계를 통해 자기를 괴롭히는 분리불안 separation anxiety에서 벗어날 수 있음을 말하고 있다(분리불안은 옛이야기에서 흔히 설정되는 상황으로 항상 결말에서 해소된다). 또 엄마에게 끝까지 집착하면 결코 바람직한 결말이 이루어지지 않는다는 것도 이야기한다. 만약에 필사적으로 부모의 품에 매달려 분리와 죽음의 공포를 피하려고만 한다면, 헨젤과 그레텔처럼 매정하게 내쫓기고 말 거라는 것이다.

옛이야기 속의 주인공은 바깥 세상에 뛰어들었기 때문에 자신을 발견할 수 있었고, 오랫동안 함께 행복하게 살 사람도 만나게 되었으며, 더 이상 분리불안에 시달릴 필요가 없게 되었다. 옛이야기는 어린이에게 미래의 지표를 제공한다. 어린이는 의식과 무의식 양면으로 그것을 이해한다. 그리하여 어린이가 유치한 의타심을 버리고 보다 만족스런 존재로 독립할 수 있도록 이끈다.

오늘날 어린이들은 더 이상 대가족 제도나 잘 화합된 공동체와 같은 안전한 울타리 안에서 양육되지 않는다. 그러므로 오늘날의 어린이들에게 옛이야기는 더욱 중요하다. 혼자 세상 속에 뛰어들어야 하는 주인공의 이미지가 더욱 필요해졌기 때문이다. 처음에는 어디로 가는지 잘 몰랐으나 깊은 내적 확신을 가지고 올바른 길을 따라가다 보니 어느덧 세상에서 안전한 곳을 찾게 되는 주인공의 이미지를 어린이들에게 심어 줄 필요가 있는 것이다.

요즈음 어린이들이 종종 고립감을 느끼는 것과 마찬가지로 옛이야기 속의 주인공도 일정 기간 고립되어 지낸다. 또 어린이들이 어른들보다 나무와 동물 같은 자연물과 쉽게 친해지는 것과 마찬가지로, 옛이야기 속의 주인공 역시 자연물과 친하게 지내며 자연물의 도움을 받게 된다. 어린이들은 마치 이야기 속의 주인공처럼 자기도 낯선 세상 속으로 쫓겨났으며 버림받고 어둠 속을 헤매고 있다는 느낌이 들기도 한다. 하지만 자기도 주인공처럼 한 걸음 한 걸음 삶의 길로 인도될 것이고 필요할 때 도움을 받을 거라고 믿게 된다. 과거 어느 때보다 오늘날의 어린이들은, 고립되어 있으면서도 마침내 주변 세계와 의미심장하고 소중한 관계를 맺을 수 있는 주인공의 이미지에서 안도감을 느낄 필요가 있다.

옛이야기 : 독특한 예술 형식

옛이야기를 읽으면서 어린이는 즐거움을 느낄 뿐만 아니라 자신에 대해 많은 것을 깨닫게 되고 점점 성숙해진다. 옛이야기는 서로 다른 여러 차원의 의미를 지니며 다양한 방법으로 어린이의 삶을 풍요롭게 하기 때문에, 옛이야기만큼 어린이의 삶에 많은 기여를 할 수 있는 책은 없을 것이다.

이 책은 옛이야기가 어떤 상상적 형식을 통해 바람직한 인격발달의 과정을 표현하고 있는가를 알아내고, 어떻게 어린이를 매료시켜 자기도 그런 길을 걷고 싶게 만드는지를 밝혀 보고자 한다. 자아의 발달은 부모에 대한 반항과 성장에 대한 두려움에서 출발한다. 그리고 성장하면서 자신의 참모습을 찾고 정신적 독립과 도덕적 성숙을 이루며 더 이상 이성을 위험하거나 흉하다고 느끼지 않고 그들과 긍정적인 관계를 맺게 되면서 완성된다. 간단히 말해, 이 책은 옛이야기가 어린이의 내적 성장에 지대하고 유익한 심리적 공헌을 하는 이유를 설명하고 있다.

옛이야기를 읽으면서 경험하는 즐거움이나 매력은 옛이야기의 심리적 의미에서 오는 것이 아니라(물론 기여는 하지만), 옛이야기의 문학적 특질, 즉 옛이야기가 예술작품이라는 데서 온다. 만약 옛이야기가 예술작품이 아니라면 어린이에게 그런 심리적 공헌을 할 수 없을 것이다.

옛이야기는 하나의 문학 형식으로서도 독특하지만 어린이들이 완전히 이해할 수 있다는 점에서 독특하며, 어떤 예술도 이 점을 따라갈 수가 없다. 모든 위대한 예술이 그러하듯이, 옛이야기의 심오한 의미는 읽는 사람에 따라 달라지고, 또 같은 사람이라도 성숙의 정도에 따라 달라진다. 같은 이야기를 또 읽게 되어도 어린이는 그 당시의 관심과 필요에 따라 새로운 의미를 발견해 낸다. 옛날에 읽었던 옛이야기의 의미를 확대시킬 준비가 되었을 때, 다시 한 번 읽어 본다면, 똑같은 내용이라도 새로운 의미를 발견하게 될 것이다.

예술작품으로서의 옛이야기 속에는 이 책에서 밝히는 심리적인 의미와 영향 외에도 탐색해 볼 만한 많은 측면들이 있다. 예를 들어, 옛이야기 속에는 우리의 문화적 유산들이 많이 남아 있으며 이것들은 책을 통해 어린이들에게 전달된다.[1] 또 옛이야기가 어린이들의 도덕교육에 미치는 독특한 공헌에 대해서도 상세히 살펴볼 만하다. 그러나 이 문제에 대해서는 간단히 언급하게 될 것이다.

---

1) 한 예를 들면 다음과 같다. 그림 형제의 옛이야기 《일곱 마리 까마귀 The Seven Ravens》에서는 막내 여동생이 태어난 후, 일곱 명의 오빠가 까마귀로 변하게 된다. 오빠들은 여동생의 세례식에 쓸 물을 길어 오라는 심부름을 하다가 우물에다 물동이를 빠뜨리게 되는데, 이것이 바로 이야기의 배경이

민속학자들은 자신의 학문적 방법론으로 옛이야기를 연구한다. 언어학자와 문학 비평가는 또 다른 측면에서 옛이야기의 의미를 연구한다. 예를 들어, "빨간 모자"가 늑대에 의해 잡아먹히는 모티프에 대해 내린 다양한 해석들을 살펴보면 재미있다. 밤이 낮을 집어삼킨 것, 달이 해를 가린 일식, 여름이 가고 겨울이 옴, 또는 신이 제물을 집어삼키는 모습 등 여러 가지 해석을 하고 있다. 이런 해석들은 재미있기는 하지만, 어린이에게 옛이야기가 어떤 의의를 지니는지를 알고 싶어하는 부모나 교사들에게는 별 도움이 되지 못한다. 어린이들의 경험은 자연현상이나 신의 세계에 대한 관심에 기반을 둔 해석과 너무나 동떨어져 있기 때문이다.

옛이야기에는 종교적인 모티프들도 많이 들어 있다. 또한 많은 성경 구절들이 옛이야기와 비슷한 성질을 가지고 있다. 옛이야기를 듣는 사람에게 옛이야기가 불러일으키는 의식적 무의식적인 연상들은 각자가 지닌 사고의 틀과 선입관에 따라 달라진다. 그래서 종교적인 사람들은 옛이야기 속에서 이 책에서 언급하지 않은 다른 많은 중요한 요소들을 발견할 수 있을 것이다.

대부분의 옛이야기들은 종교가 삶의 중요한 부분을 차지하고 있던 시대에 만들어졌다. 그리하여 옛이야기들은 직접적 또는 암시적으로 종교적인 주제를 다룬다. 《천일야화 The Thousand and One Nights》는 이슬람교의 내용으로 가득 차 있다. 상당수의 서구 옛이야기들도 종교적인 내용

되는 운명적인 사건이다. 여기서 세례식은 기독교적인 삶이 시작됨을 의미한다. 기독교가 자리잡기 위해서 사라져야만 하는 것들을 일곱 명의 오빠가 상징한다고 볼 수 있다. 그렇게 볼 때, 일곱 명의 오빠는 기독교 이전 고대 사회에서 하늘의 신들을 상징했던 일곱 개의 행성을 가리킨다. 그리고 새로 태어난 여자 아이는 새 종교를 의미한다. 새 종교는 기존의 종교가 그 발전을 가로막지 않아야만 지속될 수 있다. 기독교의 출현과 더불어, 이교도를 상징하는 오빠들은 어둠 속으로 추방당한다. 그러나 까마귀가 되어서도 오빠들은 세상의 끝에 있는 산에서 살고 있다. 그리고 이것은 그들이 지하의 무의식적인 세계에서 계속 존재하고 있다는 것을 암시한다. 그들이 인간의 모습으로 돌아오는 것은 여동생이 자신의 손가락 하나를 희생하였기 때문이다. 이것은 필요하다면 몸의 일부라도 희생할 수 있는 사람만이 천국에 들어갈 수 있다는 기독교적인 관념을 확인시켜 준다. 새로운 종교인 기독교는 처음에 이교도에 묶여 있던 사람들까지도 구원할 수 있다.

을 담고 있는데, 대부분의 그런 옛이야기들은 오늘날 사람들의 관심영역에서 제외되어 별로 알려지지 않았다. 왜냐하면 요즈음에는 그런 종교적 주제가 더 이상 의미 있는 연상들을 불러일으키지 못하기 때문이다. 그림 형제의 가장 아름다운 이야기들 중의 하나인《성모 마리아의 아이 Our Lady's Child》가 소홀하게 취급되는 것도 그런 경우라고 할 수 있다. 이 이야기는《헨젤과 그레텔 Hansel and Gretel》과 거의 똑같은 상황에서 시작된다. 즉 깊은 숲 속에서 나무꾼과 그의 아내가 겨우겨우 먹고살고 있었다. 이들 부부는 너무나 가난해서 세 살된 딸을 더 이상 먹여 살릴 수가 없었다. 이 부부의 근심에 감동된 마리아가 그 사람들 앞에 나타나서 자신이 그 아이를 천국으로 데려가 보살피겠다고 제안한다. 아이는 열네 살이 될 때까지 그곳에서 행복하게 잘 지낸다. 열네 살이 되자,《푸른 수염 Bluebeard》의 사건과 흡사하게, 마리아는 소녀에게 열세 개 방의 열쇠를 맡기면서 열두 개의 방은 열어도 되지만 나머지 방은 열면 안 된다고 한다. 소녀는 유혹을 이기지 못해 그 방을 열어 본다. 그리고 그것에 대해 끝까지 거짓말을 하여, 결국 벙어리 신세가 되어 지상으로 돌아온다. 소녀는 세상에서 온갖 시련을 겪으며 살다가 마침내 장작더미 위에서 화형에 처해질 위기를 맞는다. 바로 그때 소녀는 죄를 고백하고 싶다는 간절한 소망을 갖게 되고, 그러자 자신의 죄를 고백할 수 있도록 목소리를 되찾게 된다. 또한 마리아는 소녀에게 "평생 행복한 삶"을 살게 해 주겠다고 약속한다. 이 이야기의 교훈은 다음과 같다. 거짓을 말하는 목소리는 우리에게 파멸을 가져다 줄 뿐이다. 그럴 바에는 차라리 이야기의 주인공처럼 벙어리가 되는 편이 더 낫다. 그러나 회개하여 자신의 실수를 인정하고 진실을 말하는 목소리는 우리를 구해 준다.

그림 형제의 옛이야기책에는 종교적인 암시를 내포하거나 발단으로 삼은 이야기가 상당수 있다.《다시 젊어진 노인 The Old Man Made Young Again》의 시작은 이렇다.

> 예수님께서 지상에 계실 때의 일입니다. 어느 날 저녁 예수님은 성 베드로와 함께 스미스 씨의 집 앞에서 걸음을 멈추셨습니다…….

또 다른 이야기 《가난뱅이와 부자 The Poor Man and The Rich Man》에서는 예수도 다른 옛이야기의 주인공처럼 너무 오래 걸어서 지쳐 있다. 이렇게 시작된다.

> 예수님께서 사람들과 함께 세상을 걸어다니던, 오래 전의 일입니다. 밤이 되자 예수님께서는 몹시 피곤하셔서 묵을 곳을 찾아보았습니다. 그러나 여인숙은 어디에도 보이지 않았습니다. 주위를 둘러보니 여인숙 대신에 길 양쪽에 마주 보며 서 있는 두 채의 집이 보였습니다…….

옛이야기가 지닌 이런 중요하고도 흥미로운 종교적 요소는 이 책의 범위나 목적에서 벗어나므로 여기서는 다루지 않고 남겨 둔다.

이 책은 비교적 그 집필 목적을 제한하였다. 이 책의 목적은 옛이야기가 어린이들의 성장과 인성 발달에 중요한 기능을 하는 이유를 밝히는 것이다. 따라서 애석하지만 몇 가지 한계점들을 미리 밝혀 두고자 한다.

첫째, 오늘날 널리 읽히는 옛이야기는 소수에 불과하다는 점이다. 만약 비교적 덜 알려진 옛이야기들도 다룰 수 있었다면, 이 책의 논점을 뒷받침할 보다 생생한 예를 들 수 있었을 것이다. 그러나 그런 이야기들은 예전에는 안 그랬겠지만 오늘날은 아는 사람이 거의 없어서 그 내용까지 제시해야 하는데, 그렇게 되면 책의 부피가 너무 커진다는 부담이 있었다. 그래서 여전히 인기를 누리고 있는 몇몇 옛이야기에 논점을 맞추기로 하였다. 그리하여 그 옛이야기의 심층적 의미와 그것이 어린이의 성장과정에, 또 세계 속에서 우리가 스스로를 이해하는 데 있어 어떠한 관련을 맺고 있는지를 살펴보았다. 그리고 이 책의 후반부에서는 유명한 옛이야기 몇 편의 의미와 매력을 찾아보았다. 이것이 성취하기 힘든 완벽을 기하려고 애쓰는 것보다 낫다고 생각하였기 때문이다.

만약에 이 책이 옛이야기 가운데 한두 편만을 집중적으로 다루었더라면, 보다 많은 측면들을 보여 줄 수 있었을 것이다. 물론 그 경우라도 모든 의미를 다 밝힌다는 것은 불가능하다. 왜냐하면 옛이야기는 각기 너무나 많은 의미를 내포하고 있기 때문이다. 특정 연령의 특정 어린이에게 어떤 이야기가 가장 중요한지는 전적으로 그 어린이의 심리 발달 단계와 그 당시에 어린이가 받는 억압에 달려 있다. 이 책을 쓰면서 나는 옛이야기의 중심적 의미들에 초점을 맞추었다. 부차적인 의미들도 어떤 시기의 어떤 특정 문제로 갈등하고 있는 어린이에게는 각별히 중요할 수도 있다는 점에서 이것은 결점이 될 수도 있다. 이 점 또한 이 책이 지닌 어쩔 수 없는 한계이다.

예를 들어,《헨젤과 그레텔》을 논의하면서 나는 두 가지 점을 강조하였다. 과자로 만든 집을 허겁지겁 먹어대는 것으로 상징되는 구순욕구 oral greediness를 어린이가 초월할 필요가 있다는 점과 스스로 세상과 대면해야 하는 시기가 왔는데도 어린이가 끝까지 부모에게 집착하고 있다는 두 가지를 중점적으로 다루고 있다. 그리하여 이 이야기에는 어린이가 세계에 첫발을 기꺼이 내딛는 데에 도움이 될 만한 것들이 많이 들어 있다. 《헨젤과 그레텔》은 어린이들의 불안감에 형상을 부여하고 그 형상화된 공포심을 안도감으로 바꾸어 준다. 왜냐하면 어린이의 불안감을 잡아먹힐지도 모른다는 공포심의 형상으로 과장해 놓았지만, 곧 그것은 쓸데 없는 걱정임이 판명되기 때문이다. 결국에는 어린이들이 승리하고 그토록 무섭던 마녀는 완전히 퇴치되었다. 따라서《헨젤과 그레텔》은 옛이야기가 유익한 영향력을 행사하기 시작하는 네댓 살 어린이에게 가장 강한 호소력과 의미를 지닌다는 사실이 밝혀진다.

그러나 분리불안, 즉 버림받는 것에 대한 공포와 구순욕구를 포함한 굶주림에 대한 공포는 성장과정의 특정 시기에만 국한되어 있는 것이 아니다. 그런 공포는 나이와 상관없이 무의식 속에 존재하므로,《헨젤과 그레텔》은 좀더 나이가 많은 어린이들에게도 의미가 있으며 용기를 준다. 사실 나이 든 사람이 부모로부터 버림받는 것에 대한 공포나 구순욕구를 의식의 차원에서 인정하거나 직시하기는 힘들다. 바로 이런 이유 때문에 옛이야기처럼 무의식에 말을 걸게 하는 것이 중요하다. 옛이야기는 의식의 차원에서는 깨닫지 못하는 사이에 그런 불안감을 형상화하여 해소시켜 준다.

《헨젤과 그레텔》의 또 다른 요소가 좀더 성장한 어린이들에게 꼭 필요한 안도감과 가르침을 제공할 수도 있다. 십대 초반의 어떤 소녀는《헨젤과 그레텔》에 매료되어 읽고 또 읽었다. 그리고 그것을 몽상하면서 굉장히 위로를 받았다. 그 소녀는 어렸을 때부터 나이 차가 별로 나지 않는 오빠의 지배를 받아 왔다. 소녀의 오빠는 마치 헨젤이 동생과 함께 숲에서 집으로 돌아오기 위해서 조약돌로 표시를 남겼던 것처럼 동생을 인도해왔다. 사춘기가 되어서도 소녀는 계속 오빠에게 의존했다. 그리고《헨젤과 그레텔》의 그런 면들이 소녀에게 안도감을 주었다. 그러면서도 소녀의 무의식 한편에서는 오빠의 지배를 받는 것에 화가 나 있었다. 당시 그 소녀는 그것을 전혀 의식하지 못했지만, 헨젤의 모습이 떠오를 때마다 독립하고 싶은 마음이 들었다.《헨젤과 그레텔》은 소녀의 무의식에 헨젤을 따라가면 되돌아간다고 이야기하고 있었다. 또한 처음에는 헨젤이 동생을 인도하지만 마지막에는 그레텔이 마녀를 퇴치하고 그 둘을 위한 독립을 성취한다는 사실도 의미심장했다. 성인이 된 후에 이 여인은《헨젤과 그레텔》이 오빠에 대한 의존에서 벗어나는 데에 큰 도움이 되었음을 알게 되었다. 처음에 오빠에게 의존한 것이 나중에 성장하는 데에는 아무런 지장이 없다는 사실을 확신하였기 때문이다. 이런 식으로 어렸을 때 어떤 이유로 의미를 지녔던 이야기가, 청년기에는 또 다른 이유로 도움을 줄 수 있다.

《백설 공주》의 중심 모티프는 한 사춘기 소녀가 질투심에 사로잡힌 계모를 여러 방면으로 능가한다는 것이다. 계모가 백설 공주를 죽이려고 애쓰는 행위가 상징하듯이, 계모는 독립된 존재로서의 백설 공주를 부인한다. 그러나 다섯 살의 한 어린이가 받아들인 그 심층적 의미에는 사춘기 문제 같은 것은 완전히 빠져 있다. 그 아이의 엄마는 냉정하고 거리감이 있어서, 아이는 버림받은 느낌이 드는 상황이었다. 《백설 공주》는 이 어린이에게 절망할 필요가 없다고 안심시킨다. 계모에게 배반당한 백설 공주는 남자들에 의해, 즉 처음에는 난쟁이들에 의해 나중에는 왕자에 의해 구원받는다. 마찬가지로 그 아이도 엄마의 냉정함에 절망하지 않게 되었으며, 오히려 남자들에게서 구원받을 거라는 확신이 생겼다. 《백설 공주》가 가르쳐 준 바를 믿은 아이는 아빠에게 관심을 돌리기 시작했으며 아빠는 아이를 따뜻하게 대해 주었다. 《백설 공주》의 행복한 결말은, 엄마의 냉정함으로 곤경에 빠진 어린이에게 행복한 해결책을 제시한 것이다. 그리하여 하나의 이야기는 서로 전혀 다른 개인적 의미를 얻게 된 것이지만, 열세 살짜리 어린이에게나 다섯 살짜리 어린이에게나 각기 다른 중대한 의미를 지닐 수 있다.

《라푼첼 Rapunzel》에서 마녀는 라푼첼이 열두 살이 되자 탑 속에 가둔다. 《라푼첼》도 질투심 많은 엄마가 딸의 독립을 방해하는 사춘기 소녀의 이야기와 같다. 자립은 사춘기의 전형적인 문제이고, 라푼첼이 왕자를 만남으로써 이 사춘기의 전형적인 문제를 행복하게 해결한다. 그러나 어떤 다섯 살짜리 남자 아이는 이 이야기에서 전혀 다른 종류의 안도감을 얻었다. 어머니는 일하러 가고 아버지는 집에 없었기 때문에 할머니가 하루 종일 어린이를 돌봐 주었는데, 그 날은 할머니가 몹시 아파서 병원에 가야 한다는 사실을 알게 되었다. 그때 그 아이는 할머니에게 《라푼첼》을 읽어 달라고 졸랐다. 바로 그 어린이가 처한 어려운 상황에서 《라푼첼》은 아이에게 두 가지 의미를 지녔다. 첫째는 《라푼첼》에서는 대리 엄마가 아이를 모든 위험들로부터 안전하게 지켜 주었는데, 그 점이 당시의 그 아이에게는 매우 의미심장했다. 일반적으로 부정적이고 이기적인 행동으로 보이던 것이 특정 상황에서는 가장 안심이 되는 행동을 뜻할 수 있다. 그리고 그 어린이에게 더욱 중요했던 것은 《라푼첼》의 또 다른 중심 모티프다. 즉 라푼첼을 곤경에서 탈출케 한 수단이 바로 신체에 있었다는 사실이다. 왕자가 탑 꼭대기에 있는 라푼첼의 방에 올라갈 때 사용했던 수단은 바로 라푼첼의 머리채였다. 사람의 몸이 바로 구명수단이 된다는 사실은, 만약에 필요하다면, 자기도 마찬가지로 자기 몸을 이용하여 안전을 유지할 수 있다는 안도감을 준다. 이렇게 볼 때 옛이야기는 가장 환상적인 형태로 인간의 핵심적인 문제들을 간접적으로 다룬다. 그래서 주인공이 사춘기 소녀로 나타나는 옛이야기일지라도 어린 남자 아이에게 들려줄 수 있는 것이 많다.

이런 사례들은 옛이야기의 중심 모티프에 초점을 맞추는 나의 견해를 불리하게 하는 것일 수 있다. 이런 사례들은 주인공의 나이나 성별에 관계없이 옛이야기가 모든 나이의 어린이들에게 중요한 심리적 의미를 지니고 있음을 보여 준다. 옛이야기는 어린이들이 제각기 다른 문제를 가지고 있어도 쉽게 자기와 동일시할 수 있으므로 풍부한 의미를 제공한다. 어릴 적에는 자신을 헨젤의 인도를 받던 그레텔과 동일시하던 소녀가 이제 사춘기가 되어서는 마녀에게 승리를 거둔 그레텔과 동일시한다. 그리하여 스스로 보다 가치 있고 안전하게 독립을 하면서 성장하게 된다. 어릴 적에는 탑 속에 갇히는 것이 안전한 보호라고 생각하던 그 소년은, 훗날 자기의 몸이 안전한 구명 수단이 된다는 확신을 갖고 있었기 때문에 보다 큰 성공을 누릴 수 있었다.

어떤 옛이야기가 어떤 나이의 어떤 어린이에게 가장 중요한 의미를 지니는지는 알 수 없다. 따라서 어떤 시기에 어떤 옛이야기를 들려 주어야 할지, 또 그 이유는 무엇인지를 우리는 판단할 수 없다. 이것은 오로지 어린이만이 결정할 수 있다. 어린이는 이야기에 대한 반응으로 그것을 결정한다. 이야기가 어린이의 의식과 무의식에 어떤 작용을 하는지는 어린이의 반응으로 드러나는 것이다. 부모들은 어린 시절에 좋아했던 이야기나 또는 지금도 좋아하는 이야기를 어린이에게 읽어 주거나 들려 주면서 자연스럽게 시작할 수 있다. 만약에 어린이가 이야기에 몰입하지 않으면, 그 이야기의 모티프나 주제가 어린이에게 의미 있는 작용을 하지 않았음을 의미한다. 그럴 경우 다음 날에는 다른 이야기를 들려 주는 것이 좋다. 그러다 보면 어느 시점에서 어린이는 어떤 이야기에 즉각적인 반응을 보이거나 또는 그 이야기를 계속 들려 달라고 요구한다. 바로 그 이야기가 당시의 어린이에게 중대한 의미를 지니고 있는 것이다. 이쯤 되면, 이야기에 대한 어린이의 열정은 부모에게까지 옮겨져서, 어린이에게 중요한 바로 그 이유 때문에, 그 이야기는 부모에게도 중대한 의미를 지닌다. 그러다가 어린이가 그 이야기로부터 얻을 만한 것을 모두 얻어 냈거나 또는 자기가 반응했던 심리적 문제들이 다른 것으로 바뀌는 때가 온다. 그러면 어린이는 일단 그 이야기에 흥미를 잃으며 다른 이야기에 흥미를 보인다. 어린이가 이끄는 대로 옛이야기를 들려주는 것이 항상 최상의 방법이다.

부모는 어린이가 그 이야기에 몰두하는 이유를 정확히 알아 냈더라도 그것을 혼자만 알고 있는 것이 좋다. 어린이의 소중한 경험과 대부분의 반응은 대개 잠재의식 underconscious 속에서 일어나고 있다. 그것은 나이가 들어 보다 성숙한 이해의 수준에 도달할 때까지 잠재의식 속에 그대로 두어야 한다. 한 사람의 무의식 속의 생각을 해석하는 것, 즉 잠재의식에 남겨 두고 싶은 것을 의식으로 떠올리게 하는 것은 항상 의식을 침해하는 일이 된다. 특히 어린이에게는 더욱 그러하다. 부모와 함께 옛이야기를 즐김으로써 서로 감정을 공유하고 있다는 느낌만큼이나, 자신이 마음먹기 전까지는 자신의 내면을 부모에게조차 숨기고 싶은 느낌도 어린이가 느끼는 행복감의 중요한 요인이다. 만약에 부모가 그걸 이미 알고 있다고 밝히는 행위는 은밀하게 간직했다가 나중에 함께 나눈다는 즐거움, 즉 어린이가 부모에게 줄 수 있는 가장 귀한 선물을 어린이에게서 미리 빼앗는 결과를 가져온다. 게다가 부모는 어린이에 비해 훨씬 강한 존재이기 때문에 부모의 지배력에 압도돼 버릴지도 모른다. 만약에 자신도 미처 깨닫지 못한 비밀스런 생각과 숨은 감정을 부모가 미리 간파하고 있다고 여겨지면, 그것은 결정적이고 파괴적일 수 있다.

어떤 옛이야기에 왜 그렇게 끌리는지를 어린이에게 설명하는 것은 그 옛이야기의 매력을 파괴하는 결과를 가져온다. 왜냐하면 옛이야기의 매력은 그 이야기를 즐기는 이유를 자기도 모르고 있기 때문이다. 그리고 옛이야기의 매력이 상실되면 어린이 스스로 그 당시의 문제를 이해하고 또 극복할 수 있는 잠재력도 상실하게 된다. 어른들의 해석이 아무리 옳은 것일지라도, 어린이 스스로 이야기를 반복해서 듣고 반추함으로써 스스로 어려움을 극복했다는 그 뿌듯한 느낌을 어린이에게서 박탈하는 결과밖에 남는 것이 없다. 우리는 성장하면서 자신의 문제를 스스로 이해하고 해결하는 가운데 성숙한 삶의 의미를 발견해 왔다. 그런 것들은 다른 사람의 설명으로 얻어지는 것이 아니다.

옛이야기의 모티프는 신경증적인 증상이 아니다. 신경증적인 증상을 제거하기 위해서는 문제를 이성적으로 이해하는 편이 더 낫다. 그런데 옛이야기의 모티프들은 신기하게 경험된다. 왜냐하면 어린이는 옛이야기를 통해 자신의 감정, 희망, 불안을 깊이 이해받고 공감받았다는 느낌이 들기 때문이다. 아직 어린이에게는 그런 것들을 낯선 이성의 불빛 아래 끌고 가서 조사할 필요는 없다. 옛이야기는 왜 그런 경이로운 느낌이 드는지를 본인이 전혀 모른다는 사실 때문에, 어린이의 삶을 풍요롭게 하고 어린이에게 매력을 지니고 있는 것이다.

이 책은 어른들, 특히 어린이들을 돌보면서 지내는 어른들에게 옛이야기의 중요성을 알리기 위해 쓰여졌다. 앞서도 지적했듯이, 이 책에서 제시하는 해석말고도 얼마든지 다양한 해석들이 있을 수 있다. 옛이야기는 다른 모든 참된 예술작품들과 마찬가지로, 어떤 논리적인 추론으로도 다 규명할 수 없는 다면적인 풍요로움과 깊이를 지니고 있다. 이 책에서 분석된 내용은 단지 그 중의 한 예나 제안으로 간주되어야 한다. 만약 누구든 자기 나름대로 깊은 의미 분석을 시도한다면, 그 사람은 옛이야기에서 보다 다양한 개인적 의미를 추출할 수 있을 것이다. 그리고 그런 의미들이 옛이야기를 듣게 되는 어린이들에게도 더욱 많은 의미를 지닐 수 있을 것이다.

그러나 이쯤에서 한 가지 각별히 중요한 한계를 다시 언급하고자 한다. 옛이야기는 원본으로서만 그 참된 의미와 영향을 제대로 이해할 수 있고, 그 매력을 경험할 수 있다는 사실이다. 이야기 속의 주요 사건들만 언급하는 것은 한 편의 시에 나타난 사건들의 목록이 독자에게 아무런 느낌을 전달하지 못하는 것과 똑같다. 이 책에서는 주요 대목만 이야기할 수밖에 없다. 옛이야기를 원본 그대로 실을 여건이 아니기 때문이다. 이 책에서 논의되는 옛이야기들은 아무데서나 쉽게 구할 수 있으므로, 꼭 원본과 함께 읽기 바란다.[2] 《빨간 모자 Little Red Riding Hood》이건 《신데렐라》건 또는 다른 어떤 옛이야기이건 간에 그것은 반드시 원본의 문학적 특성과 함께 감상해야 하며, 또 그렇게 해야만 그 이야기들이 얼마나 감수성을 풍부하게 하는지를 이해할 수 있다.

---

2) 이 책에서 토의된 옛이야기들의 판본에 관해서는 각주를 참조.

제1부
마법이 가득 찬 세계

1. 내면에서 들여다본 삶

> 빨간 모자는 나의 첫사랑이었다. 빨간 모자와 결혼할 수 있다면 나는 완전한 환희를 맛볼 수 있을 거라고 항상 생각해 왔다.

찰스 디킨즈 Charles Dickens의 이 말은 온 세계의 수천만 어린이들처럼 디킨즈 역시 옛이야기에 깊이 매료되어 있었음을 보여 준다. 후일 세계적으로 유명한 작가가 된 후, 디킨즈는 옛이야기 속의 매력적인 인물과 사건들이 자신의 창조적 재능에 결정적인 영향을 미쳤음을 기꺼이 인정했다. 디킨즈는 편협한 합리론에 기초하여 옛이야기를 합리적으로 설명하려는 사람들과 옛이야기의 내용이 건전하지 못하다고 함부로 삭제하거나 고치려는 사람들을 항상 경멸했으며, 또 그런 자신의 견해를 여러 번 밝힌 바 있다.

옛이야기의 내용을 함부로 삭제하거나 고치는 사람들은 옛이야기가 어린이들에게 주는 지대한 공헌을 박탈하고 있다는 것이다. 성숙한 의식을 획득하는 것은, 어린이들에게는 가장 힘들지만 가장 가치 있고 귀중한 과업이다. 성숙한 의식을 통해서만 어린이들은 무의식의 혼돈스런 억압을 극복할 수 있다.

그런데 옛이야기 속의 이미지는 그 어느 것보다도 그 과업을 성취하는

데에 큰 도움이 된다는 것이다.[3]

예로부터 지금까지, 옛이야기는 상상력이 풍부한 보통 어린이들의 상상력에 작용하여 그들의 마음을 열게 하고 그들로 하여금 보다 고양된 인생의 모습을 받아들이고 이해하게 한다. 또 어린이들은 옛이야기를 읽음으로써 위대한 문학과 예술작품을 쉽게 즐길 수 있다. 그 예로, 시인 루이스 맥니스 Louis MacNeice는 이렇게 말했다.

> 참된 옛이야기는 항상 나에게, 한 인간만큼이나 많은 것을 의미했다. 그런데 초등학교 시절에 이 사실을 인정하는 것은 창피한 일이었다. 오늘날까지도 많은 사람들이 그렇게 생각하는 것과는 반대로, 옛이야기 중에서도 고전이 된 민담들은 웬만한 자연주의 소설보다 훨씬 알차다. 가십난만큼이나 깊이 없는 자연주의 소설들이 얼마든지 있다. 민담과 안데르센 Hans Christian Andersen의 옛이야기나 노르웨이 신화처럼 세련된 옛이야기들, 그리고 내가 열두 살쯤에 졸업한 《앨리스 Alice》나 《물의 아기 Water Babies》 같은 이야기에서 《요정의 여왕 Faerie Queene》에 이르는 옛이야기들은 모두 알찬 내용으로 되어 있다.[4]

체스터튼 G. K. Chesterton과 루이스 C. S. Lewis 같은 문학 비평가들은 옛이야기를 "영혼의 탐험"이라고 여겼으며, 그래서 어느 소설보다도 "우리의 삶에 근접해 있다"고 했다. 옛이야기 속에는 "보고 느낀 그대로의 삶, 또는 내면에서 들여다 본 인간의 삶"이 들어 있기 때문이다.[5]

---

3) 《빨간 모자 Little Red Riding Hood》와 옛이야기에 대한 디킨즈의 견해는, 앵거스 윌슨 Angus Wilson의 《찰스 디킨즈의 세계 The World of Charles Dickens》(London, Secker and Warburg, 1970)와 마이클 코친 Michael C. Kotzin의 《디킨즈와 옛이야기 Dickens and the Fairy Tale》(Bowling Green, Bowling Green University Press, 1972) 참조.
4) 루이스 맥니스의 《우화의 다양성 Varieties of Parable》(New York, Cambridge University Press, 1965).
5) 체스터튼의 《강령 Orthodoxy》(London, John Lane, 1909)과 루이스의 《사랑의 알레고리 The Allegory of Love》(Oxford, Oxford University Press, 1936)에서 인용.

옛이야기는 다른 어떤 문학 형태와도 다르게, 어린이로 하여금 자신의 참모습과 소명을 발견하도록 이끈다. 그리고 옛이야기는 어떤 경험들이 어린이의 인성이 발전하는 데에 필요한지도 알려 준다. 그리고 어떤 역경을 만나도 마침내는 그 고생을 보상하는 훌륭한 삶에 누구나 도달할 수 있다고 암시적으로 이야기하고 있다.

그리고 그곳에 도달하기 위해서는 곳곳에서 도사리고 있는 위험스런 모험을 회피해서는 안 되며, 그 과정을 꼭 거쳐야만 참된 자신의 모습에 도달할 수 있다. 옛이야기는 만약에 어린이가 이 위험한 모험에 용감히 뛰어들면, 선한 힘들이 그를 도와 마침내 승리할 것임을 약속한다. 옛이야기는 또한, 겁 많고 소심해서 그 모험에 뛰어들 수 없는 사람은, 더 나쁜 운명에 떨어지지는 않는다 하더라도, 평범한 존재로 남게 될 거라고 경고한다.

지난 세대에는 옛이야기를 귀중히 여기고 사랑했던 어린이들이, 맥니스가 겪었던 것처럼, 현학적인 사람들의 조롱거리가 되기 십상이었다. 오늘날의 상황도 그보다 나을 게 없다. 요즈음의 어린이들은 옛이야기를 알 기회까지 아예 빼앗겨 버렸기 때문이다. 대부분의 어린이들이 아름답게 다듬어지고 단순하게 바뀌어 실제의 의미는 약화되고 심오한 뜻은 사라진 판본으로 옛이야기를 읽는다. 즉, 옛이야기가 무의미한 오락물로 바뀌어 마치 영화나 TV 쇼 같은 수준이 되어 버렸다.

역사 이래로 어린이들의 지적 생활은 가족들과의 직접 경험을 빼면 신화나 종교설화, 그리고 옛이야기에 의존하여 왔다. 이런 전통적인 문학은 어린이들의 상상력을 길러 주고 그들의 공상을 자극했다. 동시에 가장 중요한 문제들에 대한 해답을 제시함으로써 어린이의 사회화를 중개해 왔다. 신화나 종교설화는 세계의 기원과 목적, 그리고 어린이가 추구해야 하는 이상적인 사회상의 개념 형성에 자료를 제공하였다.

그 예로 무적의 영웅 아킬레스 Achilles, 의지의 사나이 오디세우스

Odysseus, 더러운 마구간을 치워도 위엄이 조금도 손상되지 않는 힘센 영웅 헤라클레스 Hercules, 입고 있던 외투의 반을 잘라 불쌍한 거지에게 주는 성 마르틴 St. Martin의 이미지들이다. 오이디푸스 신화가, 부모에 대한 복잡하고 이중적인 감정으로 인해 어린이가 겪는 심리상태를 이해하는 이미지가 된 것은 프로이트 Sigmund Freud부터가 아니다. 프로이트가 이 신화를 언급한 것은, 모든 어린이들이 특정 연령에 이르러 자신의 방식으로 헤쳐 나갈 수밖에 없는 정서적 혼란 상태를 경험하고 있음을 알리기 위해서였다. "라마야나 Ramayana"의 일부는 사랑과 결혼의 원형으로, 평안한 용기와 서로에 대한 열정적인 헌신을 주제로 하고 있다. 게다가 힌두교 문화에서는 현실 속에서 이 신화를 누구든지 재현하여야 한다. 즉, 모든 힌두교의 신부들은 "시타 sita"라고 불리며, 결혼식의 절차에 그 신화의 일부를 재현하는 의식이 있다.

옛이야기는 내면의 심리상태를 인물이나 사건으로 표현하여 겉으로 드러나게 하고 이해 가능한 것으로 만든다. 이것이 바로 힌두 민간요법에서 심리적인 질병을 앓고 있는 사람을 치료할 때 그 사람에게 알맞는 옛이야기를 들려 주는 이유이다.

옛이야기를 묵상하는 동안, 병을 앓고 있는 사람은 자기 괴로움의 본질과 해결방법이 머릿속에 떠오른다는 것이다. 인간의 절망과 희망, 고난의 극복법을 담고 있는 특정 이야기에서, 환자는 고통에서 벗어나는 방법뿐만 아니라 이야기 속의 주인공처럼 자기 자신을 발견하는 방법까지 알아낼 수 있다.

그러나 옛이야기가 성장기의 어린이들에게 특별히 중요한 이유는 이 세상을 사는 올바른 방법을 가르친다는 데에 있지 않다. 그런 지혜라면 종교나 신화, 또는 우화에서도 얼마든지 구할 수 있다. 옛이야기는 세상을 사실 그대로 묘사하지도, 또 어린이들에게 어떻게 해야 한다고 충고하지도 않는다. 만약에 옛이야기의 기능이 그런 것이라면, 힌두교의 치료법도 행동강령을 주고 그대로 따라 하라고 그랬을 것이다. 만약 그랬다면 그것은 좋은 치료법이기는커녕, 오히려 증세를 더욱 악화시켰을 것이다. 옛이야기는 환자 스스로 자신의 문제를 해결하게 하기 때문에, 치료의 효과가 있는 것이다. 바로 그 순간 자신이 처한 내면적 갈등에 옛이야기가 던지는 의미를 환자가 곰곰이 생각하다 보면, 어느덧 자신의 문제의 실마리가 풀리는 것이다. 그때 주어진 옛이야기는 환자의 외부 생활과는 항상 아무 관계가 없고, 언뜻 이해할 수 없고 따라서 해결될 수도 없어 보이는 그의 내적인 문제와 관련되어 있다. 옛이야기에서도 사건은 충분히 실감나게 일어나고 일상적인 내용들로 되어 있지만, 명백한 외부 세계를 가리키지는 않는다.

옛이야기의 비현실적인 면(편협한 합리론자들이 반대하고 나서는)이 바로 옛이야기가 지닌 가장 중요한 장치이다. 바로 그 장치를 통해, 옛이야기는 외부 세계에 대한 유용한 정보보다는 개인의 내면 심리로 관심을 이끈다.

대부분의 문화에서, 신화를 민담이나 옛이야기와 구별하는 뚜렷한 경계는 없다. 그것들은 모두 문자 이전 사회의 문학을 구성한다. 노르웨이 어에서는 이 둘을 "saga"라는 한 단어로 부른다. 독일어는 신화를 "sage"라고 하고, 옛이야기를 "märchen"이라고 한다. 옛이야기를 지칭하는 영어 "fairy tale"은, 사실은 옛이야기 속에 요정이 거의 나오지도 않는데 이상하게 요정 fairy의 역할이 강조되어 있다.

신화와 옛이야기는 그것이 기록되어 더 이상 변하지 않게 된 후에야 비로소 일정한 형태를 갖추었다. 문자로 기록되기 이전에, 그 이야기들은 수세기에 걸쳐 반복 구전되어 오는 과정에서 압축되거나 상당히 정교해졌다. 또는 다른 이야기와 합쳐지기도 했다. 옛이야기는 듣는 사람의 관심사에 따라, 또는 말하는 사람의 관심사나 특수한 시대상황 등에 따라 계속

수정되었던 것이다.

  어떤 옛이야기는 신화에서 발전되었으며, 그 과정에서 다른 이야기들이 첨가되었다. 이 두 형식은 한 사회의 축적된 경험이 형상화된 것이라 할 수 있다. 사람들은 누구나 과거의 지혜를 불러와서 미래의 세대에게 물려주고 싶어한다. 이런 이야기들에는 오랜 세월을 거치면서 인류를 지탱해 온 온갖 심오한 통찰들이 가득 차 있다. 그것들은 어린이들이 다른 어떤 형식에서도 얻을 수 없는, 단순하고 직접적이며 또 이해하기 쉬운 유산인 것이다.

  신화와 옛이야기는 서로 공통된 점이 많다. 그러나 옛이야기와는 달리 신화에서는 문화영웅이 등장하며 이 영웅은 평생 동안 본받아야 할 인물로 제시된다.

  신화는 옛이야기처럼 상징적인 형태로 내적 갈등을 표현할 수도 있고, 그 갈등을 해소하는 방법을 암시할 수도 있다. 그러나 이것은 신화에 필수적인 주된 관심사가 아니다. 신화는 주제를 엄숙한 방식으로 제시한다. 거기에는 어떤 정신적인 힘이 있다. 그것은 평범한 인간에게는 항상 부담이 되는 초인적인 영웅의 형태로 존재하고 경험된다. 우리 평범한 인간이 그런 영웅처럼 되려고 노력하면 할수록, 자신이 열등하다는 느낌만 더 절실해진다.

  옛이야기 속의 인물이나 사건 역시 내적 갈등을 구현하고 보여 준다. 그러나 옛이야기는 갈등을 풀 수 있는 방법과 더 높은 인격으로 나아가기 위한 다음 단계에 대해서 암시하고 있다. 옛이야기는 그것들을 단순하고 소박한 방법으로 제시하여 듣는 사람에게 아무런 부담도 주지 않는다.

  이런 점으로 인해, 옛이야기는 아무리 어린 어린이에게도 특정한 방식으로 행동해야 한다는 부담을 주지 않으며 열등감을 불러일으키지도 않는다. 부담을 주기는커녕, 오히려 안도감과 미래에 대한 희망을 주며, 행복한 결말을 약속한다. 그런 이유로 루이스 캐럴 Lewis Carroll은 옛이야기

를, 신화에는 결코 어울리지 않는 표현인 "사랑의 선물"이라고 부른다.[6]

"옛이야기"라 불리는 모든 이야기들이 다 이 기준에 맞아떨어지는 것은 아니다. 이런 이야기들 중에는 단순한 오락물이나 경고성 이야기, 또는 우화인 경우가 많다. 만약에 우화라면 아무리 옛이야기 형식으로 되어 있어도, 그것은 언어, 행동, 사건을 수단으로 하여 인간이 지켜야 할 도리를 말하고 있다.

우화는 다분히 도덕적이어서 부담을 주고 위협을 하거나 아니면 단순히 즐거움을 줄 뿐이다. 이야기가 옛이야기인지 아닌지를 판단하려면, 그것이 어린이에게 "사랑의 선물"이라고 불릴 만한가를 살펴보면 된다. 그것은 절대로 그릇된 분류 방법이 아니다.

어린이가 옛이야기를 어떻게 받아들이는지를 이해하기 위해, 겁을 주고 심지어 죽이겠다고 위협하는 거인을 골려먹는 어린이를 다룬 옛이야기를 예로 들어 살펴보자. 어린이가 "거인"이 상징하는 바가 무엇인지 직관적으로 이해하고 있음은 다섯 살짜리 어린이의 즉각적인 반응에서도 쉽게 알 수 있다.

옛이야기가 어린이들에게 중요하다는 논의에 용기를 얻은 한 어머니가 그 동안의 망설임을 떨쳐 버리고 아들에게 "잔혹하고 위협적인" 종류의 옛이야기를 들려 주었다. 그 어머니는 대화를 통해서 아들이 이미 사람을 먹거나 사람이 잡아먹히는 것에 대한 환상을 가지고 있음을 알 수 있었다. 그래서 이번에는 《거인 사냥꾼 잭 Jack the Giant Killer》[7]의 이야기를

---

6) 구름 한 점 없는 맑은 이마와
  경이에 찬 꿈꾸는 눈을 지닌 아이야!
  시간이 덧없이 흐르고, 너와 나
  반평생이나 떨어져 있어도,
  너의 사랑스런 미소는 분명 환호할 것이다
  옛이야기라는 사랑의 선물에.

  루이스 캐럴의 《거울 나라의 앨리스 Through the Looking Glass》에서.

들려 주었다. 이야기를 다 듣고 난 아이는 "거인 같은 건 실제로 없어요. 그렇죠?"라고 물었다. 어머니가 아이를 안심시키는 대답을 채 하기도 전에—대답을 했더라면 오히려 아이에게 있어서의 책의 가치를 파괴하였을지도 모른다.—아이는 계속 말했다. "그러나 그런 어른은 얼마든지 있어요. 어른들은 꼭 거인 같더라." 다섯 살짜리 어린이는 그 이야기가 고무하는 메시지를 이해하고 있었다. 즉, 어른들은 무서운 거인 같지만 어린이도 꾀를 쓰면 그들을 이길 수 있다는 것이다.

위의 예는 어른들이 어린이에게 옛이야기를 들려 주는 것을 꺼리는 근본적인 이유 하나를 드러낸다. 어른들은 자신이 가끔 어린이들에게 위협적인 거인으로 보인다는 생각에 마음이 편치 못하다. 그리고 어린이가 어른을 골려먹는 일이 쉬운 일이라는 것, 또 어린이가 이런 생각을 하면 통쾌해 하리라는 것을 인정하고 싶지 않은 것이다. 그러나 위의 꼬마의 예에서도 증명되듯이, 어른들이 어린이에게 옛이야기를 들려주는 것과 상관없이, 어린이의 눈에는 어른들이 온갖 힘세고 멋진 것을 혼자 차지하려고 하는 이기적인 거인으로 비쳐진다. 옛이야기는 어린이들에게 결국에는 거인을 이길 수 있다는 확신을 심어 준다. 그리고 또 그들도 언젠가는 거인 같은 어른이 될 것이며 그런 능력을 행사하게 될 것이다. 이런 것들이 "우리를 인간으로 만드는 강한 희망"인 것이다.[8]

무엇보다도 중요한 것은, 부모가 어린이에게 그런 옛이야기들을 들려줄 때 어린이가 부모에 대해 안심을 한다는 사실이다. 그것은 어린이가

---

7) 《거인 사냥꾼 잭》과 잭을 주인공으로 하는 다른 다양한 이야기들은 브리그즈 Katherine M. Briggs 의 《영국 민담 사전 A Dictionary of British Folk Tales》전4권, (Bloomington, Indiana University Press, 1970)에 나온다. 이 책에서 언급한 영국 민담들은 이 네 권의 사전에서 찾아볼 수 있다. 또 하나의 중요한 영국 옛이야기 모음집은 조셉 제이콥스 Joseph Jacobs의 《영국 옛이야기 English Fairy Tales》(London, David Nutt, 1890)와 《속 영국 옛이야기 More English Fairy Tales》 (London, David Nutt, 1895)이다.
8) 테니슨 A. Tennyson의 《비망록 In Memorium》제85편.
"The mighty hopes that make us men."

거인을 이기는 공상을 즐겨도 된다는 허가의 의미를 지니고 있기 때문이다. 이 점에서 어린이가 옛이야기를 직접 읽는 것과 어린이가 부모로부터 옛이야기를 듣는 것 사이에는 커다란 차이가 있다. 왜냐하면 옛이야기를 직접 읽으면서 어린이는 자기가 거인을 꾀로 이기고 또 쓰러뜨릴 수 있음을 어떤 낯선 사람, 즉 그 이야기를 쓰거나 기록한 사람만이 인정하고 있다고 생각할 수 있다. 그러나 부모로부터 그 이야기를 들으면, 어린이는 어른들의 지배로 생기는 그런 위협에 보복하는 공상을 부모가 인정한다는 사실에 안도감을 느끼는 것이다.

2. 《어부와 지니》—옛이야기와 우화의 비교

《아라비안 나이트 The Arabian Nights》에 나오는 《어부와 지니 The Fisherman and the Jinny》는 보통 사람과 거인이 겨루는 모티프를 거의 완벽하게 보여 주는 옛이야기이다.[9] 이 주제는 모든 문화에서 어떤 형태로든 존재하고 있다. 세계 어디서나 어린이들은 어른들이 그들에게 행사하는 힘을 두려워하고 또 그것에 상처받고 있기 때문이다(서양에서 가장 잘 알려진 이야기로는 그림 형제의 《호리병 속의 정령 The Spirit in the Bottle》을 예로 들 수 있다). 어른의 명령을 어겼을 때 어른의 분노로부터 무사할 수 있는 유일한 방법은 그들을 꾀로 속일 수밖에 없다는 것을 어린이들은 잘 알고 있다.

《어부와 지니》는 한 불쌍한 어부가 그물을 바다에 네 번 던지면서 벌어

---

[9] 《어부와 지니》에 관한 논의는 버튼 Burton이 번역한 《아라비안 나이트》에 근거한다.
《호리병 속의 정령》은 그림 형제가 수집한 《어린이와 옛이야기 Kinder und Hausmärchen》라는 제목의 옛이야기집에 수록되어 있다. 이 책은 여러 번 번역되었는데, 그 번역 중 아주 일부만이 원본에 충실하다. 그 중 만족할 만한 것은 《그림 형제의 옛이야기 Grimm's Fairy Tales》(New York, Pantheon Books, 1944)와 《그림 형제의 독일 민담 The Grimm's German Folk Tales》 (Carbondale, Southern Illinois University Press, 1960)이다.
그림 형제의 모든 옛이야기들은 볼테 Johannes Bolte와 폴리프카 Georg Polivka의 《그림 형제의 아이들과 옛이야기 해설 Anmerkungen zu den Kinder - und Hausmärchen der Brüder Grimm》 (Hildesheim, Olms, 1963) 제5권에서 각 이야기의 원본과 전세계의 다른 판본들, 다른 전설이나 옛이야기와의 관계 등에 관해서 논의되었다.

지는 이야기이다. 처음에는 죽은 당나귀를 건지고, 두 번째는 모래와 진흙이 가득 찬 주전자를 건져 올린다. 세 번째는 앞의 것들보다 더 못한 것을 얻는다. 그물 속에는 깨진 오지그릇과 유리 조각들만 들어 있었다. 드

《호리병 속의 정령》은 부모의 태도가 어떻게, 아이들로 하여금 자신의 아버지보다 더 뛰어나게 만들어 주는 환상 속으로 그들을 이끄는지를 보여 준다. 이 이야기의 주인공은 집이 가난해서 학교를 그만두어야 했다. 소년은 가난한 목수인 아버지를 돕겠다고 하지만, 아버지는 아들의 능력을 얕잡아 보고 이렇게 말한다. "이건 네겐 너무 힘든 일이야. 넌 아직 이런 중노동에 익숙하지 않잖니? 넌 절대로 견뎌 내지 못할 거야." 아침 내내 함께 일을 한 후 아버지는 쉬면서 점심을 먹자고 제안한다. 그러자 아들은 숲 주변을 거닐면서 새둥지를 찾는 게 더 낫겠다고 말한다. "이런 장난꾸러기 같으니라고. 너는 왜 그렇게 돌아다니기를 좋아하니? 그러다가는 나중에 피곤해져서 네 팔도 못 들어올릴 거다." 아버지는 아들을 이렇게 두 번씩이나 무시한다. 첫번째는 아들이 힘든 일을 처리할 수 있는 능력을 의심한 것이고, 아들이 자신의 능력을 보여 준 뒤에도 쉬는 시간을 어떻게 보낼 것인가에 대한 아들의 생각을 한마디로 일축한 것이 두 번째 무시다. 어린 시절에 그런 경험이 있는 사춘기 소년이라면, 아버지의 말이 틀렸고 자신은 아버지가 생각한 것보다 훨씬 낫다는 걸 증명하는 백일몽을 꾸지 않겠는가? 옛이야기는 바로 이런 환상을 실현시켜 준다. 새둥지를 찾으며 돌아다니던 소년은 "나를 꺼내 줘"라는 소리를 듣는다. 그리고 호리병 속에 갇힌 정령을 발견한다. 그러나 밖으로 나온 정령은 그토록 오랫동안 자신을 가둔 것에 대한 보복으로 소년을 죽이겠다고 협박한다. 소년은 《아라비안 나이트》의 어부가 했던 것처럼 꾀를 써서 거인을 다시 병 속에 들어가게 한다. 그리고 신비한 헝겊조각을 받은 후에야 거인을 꺼내 준다. 두 개의 헝겊조각 중 하나는 모든 상처를 치료하는 힘을 가지고 있고, 다른 하나는 문지르기만 하면 모든 것을 은으로 바꾸는 힘을 가지고 있었다. 물건들을 은으로 바꿈으로써 소년과 아버지는 부자가 되었고, "모든 상처를 치료할 수 있었기 때문에 전세계에서 제일 유명한 의사가 되었다."
병 속에 갇힌 정령의 모티프는 고대의 유대 페르시아 전설까지 거슬러 올라간다. 그 전설에 따르면, 솔로몬 왕 King Solomon은 종종 불복종하는 자나 이단자의 영혼을 쇠로 만든 상자나 구리로 만든 병, 또는 가죽으로 된 자루에 넣어서 바다로 던져 버렸다고 한다. 《어부와 지니》가 이런 전설에서 유래된 이야기에 속한다는 것은, 지니가 (거인을 벌주기 위해 단지 속에 가두어 바다에 던진) 솔로몬 왕에 대한 불복종을 어부에게 이야기하는 데서 나타난다.
《호리병 속의 정령》에서 이런 고대의 모티프는 두 가지 다른 전설과 섞여 있다. 하나는 고대 솔로몬 왕의 전설까지 거슬러 올라가는 것이지만, 악마에 관한 중세적인 설명이다. 그것은 어떤 신성한 사람에 의해서 감금이 되었다가, 그 사람에 의해 풀려나거나 다른 사람에 의해 풀려나 그 사람을 주인으로 섬기게 되는 내용이다. 두 번째 전설은 역사적인 인물인 16세기의 유명한 독일계 스위스 의사인 파라켈수스 호헨하임 Theophrastus Bombastus Paracelsus von Hohenheim에 관한 이야기에서 유래했다. 파라켈수스의 기적적인 치료는 수세기 동안 유럽의 상상력을 자극해 왔다고 한다.
이런 이야기들 중 하나에 따르면, 파라켈수스는 전나무에서 자신의 이름을 부르는 목소리를 듣는다. 파라켈수스는 그것이 거미의 모습을 하고 전나무의 작은 구멍에 갇혀 있는 악마의 목소리라는 것을 깨닫는다. 파라켈수스는 만일 자신에게 모든 병을 치료할 수 있는 약과 모든 것을 금으로 바꾸는 염료를 준다면 악마를 구해 주겠다고 제안한다. 악마는 요구를 들어 준다. 그리고 나서 자신을 가둔 성인을 죽이려고 달려나간다. 이것을 막기 위해 파라켈수스는 이렇게 커다란 몸이 거미처럼 작은 것으로 변할 리가 없다고 큰 소리로 의문을 표시한다. 악마는 그렇게 할 수 있다는 것을 보여 주기 위해 다시 거미로 변하고, 파라켈수스는 다시 그 악마를 나무 속에 가둔다. 이 이야기는 비르길리우스 Virgilius라는 마법사에 관한 훨씬 더 오래 된 이야기로 거슬러 올라간다(앞에서 언급한 볼테와 폴리프카의 책 참조).

디어 네 번째 그물을 던져, 이번에는 구리 항아리를 건져 올린다. 어부가 뚜껑을 열자, 거대한 구름 연기가 피어오르면서 거인 지니의 모습이 나타난다. 거인은 어부를 죽이겠다고 위협하는데, 아무리 애원을 해도 소용이 없다. 어부는 거인 지니를 꾀로 속여 무사히 목숨을 건진다. 어부는 거대한 거인이 이렇게 조그만 항아리 속에 들어 있었다는 것이 믿어지지 않는다며 거인을 약올렸던 것이다. 그리고 거인 지니에게 다시 작아질 수 있음을 증명하려면 다시 항아리 속으로 들어가 보라고 한다. 거인이 항아리 속으로 들어가자마자 어부는 재빨리 뚜껑을 닫고 항아리를 봉한 다음 그것을 다시 바다로 던져 버린다.

다른 문화권에서는 이런 모티프가 악한 인물이 주인공을 잡아먹으려는 거대하고 난폭한 동물로 변하는 이야기로 나타나기도 한다. 이때 주인공이 기지가 없다면 도저히 이 역경을 헤쳐 나올 수가 없다. 주인공은 악한 인물이 거대한 짐승으로 변하기는 쉽지만, 쥐나 새와 같은 조그만 짐승으로 변하기는 힘들 거라고 소리친다. 이 말이 악인의 허영심을 자극하여 작은 동물로 변하는 주문을 외게 한다. 결국 악인은 다시 작은 동물이 되어 자기에게 불가능이 없음을 증명하지만, 곧바로 주인공에 의해 퇴치되고 만다.[10]

《어부와 지니》는 이런 류의 어떤 이야기보다도 숨은 의미가 풍부하다. 그 중 하나가 거인이 자기를 풀어 주는 사람을 죽이겠다는 잔인한 결심을 하게 된 과정에 대한 설명이고, 다른 하나는 세 번씩이나 계속 실패하지만 네 번째에는 성공한다는 주제이다.

---

10) 호리병 속의 거인이나 괴물의 모티프를 포함하는 옛이야기의 가장 포괄적인 목록으로는 아르네 Antti A. Aarne의 《민담의 유형들 The Types of the Folktale》(Helsinki, Suomalainen Tiedeakatemia, 1961)과 톰슨 Stith Thompson의 《민담의 모티프 색인 Motif Index of Folk Literature》(Bloomington, Indiana University Press, 1955) 제6권을 들 수 있다.
톰슨의 색인에서 조그맣게 변해 다시 병 속에 갇히는 거인의 모티프는 D1240, D2177.1, R181, K717, K722이다. 특정 모티프의 분류는 이 두 참고문헌에서 쉽게 확인할 수 있기 때문에, 이 책에 언급된 옛이야기 모티프 전부에 대한 이와 같은 자료 제공은 더 이상 필요 없을 듯하다.

어른들의 도덕률에 따르면, 갇혀 있는 기간이 길면 길수록 갇혀 있던 사람은 자기를 풀어 준 사람에게 더욱 감사해야 할 것이다. 그러나 거인의 설명은 다르다.

> 나는 처음 백 년 동안 갇혀 있었을 때 "누구든지 나를 구해 주는 사람을 굉장한 부자로 만들어 줄 거야."라고 다짐을 했었지. 그러나 백 년이 지나도 아무도 나를 구해 주지 않았어. 다시 오십 년이 흐르고 또 오십 년이 흘렀을 때 나는 "누구든지 나를 구해 주는 사람에게 보물 묻힌 곳을 모두 가르쳐 주리라."고 생각했어. 그러나 아무도 나를 구해 주지 않았고 그렇게 사백 년이 흘러갔지. 그래도 나는 "누구든지 나를 구해 주면 세 가지 소원을 들어주리라."고 다짐했지. 그런데도 나를 아무도 구해 주지 않았어. 화가 나서 견딜 수가 없었어. 그래서 나는 굳게 마음먹었지. "이제 누구든지 나를 구해 주기만 하면 당장 죽여 버리고 말겠다."고…….

이런 심리의 변화 과정은 한 어린이가 "버림받은" 느낌이 들면서 겪는 감정의 변화와 매우 흡사하다. 처음에는 엄마가 돌아오면 얼마나 행복할까 하고 어린이는 생각한다. 또 자기 방으로 가 꼼짝 말고 있으라는 명령을 받은 경우, 그 방을 나와도 된다는 허락을 받으면 얼마나 기쁠까, 엄마에게 어떤 보답을 해 드릴까 하고 생각한다. 그러나 시간이 흘러도 해결이 안 되면 어린이는 점점 화가 난다. 그리하여 자기를 이렇게 내버려두는 사람에게 잔인한 복수를 하겠노라는 공상을 하게 된다. 실제로 그런 상황에서 벗어나면 기분이 다 풀리고 행복해 할 테지만, 그렇다고 해서 자기를 내버려 두는 사람에 대한 보답의 감정이 복수의 감정으로 옮아가는 것을 멈추게 할 수는 없다. 따라서 호리병 속 지니의 심경이 변하는 과정은 어린이의 심금을 울리는 진실성을 지니고 있는 것이다.

이런 심경 변화 과정의 예는, 부모가 몇 주 동안 해외로 여행을 떠난 세 살짜리 소년의 사례에서 잘 나타난다. 그 아이는 부모가 떠나기 전에는 말을 꽤 잘했다. 그리고 부모가 없는 동안에도 자기를 돌보는 아주머니와 다른 사람과도 말을 잘 하면서 지냈다. 그러나 부모가 돌아오자 아이는 두 주 동안 부모나 다른 어느 누구에게도 말을 하지 않았다. 아이를 돌본 아주머니의 말에 의하면, 부모가 없는 처음 며칠 동안 아이는 부모가 돌아오리라는 커다란 기대를 가지고 애타게 기다렸다. 그러나 일주일이 다 되어 가자, 소년은 부모가 자기를 두고 떠났을 때 얼마나 화가 났었는지 그리고 부모가 돌아오면 어떻게 앙갚음할 것인지에 대해 말하기 시작했다. 일주일이 또 지나자, 소년은 부모에 대한 언급을 아예 회피했으며, 부모에 대한 말을 꺼내는 사람에게까지도 매우 화를 냈다. 마침내 부모가 돌아오자, 소년은 입을 완강히 다물고 그들을 외면해 버렸다. 소년의 마음을 돌리려고 아무리 노력해도 아이는 차갑게 거부할 뿐이었다. 소년이 예전의 상태로 돌아온 것은 부모가 아이의 괴로운 심경을 애정어린 이해로 헤아리며 몇 주를 돌본 뒤였다. 부모가 떠난 후 시간이 흐르면서 아이의 분노는 점점 더 커졌던 것이다. 그리고 나중에는 그 분노가 너무 격렬해져 아이는 그것에 압도되었다. 그냥 표출되면 분명히 부모를 해치거나 아니면 자해를 하여 부모에게 앙갚음을 할 정도였던 것이다. 그 소년이 말을 하지 않은 것은 자기 방어, 즉 자신의 치솟는 분노의 결과로부터 자신과 부모를 보호하기 위한 나름대로의 방편이었던 것이다.

《어부와 지니》에서 우리가 "병을 틀어막는다"고 할 때의 느낌과 비슷한 어감의 말이 원본에 표현되어 있었는지는 알 길이 없다. 그러나 병 속에 밀봉되어 있는 이미지는 오늘날만큼이나 그 당시에도 매우 실감이 났을 것이다. 모든 어린이들은 위에서 말한 세 살짜리 남자 아이의 사례와 유사한 경험을 어떤 형태로든지 가지고 있다. 물론 대부분 그 경우보다는 덜 극단적이고 표면적으로 반응이 드러나지 않았을 것이다. 그 아이도 자기에게 무슨 일이 일어나고 있는지를 스스로는 파악할 수 없는 상태였다. 다만, 자신이 이런 식으로 행동할 수밖에 없다는 것이 그 아이가 아는 전부였다. 그 아이로 하여금 자신을 합리적으로 이해할 수 있게 돕는다는 것은 별다른 의미가 없다. 오히려 덤으로 좌절감만 보태 주는 결과를 초래할 따름이다. 왜냐하면 어린이는 아직 합리적으로 생각할 줄 모르기 때문이다.

만약에 한 사내아이가 부모에게 몹시 화가 나서 두 주 동안이나 말을 하지 않더라는 이야기를 어린이에게 들려 주면, 그 어린이는 당장 "바보!"라고 할 것이다. 만약에 당신이 그 사내아이가 두 주 동안 말을 하지 않은 이유를 설명하려고 노력한다면 그럴수록 당신의 말을 듣고 있는 어린이는 그 행동이 어리석었다는 생각을 더욱 굳히게 될 뿐이다. 그것이 어리석었다는 생각에는 아무런 변화가 생기지 않을 뿐만 아니라, 이제 그 설명조차 어린이에게는 도무지 이해가 안 되기 때문이다.

화가 나서 말을 못한다든지 자신의 존재를 온전히 맡기고 있는 사람을 해치고 싶은 마음이 든다는 것은, 어린이의 의식 수준으로는 도저히 용납이 안 되는 일이다. 이것을 이해한다는 것은, 자신도 감정에 압도되면 자제할 수 없게 될 거라는 사실—매우 끔찍한 생각—을 인정해야 함을 의미한다. 자신의 통제를 넘어서는 힘이 내 안에 있을지도 모른다는 생각은 너무나 위협적이라서 어린이뿐만 아니라 어른들까지도 인정하려 하지 않는 부분인 것이다.[11]

어린이는 느낌을 이해할 수 없기 때문에 행동으로 표출한다. 또한 느낌이 강렬하면 할수록 더욱 그러하다. 그 어린이도 그런 특별한 상황만 아니었더라면 어른들의 도움을 받으며 순탄하게 말을 잘 하며 지냈을지도 모른다. 그러나 실제로 어린이의 눈에는 사람들이 슬프기 때문에 우는 것

---

11) 어린이가 알 수 없는 강력한 힘이 자신의 내면에서 작용하고 있다고 생각할 때, 얼마나 당황하는지는 일곱 살짜리 어린이의 예를 통해 알 수 있다. 그 아이의 부모는, 아이의 감정이 그 자신과 부모에게 이해할 수 없는 행동을 하게 했음을 설명하려 애썼다. 아이의 반응은 다음과 같았다. "그러면 내 마음 속에, 항상 똑딱똑딱 움직이다가 언제 폭발할지 모르는 기계가 들어 있다는 말이세요?" 그로부터 얼마 동안 이 어린이는 언젠가 자신이 파괴될지도 모른다는 공포 속에서 지내야 했다.

이 아니라 그냥 우는 것이다. 사람들이 화가 났기 때문에 주먹으로 때리거나, 부수거나, 아니면 입을 다물어 버리는 것이 아니다. 다만, 그렇게 행동하는 것만이 눈에 보일 뿐이다. 어떤 어린이는 "화가 났기 때문에 이렇게 하는 거예요."라고 자기 행동을 설명하여 어른들을 이해시킬 정도의 정신적 수준일런지도 모른다. 그렇다 하더라도 어린이가 분노를 분노로 경험하는 것이 아니라, 때리거나 파괴하거나 또는 입을 다물고 싶은 충동으로 경험한다는 사실을 바꿀 수는 없다. 사춘기가 되어서야 비로소 우리들은 우리의 감정을 그 자체로서 인지하기 시작한다. 그제야 감정이 시키는 대로 즉각적으로 행동하거나 그럴 욕망을 갖지 않고 감정을 이해할 수 있게 되는 것이다.

어린이의 무의식에서 일어나는 심리 변화는 그 무의식에 직접 말을 건네는 이미지를 통해서만 스스로에게 구체화된다. 그런 이미지들은 주로 옛이야기에서 많이 환기된다. 엄마가 돌아오면 "행복할 거야." 대신에 "엄마에게 무엇을 줄 거야."라고 어린이가 생각하듯이, 거인도 "나를 풀어 주는 사람을 누구든지 부자로 만들어 줄 거야."라고 다짐한다. 또 어린이가 "나는 지금 그를 죽이고 싶을 만큼 화가 나 있어." 대신에 "그를 만나기만 하면 죽여 버릴 거야."라고 생각하듯이, 거인도 "나를 풀어 주는 사람을 죽여 버릴 거야."라고 속으로 다짐하고 있다. 그러나 만약에 어린이가 실제로 어떤 사람이 그런 식으로 말하고 생각하더라는 이야기를 들으면, 너무 끔찍한 느낌이 들어서 이해하려는 시도조차도 하지 않을 것이다. 그러나 어린이는 거인이 상상 속의 인물이라는 것을 알고 있기 때문에, 강박적으로 자신을 직접 적용시켜 보지 않고 여유 있는 마음으로 거인의 행동을 유발시킨 것이 무엇인지를 이해할 수 있게 된다.

옛이야기를 들으며 공상의 날개를 펼쳐 감에 따라 어린이는 거인이 갇힌 상태에서 좌절하면서 보인 반응들에 서서히 친숙해진다. 그러면서 그것은 또한 어린이 자신이 경험한 유사한 느낌들과도 친숙해지는 중요한 계기가 된다. 만약에 그런 공상의 과정이 없다면 옛이야기는 그 영향력의 대부분을 상실하고 말 것이다. 이런 이미지들은 이 세상에 존재하지 않는 환상적인 어느 먼 옛이야기의 나라로부터 오기 때문에, 어린이의 마음은 "그래 맞았어. 사람이 행동하고 반응하는 그대로야."와 "그것은 전부 사실이 아니야. 그것은 단지 이야기일 뿐이야." 사이에서 왔다갔다한다. 어린이가 이런 심리상태를 수용할 수 있는 정도에 따라서도 마음이 달라질 것이다.

무엇보다도 중요한 것은 옛이야기에는 항상 행복한 결말이 보장되어 있기 때문에, 어린이는 무의식이 의식의 표면으로 떠올라 옛이야기 속의 내용에 빨려들어 가는 것을 두려워하지 않는다. 왜냐하면 자기가 옛이야기의 어느 부분을 듣고 있건 상관없이 주인공이 "그 후 행복하게 살게 될 것"을 어린이는 알고 있기 때문이다.

수백 년 동안 "병 안에 틀어막혀 있다"는 등의 과장된 표현들에 대해 어린이들은 그럴듯하고 수긍이 간다는 반응을 보인다. 그러나 부모가 집에 없다는 등의 현실감 있는 상황이 제시될 때에는 전혀 그렇지 못하다. 어린이에게 있어서 부모의 부재기간은 영원한 시간으로 느껴진다. 그 느낌은 엄마가 삼십 분만에 돌아오겠다고 아무리 설명을 하여도 변함이 없다. 그러므로 옛이야기의 비현실적인 과장은 이야기에 심리적인 진실의 증표를 부여한다. 반면 현실적인 설명들은 그것이 아무리 사실에 부합된다 하더라도 심리적인 진실을 제공하지 않는다.

《어부와 지니》는 옛이야기가 단순화되고 삭제된 부분이 많으면 그것이 지닌 많은 중요한 가치를 잃어버린다는 것을 보여 주는 좋은 예이다. 언뜻 보기에는, 거인의 생각이 자기를 구해 주는 사람에게 은혜를 갚겠다는 보답에서 그 사람을 죽여 버리겠다는 저주로 바뀌는 과정이 불필요한 것처럼 보인다. 지니는 자기를 구해 준 사람을 죽이려고 하였는데, 어부는 비록 나약하지만 꾀를 내어 가까스로 그 힘센 거인 정령을 물리친다는 이야기로 간단하게 줄일 수 있다. 그러나 이렇게 간단하게 줄여 버리면, 심리적인 진실이 빠진, 해피엔딩의 단순하고 무시무시한 이야기가 되고 만다. 어린이로 하여금 이 이야기에 빠져들게 만드는 부분은 바로 지니의 생각이 보답에서 복수로 바뀌어 가는 부분이다. 이야기가 지니의 심경 변화 과정을 매우 충실하게 그리고 있기 때문에, 어부가 지니를 속이려는 마음 역시 실감이 난다. 외면상 가히 중요해 보이지 않는 요소를 삭제한다면, 옛이야기는 심층적인 의미를 상실할 수 있으며 또 어린이들의 흥미를 끌지 못하는 이야기가 되고 만다.

어린이들은 별 생각 없이, 이야기가 말하는 "너를 잡아 가둘 수 있는" 힘을 지닌 사람들을 경계하라는 경고를 충분히 받아들인다. 오늘날의 어린이 문학에도 어린이가 어른을 속이는 이야기는 얼마든지 있다. 그러나 그것들은 너무 직선적이라서, 항상 어른들의 서슬 속에서 지내야 하는 상황으로부터 해방될 때 느끼는 그 상상 속의 안도감을 어린이들에게 주지 못한다. 오히려 어린이들에게 불안감을 조성하는데, 그 이유는 어른들에게 자신의 안전이 달려 있으므로 어른들이 자기보다 훨씬 현명하고 능력이 있어서 자기를 안전하게 방어할 수 있어야 어린이들은 안심을 하기 때문이다.

이 점이 바로 어른을 속인 것과는 반대로 거인을 속인 것이 지닌 가치이다. 만약에 부모 같은 어른들을 꾀로 이긴 이야기를 듣는다면 어린이는 매우 통쾌하다는 느낌이 들 것이다. 그러나 그것은 동시에 불안감을 준다. 왜냐하면 만약에 그게 가능한 일이라면, 그런 어리석은 어른들이 자기를 제대로 보호할 리가 없다고 여기기 때문이다. 그러나 지니는 상상 속의 인물이기 때문에, 어린이는 그를 굴복시키거나 파괴하는 것까지도 상상할 수 있다. 그러면서 보호자로서의 실제 어른은 안전하게 남겨 둘 수 있는 것이다.

옛이야기 《어부와 지니》는 《거인 사냥꾼 잭 Jack the Giant Killer》, 《잭과 콩나무 Jack and the Beanstalk》 등의 잭을 주인공으로 하는 옛이야기보다 많은 장점이 있다. 주인공인 어부가 어른일 뿐만 아니라 여러 아이를 둔 아버지로 나오기 때문이다. 어린이는 은연중에 자신의 부모도 어떤 강한 힘에 의해 위협을 느낄지도 모르나 현명하게 그 위협에 잘 대처하고 있다고 생각하게 된다. 이 이야기를 통해 어린이는 두 세계가 지닌 최상의 것들을 모두 얻을 수 있다. 우선 어린이는 자신을 어부에 투사시켜 거인을 이긴다는 상상을 한다. 그 다음에는 부모가 어부가 되고 자신은 지니가 되어 부모를 위협하는 공상을 한다. 그러면서도 한편 어부, 즉 자신의 부모가 이긴다는 사실에 안도감을 느낀다.

《어부와 지니》에서 별 의미가 없어 보이지만 중요한 또 하나의 요소로서, 지니가 들어 있는 단지를 낚기 이전에 어부의 세 번 연속된 실패를 들 수 있다. 운명의 그 단지를 낚는 것으로 이야기를 시작하면 간단하여 좋을 것 같지만, 인간은 첫번째 시도에서 성공하기 힘들다는, 아니 두 번째 세 번째 시도에서도 실패할 수 있다는 교훈이 사라진 이야기가 되고 만다. 사람의 일은 막연한 상상이나 기대처럼 쉽게 이루어지는 경우가 드물다. 끈기가 부족한 사람은 어부가 세 번씩이나 그물질을 실패하는 것을 보고 포기하는 편이 더 낫다고 여길지도 모른다. 각각의 시도가 점점 더 나쁜 결과를 가져오기 때문이다. 처음에 실패하더라도 절대로 포기하지 말라는 것은 어린이들에게는 매우 중요한 메시지로서, 많은 우화와 옛이야기들에 들어 있다. 이 메시지는 교훈이나 지시보다는 삶의 일상적인 모습으로 보여 주는 편이 훨씬 더 효과적으로 전달된다. 또한 지니를 물리친 이 놀라운 사건은 노력과 꾀 없이는 일어날 수 없는데, 이런 것들은 어린이들로 하여금 아무리 힘든 과제라도 마음을 잘 가다듬고 계속 노력해야 한다는 것을 보여 준다.

마찬가지로 하찮게 보이지만 빼 버리면 이야기의 효과가 줄어드는 부분이 또 있다. 결국에는 성공하는 네 번에 걸친 어부의 시도와 점점 분노가 거세어지는 네 단계를 거치는 지니의 심리 사이의 대비이다. 부모(어부)의 성숙과 지니의 미숙을 대조해 보게 하며, 또 하나의 중요한 삶의 문제, 즉 감정을 따를 것이냐, 아니면 이성을 따를 것이냐의 문제를 제기한다.

이것을 심리분석적인 관점에서 보면, 우리 모두가 직면하는 심리적인 갈등을 상징한다. 쾌락원칙을 따를 것이냐, 현실원칙을 따를 것이냐? 즉, 원하는 것이 당장 만족되기를 바라고 그것이 좌절되면 그와는 별 관련이 없는 다른 사람을 탓하거나 복수하려고 할 것이냐, 아니면 지속적인 보상을 얻기 위해 그런 충동적인 삶의 방식을 포기하고 많은 좌절들을 기꺼이 감수할 것이냐의 문제를 상징한다. 《어부와 지니》에서 어부는 현실원칙을 택해, 실망만 주는 그물질을 포기하지 않아서 마침내 그럴듯한 것을 낚는 데 성공한다.

쾌락원칙을 끊어 버리려는 용단은 매우 중요해서, 많은 옛이야기나 신화들이 이를 가르치려고 한다. 옛이야기는 이 메시지를 매우 효과적으로 전달한다. 옛이야기는 부드럽고, 간접적이고, 별다른 부담을 주지 않으므로 마음을 쉽게 움직일 수 있다. 반면, 신화는 이 중요한 선택을 매우 직접적이고 교훈적인 방법으로 강요한다. 헤라클레스 Hercules의 신화를 살펴보자.[12]

헤라클레스 신화에서는 이렇게 이야기한다.

> 헤라클레스가 자신의 재능을 선한 일에 쓸 것인지 악한 일에 쓸 것인지를 선택할 시간이 되었다. 헤라클레스는 삶의 방향을 심사숙고하기 위해 양떼를 남겨 두고 자신만의 고독한 장소로 갔다. 깊은 생각에 잠겨 앉아 있는데 자신을 향해 걸어오는 두 명의 키 큰 여신이 눈에 띄었다. 한 여신은 아름답고 기품이 있는 고상한 모습이었다. 다른 여신은 풍만하고 매혹적이며 거만한

---

[12] 헤라클레스 신화와 다른 그리스 신화에 대한 논의는 구스타브 슈밥 Gustav Schwab의 《신들과 영웅들:고대 그리스 신화와 서사시 Gods and Heroes:Myths and Epics of Ancient Greece》(New York, Pantheon Books, 1946)에 따른다.

모습이었다.

이야기는 계속되어 첫번째 여신은 "선"이며, 두 번째 여신은 "쾌락"이라고 한다. 각 여신은 헤라클레스가 자기를 선택하면 그의 미래를 보장하겠노라고 약속한다.

갈림길에 놓인 헤라클레스는 전형적인 이미지다. 왜냐하면 우리에게는 누구나 "다른 사람이 수고한 결실을 내가 거두고, 이익이 되면 뭐든지 한다면" 평생 편안히 즐기면서 살 수 있다는 유혹이 있다. 그런 유혹은 "영원한 행복으로 위장한 나태한 쾌락"을 약속한다. 그러나 또 우리는 "진정한 만족에 이르는 길은 길고 험하다."는 선한 마음이 있다. 그것은 "인간은 노력과 수고 없이는 아무 것도 거둘 수 없다."고 말한다. 또 "당신이 만일 시민의 숭앙을 받고 싶다면, 그 도시를 위해 봉사하여야 한다. 만약 추수하고 싶으면 씨를 뿌려야만 한다."고도 말한다.

이 신화에서 헤라클레스에게 말을 거는 두 여신의 이름이 "선"과 "나태한 쾌락"이라는 점이 바로 신화와 옛이야기의 결정적인 차이다. 이 두 여신 역시 옛이야기의 주인공처럼 갈등을 일으키는 두 성향의 내면이 형상화된 것이다. 신화에서 그 둘은 양자택일되어야 하는 것으로 묘사되며, 실제로는 양자택일이라기보다는 나태한 쾌락이 아니라 선을 택해야 한다는 입장이 명백하다. 반면 옛이야기는 우리로 하여금 직접 대결시키지도 않고 또 어느 쪽을 택하라고 말하지도 않는다. 대신에 옛이야기는 이야기 속의 암시를 통해 어린이가 보다 높은 의식을 갖고자 소망할 수 있도록 도와 준다. 옛이야기는 우리의 상상력을 매료시키거나 사건의 매력적인 결말을 통해 어느 쪽을 택해야 할지 확신케 한다.

3. 옛이야기와 신화—낙관주의와 비관주의

플라톤 Plato은 어린이들이 "실제의" 인물과 "일상적인" 사건만 접해야 한다는 몇몇 근대 학자들보다 훨씬 더 인간의 심리를 잘 이해하고 있었던 것 같다. 플라톤은 지적인 경험이 참된 인간성을 구현하는 데 얼마나 커다란 기여를 하고 있는지를 잘 알고 있었다. 플라톤은 자신의 이상국에서 단순한 사실이나 이른바 이성적인 가르침보다는 신화를 들려 주는 것으로 문학교육을 시작하여야 한다고 제안했다. 심지어 순수이성의 대가로도 불리는 아리스토텔레스 Aristotle조차도 "지혜라는 친구는 신화의 친구이기도 하다."고 했다.

신화나 옛이야기를 철학적, 또는 심리학적 관점으로 연구하는 현대의 사상가들도, 그들의 유파와는 상관없이, 모두 같은 결론에 도달하고 있다. 그 중 한 사람인 엘리아데 Mircea Eliade는 이런 이야기들을 "인간 행동의 모형들"이라고 묘사하며, "바로 그 사실 때문에 삶에 의미와 가치를 제공한다."고 말했다. 엘리아데와 같은 학자들은 신화나 옛이야기와 관련된 인류학적인 사례를 인용하면서, 신화나 옛이야기가 입회식이나 다른 통과의례로부터 파생되어 나왔거나 아니면 그것을 상징적으로 표현하는 것이라고 주장한다. 예를 들어, 입회식은 늙고 무력한 자아가 보다 높은 차원의 존재로 거듭나기 위해서 은유적으로 죽음을 겪는다는 의미를 지니고 있다. 엘리아데는 바로 이런 점이 신화나 옛이야기가 진한 감동을 불러일으키고 심오한 의미를 전달하는 이유라고 본다.[13)14)]

심층심리학자들은 신화와 옛이야기 속의 환상적 사건들이 어른들의 꿈이나 백일몽과 유사하다는 점을 강조한다. 즉, 소원성취나 모든 경쟁자를 물리치고 적을 쳐부순다는 것 등이 유사하다는 것이다. 그리고 신화와 옛이야기의 매력은 바로 평소에 의식의 표면으로 떠오르지 못하는 심리를 형상화하는 것이라고 결론지었다.[15)]

물론 옛이야기와 꿈 사이에는 주목할 만한 차이가 있다. 예를 들어, 소원성취가 꿈속에서는 위장이 되어 나타나는 데 비해 옛이야기에서는 대부분 솔직하게 표현되어 있다. 그리고 꿈에는 내면적인 억압이 해결되지 못한 상태가 그대로 형상화되어 있거나, 막막한 문제에 부딪혀 어찌할 바를 몰라 헤매는 상태로 끝나는 경우도 상당히 많다. 옛이야기는 그렇지 않다. 그 속에는 모든 억압이 해결되는 상황과 방법이 투사되어 있을 뿐만 아니라 "행복하게" 해결된다는 전망이 보장되어 있다.

---

13) 생띠브 Paul Saintyves의 이러한 견해에 영향을 받은 엘리아데는 다음과 같이 썼다.

> 옛이야기 속의 주인공의 모험과 시련은 거의 언제나 초기 용어로 번역되었다. 이제 이것은 나에게 아주 중요한 것으로 보인다. 그때부터—결정하기가 매우 어렵지만—즉 옛이야기가 그러한 모양을 갖추게 되었을 때부터 인간(원시적이거나 문명화되었거나 비슷한)은 무한정하게 반복되는 즐거움으로 그 이야기들을 들어 왔다. 이것은 결과적으로 초기 시나리오가 인간에게 깊이 필요한 것을 말해 주는 심리극의 표현이라는 말이 된다. 많은 사람들이 어떤 모험적인 상황을 경험하고, 예외적인 시련에 직면하고, 다른 세계로 가는 길을 찾기를 희망한다. 그리고 그 사람들은 옛이야기를 듣거나 읽음으로써 상상의 삶의 층위에서 이 모든 것을 경험한다.

14) 엘리아데의 《탄생과 부활 Birth and Rebirth》(New York, Harper and Brothers, 1958), 《신화와 현실 Myth and Reality》(New York, Harper and Row, 1963), 생띠브의 《페로의 이야기들과 유사 설화들 Les Contes de Perrault et les récits parallèles》(Paris, 1923), 그리고 장 드 브리에 Jan de Vries의 《옛이야기에 대한 고찰, 특히 영웅전설과 신화에 관련하여 Betrachtungen zum Märchen, besonders in seinem Verhältnis zu Heldensage und Mythos》(Helsinki, Folklore Fellows Communications No. 150, 1954) 참조.

15) 심층심리학적 관점에서 옛이야기를 논의한 글들은 빌헬름 라이블린 Wilhelm Laiblin의 《이야기 연구와 심층심리학 Märchenforschung und Tiefenpsychologie》(Darmstadt, Wissenschaftliche Buchgesellschaft, 1969)에서 찾아볼 수 있다. 이 책에는 상당히 갖춘 목록도 포함되어 있다.

우리는 꿈속에서 일어나고 있는 일들을 통제할 수 없다. 물론 꿈은 내면적인 검열의 통제를 받는다. 그러나 그런 통제는 무의식 수준의 일이다. 반면에 옛이야기는 의식, 무의식의 공유된 생각들이 의식 수준에서 표현되어 있다. 그것도 한 개인에 의해 창작된 것이 아니라, 많은 사람들이 보편적인 삶의 문제로 여기고 또 바람직한 결론이라고 동의한 것이 오랜 세월을 거쳐 형상화된 것이다. 만약에 이런 요소들이 옛이야기 속에 들어 있지 않다면, 여러 세대를 걸치면서 계속 구전되어 내려오지 못했을 것이다. 많은 사람들의 의식적, 무의식적 요구를 충족시킬 수 있는 옛이야기들이 주로 오늘날까지 전해져 내려왔고 듣는 사람의 관심을 끌어왔던 것이다. 반면에 꿈은 그것이 성경에서 요셉이 해몽했던 파라오의 꿈처럼 신화 속에 재편입되지 않는 한 지속적인 관심을 불러일으킬 수 없다.

신화와 옛이야기가 무의식의 내용을 표현하는 상징적인 언어로 되어 있음은 누구나 동의한다. 신화와 옛이야기는 의식과 무의식에, 인간 심리의 세 측면인 본능 id, 자아 ego, 초자아 superego에, 그리고 이상적 자아 ego ideal를 우리의 욕구에 동시적으로 호소한다. 이것이 바로 이야기를 매우 효과적인 것으로 만든다. 인간 내면의 심리적 현상들이 내용 속에 상징적인 형태로 표현되어 있는 것이다.

프로이트 학파의 심리분석자들은 신화와 옛이야기들의 심층에 어떤 종류의 억압이, 또는 억압이 아니더라도 어떤 무의식적인 요소들이 잠재해 있는가, 그리고 그것들이 어떻게 꿈이나 백일몽과 연결되는가를 밝혀 내는 데에 관심을 집중시키고 있다.[16]

---

[16] 옛이야기를 정신분석적 관점에서 연구한 체계적인 논의는 아직 없다. 프로이트는 1913년 짧은 논문 두 편을 냈다. 제목은 "꿈속에 나타나는 옛이야기의 빈도 The Occurrence in Dreams of Material from Fairy Tales"와 "세 보물상자의 주제 The Theme of Three Caskets"이다. 그림 형제의 《빨간 모자 Little Red Cap》와 《늑대와 일곱 꼬마 The Wolf and The Seven Little Kids》는 "늑대인간 The Wolf Man"으로 알려진 "유아기 신경증의 역사 History of an Infantile Neurosis"에서 중요한 부분을 차지한다. 프로이트의 《완전한 정신 작용의 표준판 The Standard Edition of the Complete Psychological Works》(London, Hogarth Press, 1953) 제12권, 17권 참조.

융 Karl Jung 학파의 심리분석자들은 이런 이야기 속의 인물과 사건은 원형적인 심리 현상과 일치하며, 그런 현상을 표현하고 있음을 강조한다. 또 그 이야기들은 보다 높은 자아상을 획득하려는 욕구도 상징적으로 암시한다고 한다. 그리하여 개인과 종족의 무의식적인 힘으로 이루어진 내적 쇄신은 모든 개개인에게 유용하다는 점을 강조한다.[17]

신화와 옛이야기는 근본적인 유사성과 더불어 본질적인 차이점을 지니고 있다. 둘 다 전형적인 인물과 상황으로 이루어져 있고 기적적인 사건이 일어나기도 하지만, 그것을 표현하는 방법이 결정적으로 다르다. 간단히 말해 신화는 절대적으로 유일한 것이라는 느낌을 준다. 그것은 다른 어떤 사람이나 배경에서는 일어날 수 없는 일이다. 그 사건은 숭고하여 경외심을 불러일으키며, 우리 같은 보통 사람들에게는 절대로 일어날 리

정신분석적 방법론으로 옛이야기를 분석한 예는 이루 다 열거할 수가 없으나 아쉬운 점은 대부분의 논문이 가볍게 대략적으로 다루었다는 것이다. 안나 프로이트 Anna Freud의 《자아와 방어기재 The Ego and the Mechanismsof Defense》도 그런 예다. 그리고 오토 랑크 Otto Rank의 논문도 The Ego and the Mechanisms of Defense》(New York, International Universities Press, 1946)도 그런 예다. 그리고 오토 랑크 Otto Rank의 논문 "신화 연구에 대한 정신분석학적 기고 Psychoanalytische Beiträge zur Mythenforschung"(Vienna, Deuticke, 1919)와 알프레드 빈터슈타인 Alfred Winter의 "처녀의 성적 성숙과 옛이야기에서의 증거 Die Pubertätsriten der Mädchen und ihre Spuren im Märchen"도 프로이트의 방법론으로 옛이야기를 다루고 있다.

덧붙여 몇몇 옛이야기들이 정신분석적으로 논의되었다. 예를 들면, 스텝 본스타인 Steff Bornstein 의 《잠자는 숲 속의 미녀 The Sleeping Beauty》(1933), 그랜트 더프 J. F. Grant Duff의 《백설 공주 Snow White》(1934), 릴라 와그너 Lilla Veszy-Wagner의 《빨간 모자 Little Red Riding Hood on the Couch》(1966), 베릴 샌드포드 Beryl Sandford의 《신데렐라 Cinderella》(1967) 등이다. 에리히 프롬 Erich Fromm의 《잊혀진 언어 The Forgotten Language》(New York, Rinehart, 1951)는 옛이야기, 특히 《빨간 모자》에 대해 몇 가지 언급을 하고 있다.

17) 옛이야기는 융과 융의 해석자들의 저서에서 심도 있게 다루어졌다. 애석하게도 영문으로 번역된 것은 별로 없다. 융의 전형적인 방법론으로 옛이야기를 해석한 것으로는 프란츠 Marie Luise von Franz의 《옛이야기의 해석 Interpretation of Fairy Tales》(New York, Spring Publications, 1970)이다. 그리고 융 학파의 관점에서 옛이야기를 분석한 가장 좋은 예는 노이만 Erich Neumann 의 《에로스와 사이키 Amor and Psyche》(New York, Pantheon, 1956)이다.

융 학파의 언급에서 찾을 수 있는 가장 완전한 옛이야기에 관한 논의는 바이트 Hedwig von Beit 의 세 권의 책 《옛이야기 상징학 Symbolik des Märchens》, 《모순 Gegensatz》, 《옛이야기에서의 부활 Erneuerung im Märchen》(Bern, A. Francke, 1952, 1956)에서 찾을 수 있다.

줄리어스 휴처 Julius E. Heuscher의 《옛이야기의 정신 치료법 연구 A Psychiatric Study of Fairy Tales》(Springfield, Charles Thomas, 1963)는 중간 위치를 점하고 있다.

가 없다. 그런 느낌이 드는 이유는 기적적인 사건들이 일어나서가 아니라 그런 분위기로 표현이 되어 있기 때문이다. 옛이야기 속에서도 예사롭지 않고 도무지 불가능한 사건들이 얼마든지 일어난다. 그러나 신화와는 달리, 그것들은 일상적인 일처럼 표현되어 있다. 마치 우리 같은 보통 사람들이 산보를 나가서 또는 숲 속을 거닐다가 일어남직한 일 같은 분위기다. 특기할 만한 운명적인 만남도 옛이야기 속에서는 평범한, 일상적인 방식으로 이루어진다.

신화와 옛이야기의 더욱 중요한 차이는 결말에 있다. 신화는 대부분 비극으로 끝나고, 옛이야기는 항상 행복하게 끝난다. 이런 관점으로 보면, 옛이야기 모음집에는 실제로 옛이야기의 범주에 속하지 않는 이야기들이 더러 들어 있다. 예를 들어 안데르센의 《성냥팔이 소녀 The Little Match Girl》나 《외다리 병정 The Steadfast Tin Soldier》은 아름답지만 너무나 슬픈 이야기다. 이 이야기들은 옛이야기의 결말에서 느끼는 위로의 감정을 전달하지 않는다. 반면, 안데르센의 《눈의 여왕 The Snow Queen》은 진짜 옛이야기에 매우 가깝다.

신화는 비관적이다. 반면, 옛이야기는 아무리 무시무시하고 심각한 요소들이 들어 있다 하더라도 낙관적이다. 낙관주의는 옛이야기가 환상적인 사건들이 똑같이 일어나는 다른 이야기들과 구별될 수 있는 결정적인 차이점이다. 주인공의 선행, 우연, 아니면 초자연적인 인물의 개입은 그 행복한 결말과 별 상관이 없다.

신화는 본능적인 행동이나 자아 보존의 욕구와는 위배되는 초자아의 부름이 있다. 보통 인간들은 너무나 나약해서 신들의 도전에 응할 수가 없다. 헤르메스 Hermes에 의해 제우스 Zeus의 명령을 받은 파리스 Paris는 사과를 누가 가질 것인지를 선택할 때 세 여신의 말을 들었는데, 바로 그 이유만으로 죽어야 했다. 그 역시 숙명적인 선택의 기로에 놓였던 수많은 인간들과 같은 운명을 맞은 것이다.

아무리 노력해도 우리는 신화 속에서 신들로 표상되는 초자아가 요구하는 것을 그대로 실행할 수 없다. 우리가 초자아를 만족시키려고 노력을 하면 할수록, 그것은 점점 더 어려운 것을 요구한다. 심지어 본능의 자극에 자신도 모르게 넘어가 저지른 행동일지라도, 주인공은 그 일로 인해 극심한 고통을 감수해야 한다. 아무런 잘못도 저지르지 않았지만, 신을 불쾌하게 했다는 이유만으로도 인간은 신에 의해 파멸할 수밖에 없다. 신화의 비관주의는 정신분석의 대표적인 유형인 오이디푸스 신화의 비극에서 잘 예증되어 있다.

오이디푸스 신화가 무대에서 잘 공연되었을 때에, 어른들에게 굉장한 지적, 정서적 반응을 불러일으킨다. 그 반응은 가히 아리스토텔레스가 비극의 요소라고 말한 카타르시스라고 할 만하다. 오이디푸스를 관람한 한 관객은 자기가 그토록 깊은 감동을 받은 이유에 대해 의문을 품는다. 그리하여 자신에게 특히 정서적인 반응을 일으킨 장면을 잘 음미해 보고 그 신화 속의 사건이 자신에게 갖는 의미를 반추하다 보면, 자신의 생각과 감정들이 명백해지게 된다. 이런 과정을 통해 오래 전 경험한 사건의 결과로 마음 속에 남아 있던 내적 긴장이 해소될 수도 있다. 그 동안은 무의식 속에 자리잡고 있던 것이 이제 의식의 층위로 올라와 의식에 의해 이해가 되는 것이다. 이런 일은 관객이 그 신화에 정서적으로 깊은 감동을 받았으며, 또 동시에 그것을 이해하겠다는 강한 지적 동기가 유발된 경우에 일어날 수 있는 일이다.

오이디푸스에게 일어났던 일을 대리경험함으로써, 그 성인 관객은 그때까지 유치한 모습으로 무의식 속에 남아 있던 어린 시절의 불안감에 대해 이제 성숙하게 이해하게 된다. 그러나 이것은 그 신화가 아주 먼 옛날의 사건을 다루고 있기 때문에 가능하다. 또한 그 성인 관객에게 있어서 오이디푸스적인 욕망과 불안감 역시 거의 희미할 정도로 오랜 과거의 경험이기 때문에 가능하다. 만약에 신화의 심층 의미가 성인이 의식 상태에서 살면서 경험할지도 모르는 사건으로 풀이되어 와 닿았다면, 오히려 불안감을 더욱 증폭시키고 더 심한 억압을 초래할 것이다.

신화는 우화 같은 경고적인 이야기가 아니다. 우화는 겁을 줌으로써 나쁜 짓을 못하게 만든다. 그러나 오이디푸스의 신화는 우리에게 결코 오이디푸스적인 상황에 걸려들지 말라고 경고하는 것은 아니다. 부모 사이에서 태어나 그 슬하에서 성장한 어린이라면 누구나 오이디푸스적 갈등을 겪게 되는 것이다.

오이디푸스 콤플렉스는, 어린이가 말을 배우는 초기단계에서 성장이 머무르지 않은 한, 누구나 겪어야만 하는 심각한 문제이다. 어린이는 오이디푸스적인 갈등에 빠지게 되는데, 이것은 그 아이에게는 피할 수 없는 현실인 셈이다. 어린이가 다섯 살이 넘으면 오이디푸스 콤플렉스를 벗어나려고 애를 쓴다. 더러는 억압함으로써, 또 더러는 부모 이외의 다른 사람과 정서적인 유대를 가짐으로써, 또 더러는 승화시킴으로써 그 갈등을 해결하고자 한다. 그런데 그런 어린이가 가장 원치 않는 바가 바로 자기의 심리적 갈등이 그런 신화에 의해 노출되는 것이다. 만약에 어린이가 아직도 그런 욕망, 즉 부모 중 한 사람을 독점적으로 차지하기 위해 다른 사람을 죽이고 싶은 마음을 품고 있거나, 아니면 그런 욕망을 가까스로 억압하고 있다고 가정해 보자. 그때 우연히 부모 중 한 사람을 죽이고 다른 사람과 결혼할 수도 있다는 관념에 노출되면, 어린이는 그 동안 환상 속에서 몰래 즐기던 것을 들킨 것 같은 오싹한 느낌이 들 것이다. 이런 느낌은 자기 자신이나 세계에 대한 불안감만 증가시킬 뿐이다.

남자 어린이는 엄마(여자 어린이라면 아빠)와 결혼하는 꿈을 꿀 뿐만 아니라 실제로 그러한 공상을 무수히 반복한다. 오이디푸스 신화는 만약 그 꿈이 현실이 되었을 경우에 벌어지는 일에 대해서 말하고 있다. 그리고 어린이가 자기 부모와 언젠가 결혼하겠다는 환상을 버리지 않는다면 어떤 일이 닥칠 것인지에 대해서도 말하고 있다. 만약에 어린이가 오이디푸스 신화를 듣는다면, 어린이는 자기에게도 그런 공포스러운 사건, 즉 부모 중 한쪽이 죽고 자신은 영원히 불구가 되는 그런 사건이 일어날 거라고 생각할 수 있다.

네 살부터 사춘기까지의 어린이에게 가장 필요한 것은, 오이디푸스적 문제가 행복하게 해결되는 상징적인 이미지들을 자주 접하는 것이다. 처음에는 믿어지지 않겠지만 그런 이미지를 여러 번 반추하다 보면 어느새 어린이는 안심을 하게 된다. 물론 행복한 결말에 대한 확신이 먼저 생겨야 한다. 그래야만 어린이는 그 확신을 가지고 오이디푸스적인 궁지에서 빠져 나오려고 노력할 용기가 생기기 때문이다.

어느 시기보다도 유년기 시절에는 모든 것이 생성 중이다. 인간은 내면에 확신이 없으면, 즉 긍정적인 결과에 대한 믿음이 없으면, 아무리 현실 속에 기회가 많아도 심리적 투쟁에 뛰어들지 못한다. 옛이야기는 어린이의 상상력을 불러일으키는 많은 자료를 제공하는데, 그 속에는 주로 자아를 획득하기 위해 벌여야 할 투쟁들의 상징적인 표현이 많이 있으며, 또한 행복한 결말을 보증한다.

신화 속의 주인공들은 초자아를 발달케 하는 탁월한 이미지들을 제공한다. 그러나 그 이미지들에 표현된 욕구들은 너무 엄격해서 겨우 통합된 개인성을 획득하기 위해 날갯짓을 시작하는 어린아이의 용기를 꺾기 쉽다. 신화 속의 영웅이 천상에서의 영생을 누리는 신으로의 변형을 경험하는 반면, 옛이야기 속 주인공은 지상에서 바로 우리들 곁에서 영원히 행복하게 살고 있는 것이다. 어떤 옛이야기들은 만약에 그 주인공이 아직 죽지 않고 있다면, 지금 어딘가에서 행복하게 살고 있을 거라고 끝을 맺는다. 옛이야기에는 평범한 성장 과정에서 겪게 되는 시련과 그 시련의 결과로 누리는 평범하지만 행복한 삶이 투사되어 있다.

옛이야기에는 성장기에 겪는 심리적 위기들이 풍부한 상상과 상징으로 표현되어 있다. 요정이나 마녀, 사나운 동물들, 또는 초인적인 지능이나 꾀를 지닌 인물들을 만나는 것도 다 그런 예다. 그러나 그 주인공이 아무리 특이한 경험을 한다 하더라도, 그 역시 죽을 운명이며 본질적으로 인간의 범주에 속해 있음을 상기시켜 준다. 옛이야기 속의 주인공이 어떤 경험을 했건, 그 경험들은 신화에서처럼 그를 초인간으로 만들지 않는다. 이런 현실성은 어린이로 하여금 옛이야기 속의 내용이 자기가 겪는 사건, 희망, 두려움 등이 환상적으로 표현되거나 과장된 것에 불과하다는 것을 깨닫게 한다.

옛이야기는 환상적이고 상징적인 이미지들을 통해 문제를 해결하지만, 그 속의 문제들은 일상적인 것들이다. 《신데렐라 Cinderella》처럼 자매간의 질투나 차별로 인해 고생을 한다든지, 그림 형제의 《호리병 속의 정령 The Spirit in the Bottle》에서처럼 부모가 어린이를 무능하다고 취급하여 생기는 문제 등이다. 게다가 이런 옛이야기 속의 주인공은 천상에서 어떤 보상을 받는 것이 아니라 바로 이 지상에서 문제를 극복해 나간다.

오랫동안 축적된 심리학적인 지식은 신화가 특별한 영웅들의 이야기라는 것을 잘 설명한다. 테세우스 Theseus, 헤라클레스 Hercules, 베오울프 Beowulf, 브룬힐드 Brunhild 등이 그 영웅들의 예다. 이런 신화적인 인물들에게는 이름이 있을 뿐만 아니라, 그들의 부모와 신화 속의 다른 주요 인물들의 이름까지도 밝혀져 있다. 테세우스를 "황소를 죽인 남자"로 부른다든지, 니오베 Niobe를 "일곱 딸과 일곱 아들을 가진 어머니"라고 부를 수는 없다.

대조적으로 옛이야기는 보통의 인간들, 바로 우리처럼 평범한 사람들에 대한 이야기라는 점을 분명히 한다. 그 전형적인 제목들에는 《미녀와 야수 Beauty and the Beast》, 《공포를 찾아 나선 청년 The Fairy Tale of One Who Went Forth to Learn Fear》 등이 있다. 심지어는 최근의 창작동화들도 이런 형태를 유지하고 있다. 그 예로 《소공자 The Little Prince》, 《미운 오리 새끼 The Ugly Ducking》, 《외다리 병정》 등을 들 수 있다. 옛이야기 속의 주인공들은 "소녀" 또는 "막내동생"으로 불린다. 만약에 이름이 나타난다면, 그것은 정상적으로 지어진 이름이라기보다는 일반적이거나 어떤 성격을 묘사하는 이름이다. "그 소녀는 항상 재투성이고 더러워 보였기 때문에 '신데렐라'로 불렸습니다."라든지, "빨간 모자가 잘 어울렸기 때문에 소녀는 '빨간 모자'로 불렸습니다."로 되어 있다. "잭 이야기" 종류나 《헨젤과 그레텔》의 경우처럼, 주인공에게 이름이 있다 하더라도 아주 흔한 이름이다.

옛이야기에서 아무도 제대로 이름을 가지고 있지 않다는 사실이 이 점을 더욱 확실하게 보여 준다. 그 부모들 역시 이름이 없다. 등장인물들은 그냥 "아버지", "어머니", "계모" 등으로 불리며, "가난한 어부" 또는 "불쌍한 나무꾼"으로 묘사되기도 한다. 마찬가지로 "왕"과 "왕비"가 나오는 경우라도 "왕자"와 "공주"가 소년, 소녀의 위장이듯이, 아버지와 어머니를 살짝 위장해 놓은 것에 불과하다. 요정이나 마녀, 거인과 할머니도 모두 이름이 없이 나온다. 그래서 어린이들은 옛이야기에 쉽게 빠져들고 자신을 주인공과 동일시한다.

신화 속 영웅들이 분명 초인간적이라는 사실이 바로 어린이들로 하여금 신화를 받아들일 수 있게 해 준다. 만약에 그들이 초인간적이라는 사실이 전제되지 않는다면, 어린이는 자기도 그 영웅을 본받아야 한다는 내재적인 요구에 압도되어 버리고 말 것이다. 신화는 총체적인 인성보다는 초자아를 형성시키는 데 유용하다. 어린이는 신화적 영웅이 지닌 미덕에 자신을 맞출 수 없으며 그의 행동을 따라갈 수 없다는 것을 너무나 잘 알고 있다. 그에게 요구되는 모든 것은 그 영웅에 비하면 아주 사소한 것일 뿐이다. 그래서 어린이는 이런 이상형과 자신의 나약함 사이의 불일치로 인한 좌절을 피할 수 있다.

그러나 한때 우리와 비슷한 사람이었던, 역사 속의 실제 영웅들을 자신과 비교해 본다면, 어린이들은 자신이 보잘것없다는 느낌을 강하게 받을 것이다. 아무도 도달할 수 없는 이상형에 도달하려는 노력이 곧 좌절을 뜻하지는 않는다. 위대한 실제 인물의 행적을 그대로 본뜨려고 애쓰는 행위는 어린이들에게 절망감과 열등감만 불러일으킨다. 우선 어린이들은 자신이 그렇게 할 수 없다는 것을 알고 있기 때문이며, 또 다른 사람이 자신이 못한 그 일을 해낼지도 모른다는 것이 두렵기 때문이다.

신화가 초자아의 요구에 기초해서 행동하는 이상적인 인간형을 보여주는 반면, 옛이야기는 본능적인 욕망을 적절히 충족시키는 것이 허용되는 통합된 자아를 그리고 있다. 바로 이 점이 신화의 지배적인 정서가 비관적인 반면에, 옛이야기의 기본적인 정서는 낙관적이라는 차이를 잘 설명해 준다.

4. 《아기 돼지 삼형제》—쾌락원칙과 현실원칙

헤라클레스 신화는 살아가면서 쾌락원칙을 따를 것인가, 아니면 현실원칙을 따를 것인가 하는 선택의 문제를 다루고 있다. 옛이야기 《아기 돼지 삼형제 The Three Little Pigs》도 바로 이 문제를 다루고 있다.[18]

어린이들은 다른 "사실적인" 이야기보다 《아기 돼지 삼형제》와 같은 이야기를 훨씬 좋아한다. 특히 감정을 살려 이야기를 들려 줄 때에는 더욱 그러하다. 늑대가 돼지네 집 문 앞에서 으르렁대고 푸후하고 숨을 불어 대는 장면을 실제로 일어나고 있는 일처럼 어린이 앞에서 연기를 하면, 어린이들은 넋을 놓는다. 《아기 돼지 삼형제》는 유아원에 다닐 연령의 어린이들에게 가장 재미있으면서도 극적인 형태로 감동을 준다. 게으름을 피우거나 일을 대강대강 처리해서는 안 되며, 만약 그렇게 하다가는 망할지도 모른다고 가르친다. 지적인 계획성과 안목에다가 힘든 노동이 결합

---

18) 《아기 돼지 삼형제》의 다른 판본들에 관해서는 앞에서 언급한 브리그즈 Briggs의 책 참조. 이 옛이야기에 관련된 논의는 할리웰 J. O. Halliwell의 《어린이집의 시와 어린이집의 이야기 Nursery Rhymes and Nursery Tales》(London, 1843)에 인쇄된 최초의 판본에 근거한다.

이 옛이야기의 후기 판본들 중 일부는 아기 돼지 두 마리가 살고 있는 것으로 되어 있는데, 이는 원본의 효과를 뺏은 셈이다. 또 몇몇 변형된 판본에서는 돼지들에게 이름을 붙이기도 하는데, 이는 돼지들이 발달의 세 단계를 상징한다고 이해하려는 어린이에게 방해가 된다. 다른 몇몇 판본에서는 둘째 돼지가 양배추를 좋아하기 때문에 양배추로 집을 짓고, 막내 돼지는 진흙에서 뒹구는 것을 좋아하기 때문에 진흙으로 집을 짓는 것으로 되어 있는데, 이는 두 돼지들이 견고한 집을 짓지 못하게 방해한 것이 바로 쾌락의 추구라고 분명하게 설명하기도 한다.

되면 아무리 난폭한 적인 늑대를 만나더라도 결국 승리하게 된다는 교훈을 준다. 또한 나이가 든 것의 장점을 보여 준다. 세 번째의 가장 현명한 돼지가 바로 덩치가 가장 큰 맏형으로 그려져 있기 때문이다.

아기 돼지 삼형제가 지은 초가집, 나무집, 벽돌집은 인간의 성장 과정을 상징한다. 내면적으로 볼 때 돼지의 행동은 본능의 지배를 받는 인성에서, 초자아의 영향을 받지만 근본적으로는 자아의 지배를 받는 인성으로의 발달을 의미한다.

막내 돼지가 가장 힘 안 들이고 짚으로 집을 짓는다. 둘째는 나무판자로 집을 짓는다. 둘 다 최대한으로 빠르고 쉽게 집을 짓고 나서, 나가 노느라고 정신이 없다. 이 두 돼지들은 쾌락원칙에 지배받는 삶을 살고 있다. 눈앞의 쾌락만 생각하지, 미래나 현실의 위험에 대한 대비 같은 것은 고려하지 않는다. 둘째 돼지가 막내 돼지보다 좀더 견고한 재료를 사용함으로써 막내보다 조금 더 성장했음이 드러나 있을 뿐이다.

오직 끝으로 집을 완성한 맏형 돼지만 현실원칙에 따라 행동하고 있다. 맏이는 놀고 싶은 욕망을 뒤로 미루고 그 대신에 앞을 내다보는 자신의 안목에 따라 행동한다. 심지어 늑대—자기를 유혹하여 함정에 빠뜨리는 적이나 낯선 사람—의 행동을 정확하게 예측하기도 했다. 그리하여 맏형 돼지는 자기보다 훨씬 강하고 포악한 세력을 물리칠 수 있었다. 이 난폭하고 파괴적인 늑대는, 자신을 지키고 자아의 힘으로 물리쳐야 하는 이기적이고 무의식적인 자기 파괴적 힘을 상징한다.

《아기 돼지 삼형제》는 비슷한 내용의 이솝 우화 《개미와 베짱이 The Ant and The Grasshopper》보다 어린이들에게 더 큰 감동을 준다. 우화는 옛이야기보다 훨씬 도덕적이다. 이 우화에서 베짱이는 겨울에 굶어 죽을 지경이 되어서 개미에게 찾아가 개미가 여름내 땀흘려 모아 놓았던 음식을 조금만 달라고 구걸한다. 개미는 베짱이에게 여름 동안 무엇을 했느냐고 묻는다. 베짱이가 놀기만 하고 일하지 않은 것을 아는 개미는 "당신은 여름 내내 노래를 부를 수 있었으니까 겨울 내내 춤도 출 수 있을 텐데요."라고 말하며 베짱이의 간청을 거절한다.

이것이 우화의 전형적인 결말이다. 그런데 이런 우화 역시 세대에서 세대로 전하여 내려오는 이야기다. 사무엘 존슨 Samuel Johnson은 이렇게 말했다.

> 우화는 본래 비이성적인 또 더러는 무생물인 존재를 빌어, 그것이 인간적인 관심과 열망을 가지고 행동하고 말하는 것처럼 가장하면서 도덕적인 교육을 시키려는 이야기인 듯하다.

우화는 이따금 신성한 체하고, 또 다소 흥미를 주기도 하지만, 항상 도덕적인 진실만을 이야기한다. 우화에는 숨겨져 있는 의미가 없으며, 상상력을 자극시키는 것은 아무 것도 없다.

반대로 옛이야기에서는 모든 결정이 다 우리의 몫이다. 결정을 내리고 싶은 마음까지도 남겨 놓는다. 옛이야기의 내용을 삶에 적용시킬 것이냐 아니면 단순히 그 속의 환상적인 사건들을 즐길 것이냐도 전적으로 우리 마음에 달려 있다. 옛이야기가 주는 즐거움은 조만간 그 속에 숨은 의미와 만나는 것이다. 그것은 우리의 삶의 체험과 개인적 성장 단계와 어떤 연관이 있을 것 같다고 막연히 느끼게 한다.

《아기 돼지 삼형제》와 《개미와 베짱이》를 비교하면, 옛이야기와 우화 사이의 차이가 확연해진다. 베짱이는 아기 돼지들이나 대부분의 어린이들처럼 놀기 좋아하고 미래에 대한 관심이 거의 없다. 이 두 이야기에서 어린이들은 그 두 동물들과 자기를 동일시한다(위선적이고 잘난 체하는 어린이만이 심술궂은 개미와 자기를 동일시할 것이고, 정신적으로 병든 어린이만이 늑대와 자기를 동일시할 것이다). 그러나 베짱이와 동일시한 경우, 그 우화는 어린이에게 아무런 희망도 남기지 않는다. 쾌락원칙에 사로잡혔던 베짱이에게는 비참한 운명만 남는 것이다. 그것은 한 번의 선택이 영원한 결정이 되고 마는 "양자택일적" 상황이다.

반면에 아기 돼지와 동일시한 경우, 옛이야기는 어린이에게 쾌락원칙에서 현실원칙에 이르는 성장의 가능성을 일깨워 준다. 그리고 현실원칙이 바로 쾌락원칙의 변형일 뿐이라는 것도 가르쳐 준다. 왜냐하면 현실원칙은 현실의 요구를 진지하게 고려하면서 쾌락을 추구하는 것이기 때문이다. 《아기 돼지 삼형제》는 현실원칙에 따르는 것이 가장 만족스러운 결과를 가져오므로, 눈앞의 즐거움을 뒤로 미룰 수도 있다는 그런 융통성을 제시한다. 놀기 좋아하지만 현명한 큰형 돼지는 여러 번 늑대를 이긴다. 먼저 늑대는 안전한 맏형의 집에서 맏형 돼지를 꾀어내기 위해 세 번이나 먹고 싶어하는 욕망을 부추긴다. 둘이서 맛있는 음식을 구할 수 있는 곳으로 놀러 가자는 것이다. 처음에는 어디서 훔쳐 온 듯한 순무로, 다음에는 사과로, 마지막에는 함께 장에 가 보자고 조른다.

이런 시도들이 다 허사로 돌아가자 늑대는 드디어 죽이려는 본래의 의도를 노골적으로 드러내며 덤벼든다. 그러나 늑대가 돼지를 잡기 위해서는 돼지의 집에 들어가야 하는데, 이때 돼지는 다시 한 번 늑대를 속여넘긴다. 늑대는 굴뚝으로 내려오다가 끓는 물에 빠져 결국에는 돼지의 밥이 되어 버리고 마는 것이다.

어린이는 이야기가 진행되는 동안 계속 그 주인공들 중 하나와 자기를 동일시하며 희망을 얻을 뿐만 아니라 지능이 발달하면 훨씬 힘센 적과도 대항하여 이길 수 있다는 사실을 깨닫는다.

대부분의 우화에 나타나는 정의에 관한 근본적인 견해에 따르면 나쁜 일을 한 사람은 결국은 망한다는 것인데, 이솝 우화는 여름같이 좋은 시절에 인생을 즐기는 것이 나쁜 일이라고 가르치는 듯하다. 게다가 더욱 큰 문제는 이 우화 속의 개미가 베짱이의 고통에 대해 일말의 동정심도 없는 비열한 인격의 소유자며, 또 어린이들이 본받아야 할 모범으로 제시된다는 점이다.

한편, 옛이야기에서의 늑대는 명백히 나쁜 마음을 지닌 동물이다. 왜냐하면 그것은 돼지를 해치려는 의도를 분명히 갖고 있기 때문이다. 늑대의 나쁜 마음이란 어린이들도 자기 마음 속에 있다고 느끼는 그 무엇, 즉 혼자 먹어 치우려는 욕심이다. 그리고 늑대의 결말은 자신도 그런 운명에 처하지 않을까 하는 불안감을 일으킨다. 늑대는 어린이가 지닌 나쁜 심성을 투사하여 표면화시킨다. 그리하여 돼지 삼형제 이야기는 어린이가 자신의 이런 면을 어떻게 건설적으로 다루어야 하는지를 말해 준다.

맏형 돼지가 올바른 방법으로 음식을 구하기 위해서 이곳저곳 다니는 것도, 간과해 버리기 쉽지만 옛이야기의 의미심장한 부분이다. 음식을 제대로 먹는 것과 게걸스럽게 먹어 치우는 것 사이에는 커다란 차이가 있음을 보여 주기 때문이다. 어린이는 잠재적으로 그 차이가 쾌락원칙과 현실원칙의 차이라는 것을 이해하고 있다. 뒷일을 생각하지 않고 한꺼번에 먹어 치우려는 통제되지 않는 행위가 쾌락의 원칙을 따른 것이라면, 머리를 써서 음식을 찾아다니는 행위는 현실원칙에 따른 것임을 어린이는 암암리에 알게 된다. 맏형 돼지는 늑대가 나타나기 전에 맛난 것들을 집으로 가져오기 위해서 이른 시각에 일어난다. 돼지가 맛있는 음식을 안전하게 구하기 위해서 이른 아침에 잠을 깨고 또 그렇게 함으로써 늑대의 사악한 계획을 좌절시키는 것만큼 현실원칙의 실체와 그에 따른 행동의 가치를 더 잘 보여 주는 것이 있을까?

옛이야기의 전형적인 구조는 나이 어린 막내가 처음에 하찮게 취급받으며 놀림을 당하다가 마지막에 승리하는 것이다. 하지만 《아기 돼지 삼형제》는 이 유형에서 벗어나 있다. 형이 다른 두 동생보다 시종일관 우월하기 때문이다. 그 까닭은 세 마리 돼지가 어린이 자신처럼 다 "어리고" 미숙하다는 사실과 관계가 있다. 어린이는 그들 중 하나와 차례로 동일시하며, 자신의 정체가 점차 높은 수준으로 나아감을 느낀다. 행복한 결말과 늑대가 응분의 벌을 받는다는 점이 《아기 돼지 삼형제》를 옛이야기가 되게 한다.

베짱이가 특별히 나쁜 짓을 하지 않고도 굶어 죽어야 한다는 것은 어린이의 정의감에 위배되는 것인 반면, 늑대가 벌을 받는 것은 만족스럽다. 세 마리 아기 돼지가 각각 인간의 발달 단계를 상징하기 때문에, 앞의 두 마리 돼지가 사라진 것은 그다지 상처가 되지 않는다. 어린이는 성숙한 자아에 도달하기 위해 초기의 존재 방식을 버려야 함을 잠재적으로 알고 있다. 어린이에게 《아기 돼지 삼형제》에 대해 말을 시키면, 늑대가 당연히 받을 벌을 받은 것과 맏형 돼지가 슬기롭게 대처하여 성공한 것에 대해서만 기뻐하지, 동생 돼지 둘이 죽은 것에 대해 슬퍼하는 경우는 볼 수 없다. 나이가 어린 어린이라도 이 셋이 모두 다른 단계에 처해 있는 실제로는 같은 존재임을 이해하고 있는 듯이 보인다. 그들 셋이 모두 늑대에게 똑같은 말로 대답했다는 것을 통해서도 어린이들은 알아차릴 수 있다. "안 돼, 안 돼, 턱, 턱, 턱 밑에 털 하나도 건드릴 수 없어!"라고 그들은 똑같이 말했던 것이다. 아무래도 자아가 보다 성숙해지려면, 그런 과정을 거칠 수밖에 없는 것이다.

《아기 돼지 삼형제》는 어린이에게 이렇게 해야 한다는 말 한마디 없이 자신의 성숙에 대해 생각하는 기회를 만들며 또 스스로 결론을 이끌어 내게 한다. 어린이들은 이런 과정을 통해서만 진짜 성숙으로 나아간다. 많은 경우에 어린이에게 이래라저래라해서 성숙한 행동으로 유도하는 것은, 미성숙의 굴레를 훈계의 굴레로 바꾸는 것일 뿐이다.

5. 마법의 필요성

　신화와 옛이야기는 둘 다 영원한 문제, 즉 세상은 어떤 모습일까? 그 속에서 어떻게 살아가야 할까? 어떻게 하면 진실로 나 자신이 될 수 있을까? 등의 문제에 대한 대답을 한다. 그런데 신화에는 명백한 답이 들어 있는 데 비해, 옛이야기에는 암시적인 답이 들어 있다. 옛이야기의 메시지는 해결을 암시하지만 결코 분명하게 가르쳐 주는 법이 없다. 옛이야기는 어린이들에게 삶과 인간의 본성을 보여 줄 뿐, 어린이가 자신에게 적용시킬 것인가의 여부와 그 적용 방법에 대해서는 전적으로 어린이의 공상에 맡긴다.

　옛이야기는 어린이가 세계에 대해 생각하고 경험하는 방식으로 이야기를 전개시킨다. 이것이 옛이야기가 어린이에게 설득력 있는 이유이다. 어른들이 아무리 어린이를 위로해도 그것은 어른의 논리와 관점에 의한 것이기 때문에 어린이는 제대로 위로받을 수 없다. 반면, 옛이야기로부터는 훨씬 많은 위로를 받는다. 어린이는 옛이야기의 세계관이 바로 자신의 세계관과 일치하기 때문에 옛이야기를 신뢰한다.

　나이와 상관없이, 인간은 자신의 사고원리와 일치하는 이야기에만 감동을 받는다. 전혀 불가능한 것은 아니지만 어른들이 자신의 방식이 아닌 남의 방식으로 사고한다는 것은 상당히 힘든 일이다. 세계를 이해하는 데는 여러 종류의 관점이 있음을 배워 온 어른들이 그럴진대, 어린이들은 오죽하겠는가. 어린이들은 모든 사물에 생명이 있다고 생각한다.

글자를 모르는 모든 이들과 글자를 아는 사람들 중 많은 사람들이 그러하듯 "어린이는 무생물계를 생물계의 인간을 대하는 듯한 태도로 대한다. 그리고 자기를 기쁘게 하는 예쁜 물건을 마치 엄마가 자기에게 하듯이 쓰다듬는다. 어린이는 만약에 자기 앞에서 문이 쾅 닫히면 문을 때려준다."[19] 덧붙이자면 어린이가 그 물건을 쓰다듬는 이유는 그 예쁜 물건도 자기처럼 쓰다듬어 주는 것을 좋아한다고 믿기 때문이다. 그리고 어린이가 문을 때려 주는 것은 문이 나쁜 의도를 갖고 고의적으로 쾅 닫혔다고 생각하기 때문이다.

피아제 Jean Piaget가 밝혔듯이, 어린이에게는 사춘기가 될 때까지 물활론 적 사고가 남아 있다. 그런데 부모와 교사들은 어린이에게 무생물은 느끼거나 행동할 수가 없다고 말한다. 부모의 마음에 들려고 또는 조롱당하기 싫어서 어린이는 자기도 그렇게 믿고 있는 척할런지 모르지만, 속마음은 그렇지 않다. 합리적인 교육을 받게 되면서, 어린이는 자신의 "진실한 지식"을 마음 속 깊은 곳에 묻어 두며 그리하여 그것은 합리성에 손상되지 않고 남아 있다. 그러나 그것은 옛이야기를 통해 형태를 갖추고 활기를 띠게 된다.

여덟 살짜리 어린이에게(피아제가 든 예를 인용하자면) 태양은 빛을 주기 때문에 살아 있다(덧붙이자면 태양은 빛을 주고 싶어서 밝게 빛나는 것이다). 어린이의 애니미즘적 사고에 따르면 돌은 움직이는 것으로 보아서 살아 있다. 돌은 언덕에서 잘 구르지 않던가? 심지어 열두 살이 넘은 어린이도 시냇물이 흐르는 것으로 보아서 살아서 자기 마음대로 움직이

---

19) 모든 사물에 생명이 있다고 생각하는 어린이의 애니미즘적 사고에 대한 부분은 《사회과학 백과사전 Encyclopedia of Social Sciences》에 실린 베네딕트 Ruth Benedict의 《애니미즘 Animism》(New York, Macmillan, 1948)에서 인용.

는 거라고 확신한다. 태양과 돌, 물이 인간들처럼 영혼을 가지고 있고 그래서 사람처럼 느끼고 행동하기도 한다고 믿는다.[20] 어린이에게는 무생물과 생물을 구분하는 뚜렷한 경계가 없다. 존재하는 것은 무엇이든지 우리처럼 생명을 가지고 있는 것이다. 다만 우리가 바위, 나무와 동물들이 말하는 것을 알아듣지 못했다면, 그 이유는 우리가 충분히 그들의 마음과 친하지 못했기 때문이라는 것이다. 세계를 이해하려고 노력하는 어린이로서는 자신의 호기심을 자극하는 무생물로부터 대답을 기대하는 것이 지극히 당연하다. 그리고 어린이는 자기중심적이기 때문에, 옛이야기 속의 동물들이 다 그러하듯이 동물들이 자기에게 정말로 중요한 것들에 대해 이야기하기를 기대한다. 어린이는 자기가 진짜 동물에게건 장난감 동물에게건 말을 건네므로 그 동물이 겉으로 꼭 표현하지는 않더라도 자신을 잘 이해하며 공감하고 있다고 확신한다.

동물들은 세계를 자유롭게 멀리까지 돌아다니므로, 옛이야기 속에서 동물들이 주인공을 먼 곳까지 인도하는 것은 지극히 당연하다. 움직이는 모든 것은 다 살아 있으므로, 바람이 말을 할 수도 있고 《해의 동쪽 달의 서쪽 East of the Sun and West of the Moon》[21]에서처럼 주인공이 원하는 데까지 실어다 줄 수도 있다고 어린이는 믿는다. 애니미즘적 사고방식에서 보면 동물들만 우리처럼 느끼고 생각할 수 있는 것이 아니라 돌멩이들까지도 다 생명이 있다. 그래서 돌멩이로 바뀐다는 것은 단순히 말을 못하게 되고 당분간 움직일 수 없게 됨을 의미한다. 이와 똑같은 논리로 전에는 말을 못하던 사물이 말을 하게 되고 충고를 하며, 주인공이 떠돌아다닐 때 함께 동행할 수 있는 것이다. 그리고 모든 사물에는 다른 모든 영

---

20) 어린이의 물활론적 사고의 여러 단계들과, 열두 살까지의 어린이들에게 그것이 미치는 강력한 힘에 대해서는 피아제의 《세계에 대한 어린이의 이해 The Child's Concept of the World》(New York, Harcourt, Brace, 1929)를 참조.
21) 《해의 동쪽 달의 서쪽》은 노르웨이의 옛이야기다. 앤드루 랭 Andrew Lang의 《푸른 옛이야기책 The Blue Fairy Book》(London, Longmans, Green, 1889)에 번역되어 있다.

혼들과 흡사한 영혼(말하자면 사물에 투사시킨 어린이의 영혼 같은 것)이 깃들여 있다고 생각한다. 바로 이 내재적인 동일성 때문에 마치《미녀와 야수 Beauty and the Beast》또는 《개구리 왕 The Frog King》[22]에서 그렇듯이 사람이 동물이나 다른 어떤 것으로 바뀔 수 있다는 것도 믿는 것이다. 또 살아 있는 것과 죽은 것 사이에도 명백한 경계가 없기 때문에 죽은 것이 얼마든지 살아날 수가 있는 것이다.

위대한 철학자들처럼, 어린이들이 최초이자 최종의 질문인 "나는 누구인가? 나는 인생의 문제들을 어떻게 다루어야 하나? 나는 무엇이 되어야 하나?"에 대한 해답을 추구할 때에도 역시 애니미즘적 사고에 기초를 두고 있다. 그러나 어린이는 자기의 존재가 어떻게 구성되었는지를 잘 모르기 때문에, 어린이에게 있어서 최초이자 가장 중요한 질문은 역시 "나는 누구인가?"이다.

어린이는 주위를 돌아다니며 탐색을 하기 시작하면서, 곧 자기 동일성의 문제를 생각하게 된다. 어린이는 거울 속의 자기 모습을 바라보면서, 자기가 보고 있는 모습이 진짜로 자기인지, 아니면 자기를 닮은 어린이가 거울 뒤에 서 있는 것인지를 궁금해한다. 어린이는 거울 속의 어린이가 정말로 모든 면에서 자기와 같은지를 알아 내기 위해 여러 가지로 궁리한다. 표정도 바꾸어 보고, 몸을 이쪽저쪽으로 돌려 보고, 거울로부터 멀리 걸어갔다가 갑자기 펄쩍 뛰어서 거울 앞으로 돌아오곤 한다. 다른 어린이가 자기처럼 움직이는지, 아니면 그 자리에 서 있는지가 궁금한 것이다. 겨우 세 살밖에 안 된 어린이가 벌써 자기 동일성이라는 어려운 문제에 봉착해 있는 것이다.

어린이는 스스로에게 질문한다. "나는 누구지? 어디에서 왔지? 이 세

---

22)《미녀와 야수》는 매우 오래 된 이야기로 현재 다양한 판본으로 존재하고 있다. 가장 잘 알려진 판본으로는 보몽 부인 Madame Leprince de Beaumont의 것으로 오피에 부부 Iona and Peter Opie의《고전 옛이야기 The Classic Fairy Tales》(London, Oxford University Press, 1974)에 나온다.《개구리 왕》은 그림 형제의 옛이야기 중 하나이다.

상은 어떻게 생겨났지? 누가 모든 사람과 동물들을 만들었지? 왜 살지?" 등등. 실제로 어린이는 이런 지극히 중대한 문제들을 곰곰이 생각하는 것인데, 물론 추상적인 사고를 하는 것이 아니라 주로 자기에게 속해 있는 것에 대해서만 생각을 한다. 어린이는 모든 개개인이 정당하게 취급받는가를 걱정하는 것이 아니라, 자기가 정당하게 취급받는가를 걱정한다. 어린이는 누가 또는 무엇이 자기를 곤경에 빠뜨렸으며, 그 일이 자기에게 일어나지 않도록 막을 수 있는 방법은 무엇인가를 곰곰이 생각한다. 부모 말고도 자애로운 힘이 존재하는가? 부모는 과연 자애로운 힘인가? 나는 어떤 모습을 할 것이며, 또 그 이유는 무엇인가? 나쁜 일을 저질렀어도 희망이 있는가? 이런 모든 일들이 왜 일어나는가? 이것이 미래에 무슨 의미를 가지는가? 옛이야기는 마음을 짓누르는 이런 질문들에 대한 해답을 제공한다. 이런 대답들은 주로 어린이가 이야기를 따라가야만 알게 된다.

어른의 관점이나 현대 과학적인 관점에서 볼 때 옛이야기가 제공하는 해답들은 사실이라기보다는 환상적이다. 사실 이런 해답들은 많은 어른들에게는 매우 부정확한 것이어서, 어린이들이 세계를 경험하는 그런 방법들로부터 소외되어 온 어른들로서는 그런 "틀린" 정보에 어린이들을 내맡기는 것을 반대한다. 그러나 사실적인 설명들은 언제나 그렇듯이, 어린이에게 제대로 이해가 안 된다. 어린이들은 그런 것들을 알아들을 만한 추상적인 이해능력이 부족하기 때문이다. 어른들로서는 과학적으로 정확하게 대답해야 어린이들이 사물을 분명하게 파악한다고 생각한다. 그러나 그런 설명을 듣는 어린이는 혼란스럽고, 압도되며, 지적인 낭패감을 느끼게 된다. 어린이는 전에는 몰라서 당황했던 것을 스스로 알게 될 때 안도감이 생기는 것이지, 잘 이해가 안 되는 새로운 사실이 주어지는 경우에는 절대로 안도감을 느낄 수 없다. 어린이가 그 대답을 받아들였을지라도 어린이는 곧 자기가 올바른 질문을 했는지 의심하게 된다. 설명이 이해가 되지 않기 때문에, 어린이는 그 설명을 자기가 질문하지 않은 다른 어떤 질문에 적용시켜 보려고 한다.

　현재 자신의 지식과 정서에 비추어 이해되는 내용만이 어린이에게 확신을 준다는 사실을 기억하는 것이 중요하다. 우주에 떠 있는 지구가 인력에 의해 태양 주위를 돌기 때문에 어린이가 땅으로 떨어지듯이 태양으로 떨어지지는 않는다고 말하면 어린이는 상당히 혼란스러워 할 것이다. 어린이의 경험에 비추어 보면 모든 것은 무엇인가에 기대거나 무엇인가에 의해 지탱되어야 하기 때문이다. 그 정도의 지식에 기초해서 설명해야만 어린이는 공간 속의 지구에 대해서 좀더 이해하게 되었다는 느낌이 드는 것이다. 또 보다 중요한 것은, 지구에 사는 것이 안전하다는 느낌을 갖기 위해서 어린이는 이 세상이 견고한 기초로 되어 있다고 믿을 필요가 있다. 그러므로 어린이로서는 지구가 거북 위에 서 있다든지 혹은 거인에 의해 떠받들어지고 있다고 말하는 신화가 훨씬 훌륭한 설명을 하고 있다고 생각하는 것이다.

　만약에 부모가 들려준 설명, 즉 지구는 중력에 의해 궤도를 안전하게 돌고 있다는 말을 어린이가 사실로 받아들인다면, 그때 어린이는 중력이 무슨 끈 같은 것이라고 상상할 수밖에 없다. 그리하여 부모의 설명은 확실한 이해나 안전한 느낌을 주지 못한다. 우리가 살고 있는 지구가(가장 견고하고 또 모든 것이 달려 있는) 눈에 보이지 않는 축을 중심으로 굉장한 속도로 회전하고 있으며 게다가 태양 주위를 전체 태양계와 함께 우주 공간을 뚫고 질주하며 돌고 있어도, 우리의 삶은 안전하다는 것을 믿게 되는 것은 지력이 충분히 성숙해진 훨씬 후의 일이다. 나는 이런 정보를 그대로 외워서 말하는 어린이는 많이 보았어도, 사춘기 이전의 어린이에게서 이 모든 복합적인 움직임을 제대로 소화해 이해하고 있는 어린이를 본 적이 없다. 그걸 안다는 어린이들은 대부분 어른들의 설명을 앵무새처럼 반복하는 것이다. 그 설명들은 자기의 경험에 비추어 보면 거짓이지만 어른들이 그렇다고 하니까 사실일 거라고 믿어 두는 것이다. 그 결과 어린이들은 자기의 경험을, 나아가 자기 자신을, 그리고 그 경험에 대한 자신의 처리 능력을 불신하게 된다.

1973년 가을에는 코후텍 Kohoutek 혜성이 일대 뉴스였다. 그 당시에 유능한 한 과학 교사가 초등학교 이삼 학년 학생들 중 지적 능력이 우수한 소집단에게 그 혜성에 대해 설명을 했다. 학생들은 각자 종이에 원을 그려 오려 내고 그 위에 태양 주위에 있는 혹성들의 공전 궤도를 그렸다. 그리고 그 위에 혜성의 궤도를 표시하는 타원형의 종이를 붙여 놓았다. 어린이들은 일정한 각도로 행성들을 향해 움직이고 있는 혜성을 나에게 보여 주었다. 내가 어린이들에게 그것이 뭐냐고 묻자 어린이들은 그 타원을 보여 주면서 혜성을 손에 들고 있는 중이라고 했다. 혜성이 손에 잡혀 있는데 하늘에 어떻게 혜성이 있느냐고 하자 모두 당황하여 어쩔 줄을 몰라 했다.

아이들은 당황해서 교사를 쳐다보았고, 교사는 아이들에게 지금 들고 있는, 그 동안 그렇게 열심히 만든 것은 행성과 혜성의 모형에 불과하다고 조심스럽게 설명했다. 어린이들이 모두 이해했다고 동의를 했고, 그 이후에 내가 질문을 했더라도 똑같이 대답했을 것이다. 그러나 좀 전에 원과 타원의 모형을 자랑스럽게 여겼던 태도에 비해 모든 흥미가 사라지고 시들해졌다. 심지어 어떤 어린이는 종이를 구겼으며, 어떤 어린이는 그 모형을 휴지통에 버렸다. 그 종이 조각이 그들에게 혜성이었을 때에는, 모두 그 모형을 집으로 가져가 부모님께 보여 드릴 예정이었으나, 이제 그것은 아이들에게 더 이상 의미가 없었다.

부모들은 어린이가 정확한 과학적인 설명을 받아들일 수 있도록 신경을 쓰면서도, 어린이의 정신 작용에 대한 과학적인 연구 결과에 대해서는 빈번히 도외시한다. 어린이들의 정신 작용에 대한 연구, 특히 피아제의 연구는, 어린이들이 질량불변의 법칙과 가역성이라는 두 가지 추상적인 개념을 제대로 이해하지 못함을 설득력 있게 예증하고 있다. 예를 들어,

같은 양의 물이 좁은 용기에서는 높이 올라가고 넓은 용기에서는 높이가 낮아진다거나, 뺄셈은 덧셈 과정의 역이라는 사실이 어린아이에게는 이해가 안 된다는 것이다. 이와 같은 개념을 이해할 수 있을 때까지 어린이는 세계를 주관적으로 이해할 수밖에 없다는 것이다.[23]

과학적인 설명은 객관적인 사고를 요구한다. 취학 연령 이하에서 이 두 개념을 정말로 제대로 이해하는 어린이가 거의 없다는 것은 실제 실험을 통해 충분히 증명이 되었는데도 그 두 개념 없이는 추상적인 이해가 불가능하다는 것이다. 여덟 살이나 열 살 이전의 어린이들은 자기가 경험한 것을 의인화시킨 개념으로 발전시킬 수밖에 없다고 한다. 따라서 자신이 엄마의 젖으로 자랐듯이, 땅이 식물을 키우니까 땅을 식물의 엄마로 보거나 아니면 여신, 혹은 적어도 여신이 사는 곳으로 여기는 것은 당연하다 하겠다.

아무리 어린 어린이라도 어찌 된 일인지 자기가 부모에게서 태어났다는 사실을 알고 있다. 그래서 모든 사람들과 그들이 살고 있는 이 땅이 자기 부모와 비슷하게 생긴 초인적인 존재, 즉 여신이나 남신에 의해 창조되었다는 말은 쉽게 이해한다. 집에서 자신의 부모가 자신을 잘 돌보고 필요한 것을 공급해 주듯이, 그와 비슷한 존재, 즉 훨씬 힘이 세고, 똑똑하며, 신뢰할 만한 수호천사와 같은 그런 존재가 이 세상에서 그런 역할을 하고 있다고 믿을 수 있는 것이다.

그래서 어린이는 부모의 모습으로, 그리고 가족 내에서 일어나는 일들의 이미지로 세계의 질서를 경험한다. 어린이들이 그러하듯이 고대 이집트인들은 하늘을 모성의 이미지로 보았으며, 하늘의 신 누트 Nut가 지구를 내려다보며 지구와 이집트인들을 잔잔하게 감싸고 보호하고 있다고 생각했다.[24] 그런 세계관은 훗날 세계에 대한 보다 합리적인 설명이 발달

---

23) 피아제 이론의 개요는 플라벨 J. H. Flavell의 《피아제의 발달 심리학 The Developmental Psychology of Jean Piaget》(Princeton, Van Nostrand, 1963)에 나와 있다.

하는 데 방해가 되기는커녕, 적절한 시기와 장소에서 늘 사람들에게 안도감을 주었다. 그리고 그 안도감은 때가 무르익자 참으로 합리적인 세계관을 가능케 하였다. 끝없는 공간으로 둘러싸인 조그만 행성에서 산다는 사실은 어린이가 알고 있는 삶의 모습과는 정반대이므로 어린이에게 몹시 외롭고 추운 느낌을 준다. 이것이 바로 고대인들이 어머니의 모습에 의해 안전하게 보호된 따스한 느낌을 필요로 했던 이유이다. 이와 같은 보호의 이미지를 단지 미숙한 정신세계의 유치한 투사로 격하시키는 것은 어린이가 필요로 하는 일종의 안도감과 위로를 어린이에게서 빼앗는 것이다.

물론 감싸안는 천모 sky-mother의 개념에 너무 오래 집착하면 정신세계가 좁은 한계를 벗어나지 못할 수도 있다. 사실 어린이들이 유치한 투사나 가공의 보호자—잠잘 때나 엄마가 없을 때 어린이를 지키는 수호천사 같은—에 의존한다고 해서 진정한 안도감이 생기는 것은 아니다. 그러나 스스로 완전한 안도감을 마련할 수 없다면, 상상이나 투사에 의한 안도감이라 할지라도 전혀 없는 것보다는 훨씬 낫다. 그 후 시간이 충분히 흘러 삶에 대한 자신감이 확고해지기까지는 이 안도감이 꼭 필요하다. 부분적으로는 상상된 이 안도감이 바로 어린이에게 자신에 대한 신뢰감을 주는 것이다. 신뢰감이 바탕이 되어야 어린이는 차츰 생겨나는 합리적인 능력으로 삶의 문제를 풀어 갈 수가 있다. 마침내 어린이는 자기가 믿어 왔던 "어머니로서의 대지"가 상징에 불과함을 깨닫게 된다.

예를 들어 옛이야기를 통해 처음에는 불쾌하고 위협적이던 등장인물이 나중에는 신기하게도 가장 도움을 주는 좋은 친구로 바뀔 수 있다는 사실을 알게 된 어린이는, 자기가 만난 이상하게 생긴 낯선 어린이가 지금은

---

24) 여신 누트에 관한 논의는 노이만 Erich Neumann의 《위대한 어머니 The Great Mother》 (Princeton, Princeton University Press, 1955)에 나와 있다. 그 책에는 "닭이 병아리들을 보호하듯이, 여신 누트는 하늘의 둥근 천장처럼 땅 위의 피조물들을 감싼다."라는 표현이 나온다. 여신 누트가 어떻게 묘사되었는지는 뉴욕 메트로폴리탄 박물관에 있는 이집트 삼십대 왕조 "Uresh-Nofer"의 석관 뚜껑에서 볼 수 있다.

위협적이지만 나중에는 바람직한 친구로 바뀔 수도 있다고 기대한다. 옛이야기의 "진리"를 신뢰하는 어린이는, 낯선 사람을 보고도 첫인상 때문에 움츠리지 않을 수 있는 용기가 있다. 옛이야기 속의 주인공이 외관상 불쾌한 인물과 용감히 친구가 되었기 때문에 인생에서 성공했다는 사실을 기억하는 어린이는 자기에게도 똑같은 마법이 통할 거라고 믿고 있는 것이다.

   나는 어린 시절 냉엄한 현실로 인해 너무 일찍 마법을 박탈당한 것에 대한 보상심리로 청년기 후반에 마술에 몰두하는 경우를 많이 보았다. 마치 그 시기를 놓치면 인생에서 그 심각한 결핍 상태를 더 이상 메울 기회가 없음을 그 젊은이들은 느끼고 있는 것 같았다. 또는 마법에 매혹된 그 달콤한 경험 없이는 성인의 가혹한 삶에 대처할 수 없다고 느끼는 것 같았다. 오늘날 젊은이들 중에는 갑자기 약물에 의한 몽환의 세계에 빠져들거나, 도인의 문하생으로 들어가거나, 점성술을 믿거나, "흑마술"의 실행에 참여하거나, 아니면 또 이와는 다르게 자신의 삶이 갑자기 멋지게 바꾸어지는 마법적인 사건이 생길 거라는 현실 도피적인 백일몽에 빠져 있는 경우가 꽤 많다. 이런 젊은이들 중에는 어린 시절 너무 일찍 어른들의 조숙한 시각으로 현실을 보게끔 억압을 받았던 경우가 많다. 그런 식의 현실도피 성향 이면에는 초기 성장과정에서 현실적인 방법으로 삶을 극복할 수 있다는 확신이 자라지 못하게 한 어떤 원천적인 경험들이 있기 마련이다.

   각 개인에게 바람직한 것은 자신의 한평생 속에서 과학적인 사고의 역사적인 발생 과정을 그대로 반복하는 것이다. 인류가 살아 온 과정을 보면 꽤 오랫동안 정서적인 투사를 이용했다. 예를 들어 신들에 관한 개념도 그러한데, 그런 정서적인 투사는 인간, 그가 속한 사회, 우주에 관해 설명하려는 미숙한 희망과 걱정들로부터 생겨났던 것이다. 그리고 나서 사회적, 과학적, 기술적으로 성숙해짐에 따라 인류는 서서히 바로 그 존재에 대한 끊임없는 공포로부터 벗어날 수가 있게 된다. 세상과 인간에 대해 보다 안전하다고 느끼게 되면서, 인간은 설명적인 도구로 과거에 이용하던 그 투사들이 타당했는지 의문을 갖기 시작했다. 그러면서 "유치한" 투사가 어느덧 사라졌으며, 그 자리를 보다 합리적인 설명이 차지하였다. 그러나 이런 과정이 순탄하게 이루어진 것은 결코 아니다. 중간 중간 긴장되고 막막하던 시기에 인간은 자신과 자신이 거처하는 장소가 바로 우주의 중심이라는 그 "유치한" 생각으로 위로를 받았다.

인간 행동의 관점으로 바꾸어 보면, 사람은 세상에 대해 안도감을 느끼면 느낄수록 유아적인 "투사"에 의존할 필요가 적어진다. 즉, 삶의 궁극적인 문제를 신화나 옛이야기에 의존하지 않아도 되며, 합리적으로 설명하고 싶어한다. 인간이 자신에 대해 안도감을 느끼면 느낄수록 자신의 세계가 우주에서 별로 큰 비중을 차지하지 않음을 받아들일 여유가 많아진다. 일단 자신의 주변 상황 속에서 자신이 중요한 위치를 차지하고 있다고 느끼면, 사람은 우주 속에서의 자기 행성의 중요성에 대해 별로 신경 쓰지 않게 된다. 반면에 그 자신과 보금자리에 대해 불안감을 느끼면 느낄수록, 사람은 두려움을 느끼며 더욱 자기 안으로 움츠리거나 아니면 정복을 위한 정복을 하러 외부로 나아간다. 이 정복은 안도감 속에서 자유롭게 호기심을 드러내는 탐구와는 정반대이다.

마찬가지로 어린이도 주변의 보호를 받고 있다는 확신이 없는 한, 수호천사와 같은 초인적인 힘이 자기를 지키고 있다고 믿을 필요가 있다. 그리고 이 세상과 그 속에서의 자신의 위치가 엄청나게 중요한 것이라고 믿을 필요가 있다. 여기에 기본적 안도감을 제공하는 가족의 역할과 어린이가 자라면서 합리적 탐구에 몰두하게 할 독서 사이의 연관이 있다.

성경 이야기가 삶의 목표를 제시해 주고 그 수수께끼를 풀어 준다고 부모가 온전히 믿고 있는 한, 어린이는 안도감을 느끼기가 쉬웠다. 심리적으로 억압하는 문제들에 대한 모든 해답이 성경에 있다고 생각했기 때문이다. 성경은 인간에게 세상을 이해하는 데에 필요한 모든 것, 세상의 기원과 그 속에서의 인간의 행동에 대한 모든 것을 일러 주었다. 서양에서 성경은 인간의 상상력의 원형까지도 제공하였다. 그러나 성경 속의 이야기가 아무리 풍부하다 하더라도, 가장 종교적인 시대에서조차 그것이 인간의 모든 심리적 욕구를 해결하기에 충분했던 적은 없었다.

　그 이유 중 하나는 신·구약 성경과 성인전들은 선한 삶을 사는 방법만을 제공한다는 것이다. 따라서 인간의 어두운 측면에 대해서는 아무런 해결책도 제공하지 않는다. 성경은 무의식의 반사회적인 측면에 대해 단 하나의 본질적인 해결책만을 제시한다. 즉, 그런 욕구는 용납될 수 없으므로 억제하라는 것이다. 그러나 어린이들은 본능에 대한 의식적인 통제가 불가능하므로, 이런 "나쁜" 성향을 상상을 통해서라도 충족시켜 주는 이야기와 그런 성향을 승화시킨 특별한 모델을 필요로 한다.

　공공연하게 그리고 암암리에 성경은 인간에 대한 하느님의 요구를 말하고 있다. 잘못을 저지른 적이 없는 사람보다 회개한 죄인을 더 사랑한다는 구절조차도 역시 착한 삶을 살라는 메시지를 담고 있다. 그리고 아무리 미운 사람에게라도 잔인한 복수를 해서는 안 된다는 것이다. 카인 Cain과 아벨 Abel의 이야기에서 보여 주듯이, 성경에서는 형제간의 경쟁심리로 인한 고뇌에 대해서는 추호의 동정도 없다. 오로지 그렇게 행동했다가는 파멸적인 결과를 가져오리라는 경고뿐이다.

　그러나 형제의 질투로 인해 고통을 받는 어린이에게 가장 필요한 것은 지금은 고통을 받아도 언젠가는 정당한 보상을 받을 거라는 확신이다. 또 스스로 질투의 번민을 견디어 내야 하는 어린이에게 가장 필요한 것은 언젠가는 이길 거라는 상상인 것이다. 그래야만 어린이는 미래에는 모든 일이 잘 될 거라는 확신을 가지고, 현재의 상황을 잘 견디어 낼 수 있는 것이다. 어린이에게 무엇보다도 필요한 것은 잘 자라고 열심히 지내고 나이가 들면 언젠가는 승리자가 될 거라는 아직은 불확실한 믿음에 대한 격려인 것이다. 현재의 고통이 미래에 보상된다면 어린이는 카인처럼 질투에 사로잡혀 행동할 필요가 없어지는 것이다.

성경이야기나 신화처럼, 옛이야기 역시 예로부터 어른 어린이 할 것 없이 인간을 교화시키는 문학이었다. 신을 중심으로 하지만 않는다면 성경 속의 많은 이야기들은 옛이야기와 매우 흡사하다. 예를 들어 요나 Jonah 와 고래의 이야기에서 요나는 니느베 Nineveh 사람들의 사악함에 대항해서 싸우라는 초자아(양심)의 요구를 피해 보려고 애쓴다. 그의 도덕적 양심의 견고함을 시험받는 시련은, 다른 많은 옛이야기에서처럼, 위험한 여행이다. 그것을 통해 자신을 증명해야 하는 것이다.

바다를 가로지르는 여행을 하다가 요나는 커다란 물고기의 뱃속으로 들어간다. 그 속에서 죽음을 체험하면서 요나는 보다 높은 도덕성, 보다 높은 자아를 발견하게 되고 놀랍게도 다시 태어난다. 그리하여 초자아의 엄격한 요구에 대응할 준비태세를 갖추게 된다. 그러나 다시 태어났다고 하여 참된 인간성이 성취되는 것은 아니다. 본능이나 쾌락원칙의 노예가 되거나(힘든 과업을 피하는 것) 초자아의 노예가 되는 것(사악한 도시가 파괴되기를 바라는 것)은 둘 다 진정한 의미의 자유와 성숙한 자아가 아니다. 요나가 완전한 인간성을 획득한 것은, 초자아의 엄격함을 넘어서서 니느베 사람들에 대해 인간의 나약함까지도 배려하여 판단하는 하느님의 지혜를 깨닫게 된 때이다. 본능이나 초자아의 어느 쪽에도 예속되지 않으며, 더 이상 어느 한쪽에 의해 맹목적으로 판단하지 않게 된 것이다.

6. 대리만족과 의식적 깨달음

　모든 위대한 예술처럼 옛이야기는 즐거움을 주면서도 가르친다. 옛이야기의 독특한 특성은 어린이들에게 직접 말을 건네는 투로 이야기를 풀어 간다는 점이다. 이런 이야기가 마음에 와 닿는 나이의 어린이가 당면한 과제는 자신의 내면의 혼돈에 질서를 부여하는 일이다. 그래야 자신을 보다 잘 이해할 수 있기 때문이다. 그것이 전제되어야만 어린이는 자신이 깨달은 것과 외부 세계가 어느 정도 일치한다는 것을 실감할 수 있다.
　"실제" 세계를 그린 "실화적인 이야기"도 때로는 재미있고 유익한 정보를 제공할지도 모른다. 그러나 이야기를 풀어 나가는 방법이 어린이들의 사고방식에는 매우 낯설다. 그것은 마치 성숙한 지성인에게 옛이야기의 초자연적인 이야기들이 낯설게 느껴지는 것과 같다.
　현실 그대로의 이야기는 어린이의 내면적 경험에 위배된다. 어린이는 그런 이야기들에 귀를 기울이고 그로부터 무언가를 얻을 것이다. 하지만 명백한 사실을 뛰어넘는 수많은 개인적 의미를 그 속에서 추출해 내지 못한다. 이런 이야기들은 불행히도 학교수업의 대부분이 그렇듯이 풍요로움이 없는 정보만 제공할 따름이다. 사실에 대한 지식이 "개인적 지식"으로 바뀌어야만, 총체적인 인성에 도움을 준다.[25)26)] 어린이들에게 "실화적인 이야기"를 금지하는 것은 어린이들에게 옛이야기를 금지하는 것만큼이나 어리석은 일이다. 어린이의 삶에 있어서 각각이 차지하는 몫이 다 따로 있다. 그러나 "실화적인 이야기"들만으로는 재미가 없다. 실제 이야기가 옛이야기 속의 광범위하고 정확한 심리적 표현들과 결합이 되었을 때, 어린이는 이제 막 싹트기 시작한 인성의 양면, 즉 이성과 정서에 와 닿는 정보를 얻게 된다.

옛이야기에는 꿈 같은 측면이 더러 있다. 그러나 이것은 청년이나 어른의 꿈에서 일어나는 일과 흡사하다. 그러나 어린이들의 꿈은 다르다. 어른들의 꿈은 경악스럽거나 불가해하더라도, 분석을 해 보면 세부적인 의미가 밝혀지고 꿈 임자의 무의식을 지배하고 있던 것을 이해할 수 있게 된다. 꿈을 분석함으로써 사람은 자신을 더 잘 이해할 수 있다. 자신의 주의를 벗어났거나 왜곡되었거나 억압당한, 그리하여 그 동안 모르고 지냈던 자신의 정신 생활의 여러 측면들을 깨닫게 되기 때문이다. 그런 무의식적인 욕망, 요구, 억압과 불안 등이 행동에 미치는 중요한 기능을 고려해 볼 때, 꿈을 통해 자신을 새롭게 통찰함으로써 인간은 자신의 삶을 보다 성공적으로 꾸려 나갈 수 있다.

이에 비해 어린이들의 꿈은 매우 단순하다. 바라던 것이 성취되고 불안이 구체적인 형태로 나타난다. 예를 들어, 어린이의 꿈에서는 어떤 동물이 나타나서 때리거나 사람을 잡아먹거나 한다. 어린이의 꿈에는 자아에 의해 형체를 부여받지 못하고 남아 있는 무의식적인 내용들이 들어 있다. 꿈이 산출되는 과정에 그 이상의 정신 기능은 거의 개입되지 않는다. 이런 이유로 인해 어린이는 자신의 꿈을 분석할 수 없고 또 분석해서도 안

---

25) 마이클 폴라니 Michael Polanyi는, 안다는 행위는 일종의 평가와, 모든 실제의 지식을 구체화하는 개인적 협력을 포함하고 있다고 말했다.
만약 가장 위대한 과학자가 상당한 정도로 "개인적 지식"에 의존해야 한다면, 어린이들이 개인적 협력을 이끌어 내어 그것을 구체화할 수 없을 때 진실로 의미 있는 지식을 획득할 수 없음이 명백하다.[20]
26) 마이클 폴라니, 《개인적 지식 Personal Knowledge》(Chicago, University of Chicago Press, 1958).

된다. 어린이의 자아는 아직 약하고 확립되는 도중에 있기 때문이다. 특히 취학연령 이전의 어린이는 욕망의 힘이 자신의 전체 인성을 압도할 수 없도록 끊임없이 투쟁해야 한다. 이 무의식적인 힘과의 싸움에서 어린이는 가끔 지기도 하는 것이다.

이 싸움은 우리 인생에서 피할 수 없는 것으로, 청년기로 성장하기 위한 불안한 투쟁이다. 그 후 나이가 더 들어서는 초자아의 불합리한 성향과 또다시 싸움을 벌여야 한다. 우리가 성숙해짐에 따라, 정신의 세 가지 층위—본능, 자아, 초자아는 점점 더 뚜렷하게 형성되고 분화되며, 의식이 무의식에 압도당하는 일 없이 각 층위는 나머지 두 층위와 상호작용한다. 본능이 자아와 초자아를 다루는 방법이 더욱 다양해지며, 건전한 인격을 소유한 사람이라면 일상적인 상황에서 그것들의 상호작용을 효과적으로 통제할 수 있게 된다.

그러나 어린이의 경우에는 무의식이 전면으로 나올 때마다 전체적인 심리상태가 즉시 압도당하게 된다. 자아는 무의식의 혼돈상태를 알게 됨으로써 강해지기는커녕 무의식에 압도되어 오히려 약해진다. 이 때문에 만약 어린이가 자신의 내면을 파악하려고 한다면, 자신의 내면적 움직임을 외부화시켜야 한다. 그래야 내면과정의 통제는 차치하고라도 파악할 수 있기 때문이다. 어린이가 무의식을 조금이라도 정복하려면, 무의식의 내용으로부터 일정한 거리를 두고 그것을 외부의 사물로 객관화하여 바라볼 필요가 있다.

정상적인 놀이에서, 인형이나 장난감 동물과 같은 물체들은 어린이의 다양한 심리적 측면을 외부로 표출시키는 데에 쓰인다. 어린이의 다양한 심리는 너무 복잡하고 용납이 안 되는 모순투성이라서 내부에서 통제가 안 되기 때문이다. 외부화함으로써 어린이의 자아는 이런 측면들을 약간 정복할 수 있게 된다. 어린이는 이런 것들이 내면심리의 투사라고 절대로 생각하지 않으며, 만약에 주위에서 그런 사실을 인정하라고 요구하고 강요하더라도 본인은 절대로 인정하지 않을 것이다.

어린이의 내부에 있는 어떤 무의식적인 힘은 놀이를 통해서 작동할 수 있다. 그러나 대부분의 경우 그 힘은 놀이에 자신을 빌려 주지 않는다. 왜냐하면 그것들은 매우 복합적이며 모순이 되거나, 아니면 매우 위험하고 사회적으로 비난받는 내용이기 때문이다. 예를 들어, 앞에서도 논의되었듯이 호리병 속에 갇혀 있는 동안 거인이 느꼈던 감정은 매우 반대적인 감정이 양립해 있고 격렬하며 파괴적이기 때문에, 어린이는 놀이에서 이런 것들을 실행할 수 없다. 왜냐하면 어린이는 놀이를 통해 이런 감정들을 외부화시킬 정도로 충분히 그 감정을 이해하고 있지 못하며, 또 그 결과가 매우 위험할지도 모르기 때문이다. 이 점에서 옛이야기를 아는 것이 어린이에게는 큰 도움이 된다. 그것은 많은 옛이야기를 어린이들이 실제로 연기해 본다는 사실에서도 여지없이 증명이 된다. 그러나 옛이야기를 실제로 연기하는 것은 어린이들이 그 이야기에 충분히 익숙해진 다음의 일이다. 또 그런 이야기는 어린이 혼자 힘으로는 절대로 생각해 낼 수도 없었을 것이다.

예를 들어, 대부분의 어린이들은 《신데렐라 Cinderella》를 연극 형태로 실연해 보는 것을 매우 좋아한다. 그러나 그것은 그 옛이야기가 어린이들의 상상세계의 일부가 된 후에야 가능하다. 자매간의 극심한 경쟁적 상황에서 행복한 결말을 맞게 되는 부분까지가 충분히 소화가 된 후라야 가능한 것이다. 어린이가 스스로 자신이 구조될 것이라고 공상하는 것은 불가능하다. 또 자기를 경멸하고 자기에게 힘을 행사하는 사람들이 나중에 자기의 우월성을 인정하게 될 거라고 공상하는 것도 불가능하다. 그 당시에는 자기의 못된 어머니(계모)가 자신의 모든 괴로움의 원천이라는 믿음이 너무나 확고하기 때문에, 어린이는 그 모든 상황이 갑자기 바뀔 거라고 상상할 수가 없다. 그러나 《신데렐라》를 통해 그런 생각이 제시되면, 어린이는 자기에게도 어느 순간에 선량한 엄마(요정)가 구출하러 올 거라고 믿을 수 있다. 옛이야기가 워낙 확고하게 그런 일이 일어난다고 말했기 때문이다.

어린이는 엄마나 아빠의 아기를 갖고 싶다는 오이디푸스 콤플렉스 같은 심층적 욕망에, 인형이나 진짜 동물을 자기 아기인 것처럼 다룸으로써 간접적으로 형태를 부여할 수 있다. 욕망을 이렇게 외부화시킴으로써 어린이는 심층적인 욕구를 충족시키게 된다. 만약에 어린이가 그 인형이나 동물이 자신에게 무엇을 뜻하는지 그리고 자기가 지금 연기하고 있는 것의 실제 의미가 무엇인지를 깨닫는다면 어린이는 혼란스러워질 것이다. 마치 성인의 꿈을 분석할 때처럼 은폐된 의미들을 다 파헤친다면 아직 자기 정체성이 확립되지 않은 어린이로서는 스스로 소화할 수 없는 깊은 혼란에 빠지게 될 것이다. 남성 또는 여성으로서의 정체성이 확립되기 전에, 그런 것과 위배되는 복잡하고 파괴적인 또는 오이디푸스적인 욕구들을 스스로 깨닫게 되면 어린이는 쉽게 동요하거나 상하게 된다.

인형이나 동물과 놀면서 어린이들은 아기를 낳거나 돌보고 싶은 욕망을 대리만족시킬 수 있다. 이는 남자 어린이의 경우도 마찬가지이다. 그러나 여자 어린이와 달리, 남자 어린이는 인형을 가지고 놀 때 자기가 만족시키고 있는 무의식적인 욕망들이 무엇인지를 모르고 있어야만 심리적인 위로를 얻을 수 있다.

남자 어린이가 아이를 배고 싶은 자신의 소망을 겉으로 드러내게 하는 것이 과연 좋을 것인가는 논란의 여지가 있다. 그러나 나는 무의식적인 욕망을 실연해 보는 것이 유익하며, 또 그런 식으로 무의식적인 힘을 외부화시키는 것은 긍정적으로 받아들여져야 하고, 또 매우 중요하다고 주장한다. 그러나 그 행동의 무의식적인 의미를 의식 수준에서 깨닫는 것은 위험하다. 아직은 충족이 불가능한 욕망을 승화시킬 만큼 충분히 성숙되지 않았기 때문이다.

나이가 든 여자 어린이들 중에 말에 깊이 몰두하는 어린이들이 꽤 있다. 그런 소녀들은 말 인형을 가지고 놀면서 정교한 공상을 만들어 나간다. 나중에 좀더 나이가 들어 기회가 생기면, 말을 타거나 돌보며 지내려고 하는데, 실제로 그 소녀들은 말을 탁월하게 돌보며 또 말과 뗄 수 없는 관계인 듯이 보인다. 심리분석적인 연구에 의하면, 말에의 몰입은 소녀가 충족시키고 싶어하는 서로 다른 많은 정서적 욕구들을 상징한다고 한다. 예를 들면, 이런 힘센 동물을 다루면서 자기 안에 있는 남성적인 또는 성적인 동물적 감정을 통제한다고 느낀다는 것이다. 소녀가 말 타는 행위를 통해서 발산하는 이런 욕망을 스스로 의식한다면, 말 타는 즐거움과 자존심은 커다란 타격을 입게 되며, 소녀의 마음도 황폐해질 것이다. 전혀 해롭지 않으면서도 즐거움을 주는 승화된 감정을 소녀에게서 빼앗았기 때문이다. 그리고 소녀의 눈에는 자신이 나쁜 사람으로 격하되어 비칠 것이다. 동시에 소녀는 이제 그런 내면적인 힘을 발산할 어떤 또 다른 출구를 찾아야 하는 심각한 강박상태에 놓일 것이며, 그리하여 그런 압박들을 극복하지 못하게 되는지도 모른다.

어린이에게 옛이야기를 접하지 못하게 하는 것은, 말을 타거나 말을 돌봄으로써 자신의 내적 압박감을 풀어 버리려는 소녀에게서 그런 순수한 즐거움을 빼앗는 것과 마찬가지로 나쁘다고 할 수 있다. 그리고 옛이야기 속의 인물이 자신의 심리상태에서 상징하는 바가 무엇인지 어린이에게 알게 하는 것은 꼭 필요한 출구를 어린이에게서 빼앗는 셈이다. 그리고 자신을 삼켜 버릴 것 같은 욕망과 불안, 그리고 복수의 감정을 표출할 데가 없기 때문에 심각하게 손상될지도 모른다. 소녀에게 있어서의 말의 역할처럼, 옛이야기는 어린이들에게 훌륭한 역할을 해내고 있으며, 견디어 내기 힘든 삶을 가치 있는 삶으로 바꾸어 줄 수도 있다. 그러나 적어도 그것이 심리적으로 자신에게 무슨 의미가 있는지를 모르고 있어야 한다.

옛이야기는 꿈과 비슷한 면이 많지만 꿈보다 훨씬 나은데, 그것은 옛이야기에는 일정한 구조가 있다는 것이다. 발단이 분명하며 플롯이 있다.

그리고 결말에서 만족스럽게 해결이 된다. 또한 옛이야기는 개인의 공상과 비교해도 분명한 장점이 있다. 그 중 하나가 옛이야기는 내용과 상관없이 솔직하게 이야기를 건넨다는 사실이다. 옛이야기는 얼마든지 개인의 공상과 병행되는 내용일 수 있다. 오이디푸스 콤플렉스, 복수심에 불타는 가학심리, 한쪽 부모의 홀대 등은 개인의 공상과 병행되는 내용이다. 그러나 옛이야기가 솔직하게 말을 건네므로 어린이는 옛이야기의 내용에 대한 자신의 감정을 비밀스레 숨길 필요가 없다. 또 그런 생각을 즐기는 것에 대해 죄의식을 느낄 필요도 없다.

옛이야기 속의 주인공은 기적적인 행동을 수행할 수 있는 몸을 가졌다. 옛이야기의 주인공과 동일시함으로써 어린이는 자신의 모든 신체적 결함—실제이건 상상된 것이건—을 보상받을 수 있다. 어린이는 주인공처럼 하늘을 기어오르고, 거인을 쳐부수며, 가장 힘세거나 아름다운 사람으로 외모가 바뀌는 등의 공상을 할 수 있다. 그리하여 가장 거창한 소망들이 공상 속에서 충족이 된 후라야 어린이는 현실 속의 자신의 모습에 안도감을 느끼게 된다. 심지어 어떤 옛이야기는 어린이의 이런 현실 수용 과정이 투사되어 있기도 하다. 이야기가 전개되면서 주인공의 외모가 비범하게 변형되었다가 투쟁이 일단 이루어지고 나면 평범한 인물로 다시 돌아오는 경우가 그것이다. 옛이야기의 결말에서는 주인공이 초자연적으로 힘이 세거나 아름답다는 이야기가 더 이상 나오지 않는다. 이것이 신화와 크게 다른 점이다. 신화 속의 영웅은 그런 초인적인 특징을 영원히 보유하고 있다. 일단 옛이야기 속의 주인공이 결말에서 자신의 진정한 자아 동일성을 획득하고 나면, 그 주인공은 바로 그 상태로 만족하고 행복한 것이며 더 이상 비범한 인물이 아니다. 바로 지금 그대로의 자기 자신과 육체, 자신의 삶과 사회적 지위에 편안한 마음이 들 뿐이다.

옛이야기가 어린이에게 유익한 외적 표현 수단이 되기 위해서는, 어린이는 옛이야기 속의 해결에 동화되어 자신이 지금 대응하고 있는 무의식적인 압박이 무엇인지 모르는 상태로 남아 있어야 한다.

옛이야기는 현재 어린이의 삶이 처해 있는 곳에서 시작된다. 옛이야기의 도움이 없었더라면 안절부절못하는 상태 그대로 남아 있었을지도 모른다. 무시당하고, 거부당하고, 버림받은 느낌 속에 어린이는 있었던 것이다. 바로 그 상태에서 옛이야기는 시작한다. 그리고 나서 옛이야기는 바로 어린이의 사고과정을 따라 황홀한 전망을 열어 보인다. 그 전개 과정은 어른들의 이성적인 추론과는 반대 방향일지도 모른다. 그렇게 하여 옛이야기는 어린이로 하여금 일시적인 절망상태의 감정을 극복하게 만든다. 그 이야기를 믿기 위해서 그리고 낙관적인 전망을 자신의 세계의 경험으로 만들기 위해서, 어린이는 그 이야기를 여러 번 들을 필요가 있다. 게다가 행위로 직접 연기까지 한다면, 그 이야기는 더욱 "진실하고" "현실감 있게" 되는 것이다.

어린이는 자신의 내면적 상황을 혼자 힘으로 다룰 수는 없으나 어떤 옛이야기가 자신의 상황과 들어맞는지는 느낄 수 있다. 또 어린이는 그 이야기의 어느 부분이 자신에게 어려운 문제와 싸울 수 있는 열쇠를 제공하는지도 느끼고 있다. 그러나 옛이야기를 처음으로 듣고 바로 이것을 인지하는 경우는 거의 없다. 대부분은 여러 번 반복해 들으면서 깨닫게 된다. 옛이야기에는 매우 낯선 요소들이 있는데 그걸 통해서 깊숙이 숨겨진 정서에 말을 건네게 된다.

그래서 어린이는 옛이야기 하나를 여러 번 반복해서 듣고, 그것을 반추할 만한 넉넉한 시간과 기회를 가져야 한다. 그래야만 어린이는 옛이야기에서 최대한의 이익을 취할 수 있다. 자신의 지식과 세계의 경험에 옛이야기를 연관시키려면 시간이 걸리기 때문이다. 한참이 지나야 어린이는 그 이야기에 관한 자유로운 연상을 하며 거기에서 자신만의 사적인 의미를 산출하게 되며, 자신을 짓누르던 문제에 대처하게 되는 것이다. 예를 들면, 옛이야기를 처음 들었을 때에 어린이는 자기와 성별이 다른 인물의 역할에 자신을 대입시키지 못한다. 여자 어린이가《잭과 콩나무 Jack and the Beanstalk》에서의 잭과 동일시하거나 남자 어린이가 라푼첼과 동일시하려면, 어느 정도의 시간과 개인적인 노력이 필요하다.[27)28)]

내가 아는 어떤 부부는 아이가 "나는 이 이야기가 좋아요."라며 한 옛이야기에 대한 반응을 나타내자 다른 이야기를 들려 주면 더 좋아하리라고 생각하여 다른 이야기로 옮아갔다고 한다. 그러나 아이가 그런 말을 했을 때는 아마도 그 이야기가 자신에게 어떤 중대한 의미가 있으리라는 막연한 느낌 이상의 것이 아니다. 어린이에게 그 이야기를 여러 번 반복해서 들려 주어 그 의미를 파악할 충분한 시간을 주지 않는다면, 그 중대한 의미는 사라져 버리고 만다. 어린이의 생각의 방향을 성급하게 다른 이야기로 틀어 버리면, 그 이야기가 어린이에게 미칠 영향의 싹을 아예 꺾어 버리는 결과가 될 수도 있다. 그 싹이 점점 자라나서 어린이에게 커다란 영향을 미칠지도 모르는데 말이다.

옛이야기 구연 시간에 교실이나 도서관에서 옛이야기를 들려 주면, 어

---

27) 여기서 다시 한 번 옛이야기는 꿈과 비교할 수 있다. 이 일은 매우 조심스러운 작업이고 전문가에 의해 이루어져야 하는 일이다. 왜냐하면 꿈은 특정 개인의 무의식과 경험을 담고 있는 지극히 개인적인 사건인 반면에, 옛이야기는 오랜 세대를 거쳐오면서 인간의 다소 보편적인 문제들이 형상화된 허구적인 이야기이기 때문이다.
꿈이 직접 소원을 성취하는 내용이 아닌 경우, 처음 떠올리면서 그 의미를 이해하는 경우는 거의 없다. 복합적인 내적 심리 과정의 결과인 꿈은 그 잠복된 의미까지 깨닫기 위해서는, 반복해서 곰곰이 생각해 보는 과정이 반드시 필요하다. 꿈의 여러 국면들을 자주 한가롭게 반추해 보고 그 순서도 처음 떠올렸을 때와 다르게 배치해 보아야 한다. 그리고 초점도 달리 맞춰 보아야 한다. 또한 처음 보기에 무의미하고 매우 단순하던 것에서 심층적 의미를 찾으려면, 다른 많은 것들이 요구된다. 꿈 하나를 반복해서 계속 음미하여야만, 단지 산만하고 초점이 없고 불가능하고 또는 하찮던 특질이 꿈의 전체 의미를 파악하는 단서를 제공하기 시작한다. 대개 꿈의 심층적 의미를 발굴하기 위해서는 그 이해를 풍요롭게 해 줄 다른 상상적인 작품들을 활용할 필요가 있다. "늑대인간"의 꿈을 설명하기 위해 프로이트가 옛이야기를 참고한 것이 바로 그런 경우다.
정신분석에서, 자유 연상은 꿈의 세부사항이 상징하는 바를 밝힐 수 있는 단서를 얻을 수 있는 하나의 방법이다. 옛이야기에서도 마찬가지로 어린이들이 하는 연상은 그 이야기가 개인적인 중요성을 온전히 획득하는 데 꼭 필요하다. 여기에 어린이가 그 동안 들어 왔던 다른 옛이야기들이 공상의 자료들을 보태 주며, 그래서 그 이야기가 더욱 의미심장해질 수 있다.
28) 앞에서 언급한 프로이트의《유아기 신경증의 역사에서 From the History of an Infantile Neurosis》참조.

린이들은 굉장히 흥미 있어한다. 그러나 그 이야기에 대해서 생각해 보거나 달리 반응할 기회를 주지 않는 경우가 훨씬 많다. 어린이들은 이어서 다른 활동을 하게 되거나 아니면 다른 이야기를 듣게 된다. 그러면 그 옛이야기에서 받았던 인상이 희석되거나 사라지고 만다. 나중에 어린이들과 이야기를 나누어 보면, 그 옛이야기가 아무리 어린이에게 유익했었다 하더라도 듣지 않았던 것과 거의 차이가 없다. 그러나 옛이야기를 들려주던 사람이 어린이들에게 그 이야기에 대해 명상해 볼 충분한 시간을 주어서, 그 옛이야기를 들으면서 떠올랐던 분위기에 푹 젖을 수 있게 하고 그것에 대해 말해 보도록 북돋은 후, 나중에 대화를 해 보면 그 이야기가 적어도 몇몇 어린이들에게 정서적으로나 지적으로 상당한 영향을 미쳤음을 알 수 있다.

힌두인 환자들은 마음 속이 갑갑하고 답답할 때 그 답답한 내면으로부터 빠져나오기 위해 과거부터 내려오는 옛이야기를 명상하는데, 이처럼 어린이들 역시 옛이야기를 자신의 연상까지 보태어 서서히 자기 것으로 만들 수 있는 기회를 가져야 한다.

이런 이유로 인해 현대의 어른과 어린이 모두가 선호하는 삽화 있는 이야기책은 어린이에게 가장 필요한 것을 제공하지 못한다. 삽화는 도움이 되기보다는 방해가 된다. 삽화로 된 초등학생용 책에 대한 한 연구는, 삽화가 그 이야기로 관심을 집중시키게 하는 기능보다는 관심을 이야기 외부로 돌리게 함을 증명해 보이고 있다. 왜냐하면 삽화는 어린이의 상상력을 밖으로 끌어내 자기 스스로 이야기를 경험할 수 있는 범위를 제한시키기 때문이다. 삽화로 된 이야기들은, 삽화가의 그림이 없다면 자신만의 시각적 연상을 떠올릴 수 있는 어린이에게서 많은 개인적인 의미를 빼앗는 결과를 가져온다.[29]

---

[29] 삽화가 옛이야기에 어떤 해를 입히는지에 관해 어떤 연구 결과가 있는지 잘 모르나, 다른 인쇄물에서는 광범위하게 증명된 문제다. 새뮤얼즈 S. J. Samuels는 삽화가 읽기 능력을 습득하는 데에, 그

톨킨 J. R. R. Tolkien 역시 다음과 같이 생각했다.

> 삽화가 본질적으로 아무리 훌륭하다 하더라도, 옛이야기에는 별 소용이 없다……. 만약에 이야기에 "그 사람은 언덕을 기어올라가 언덕 너머 골짜기에 흐르는 강을 보았다."라고 쓰여 있다면, 삽화가는 그런 풍경에 대해 자신이 연상한 것을 삽화로 그릴 것이다. 그러나 그 말을 들은 사람은 각각 자신만의 연상을 떠올릴 수 있다. 그 머리 속의 영상은 각자가 본 적이 있는 언덕과 강과 골짜기들로 이루어져 있으며, 특히 그 단어가 그 사람에게 처음 불러일으킨 바로 그 언덕, 그 강, 그 골짜기들로 이루어져 있을 것이다.[30]

그래서 옛이야기의 인물이나 사건이 어린이의 상상력에 의해 구체화되지 않고 삽화가의 상상력에 의해 구체화되고 나면, 옛이야기가 지닌 개인적 의미를 많이 잃어버리고 만다. 어린이가 자기만의 독특한 삶의 경험으로부터 추출해 낸 유일무이한 세부내용으로 마음 속에 그림을 그리면서 이야기를 듣거나 읽을 때, 옛이야기는 훨씬 더 개인적인 경험으로 체험된다. 어른이나 어린이나 이야기 속의 장면을 머리 속에 상상해야 하는 힘든 작업을 누군가가 대신해 주는 쉬운 방법을 선호하기가 쉽다. 그러나 삽화가의 상상에 자신을 내맡긴다면, 이야기는 점점 더 나 자신의 개인적인 경험과는 멀어지며 그 개별적인 의미를 상당 부분 상실하게 된다.

예를 들어, 어린이들에게 이야기에서 들은 괴물이 어떻게 생겼느냐고 물어 보면, 그 모습이 상당히 다양함을 알 수 있다. 거대한 사람의 모습, 어떤 동물의 모습, 사람과 동물 모양이 결합된 모습 등 각양각색이다. 그리고 이런 각각의 모습은 마음의 눈으로 그것을 그린 사람에게는 나름대로의 중요한 의미를 지니고 있다. 반면에 화가가 자신의 상상력에 비추어

리고 이해력과 태도에 미치는 영향을 연구했다. 〈교육심리학 저널 Journal of Educational Psychology〉(1967) 제58권과 〈교육 연구 평론 Review of Educational Research〉(1970) 제40권에 그의 논문이 실려 있다.
30) 톨킨의 《나무와 잎새 Tree and Leaf》(Boston, Houghton Mifflin, 1965)에서 인용.

그런 괴물은, 우리의 희미하고 변화무쌍한 이미지에 비해 그 완성도가 높지만, 우리에게서 각자의 개별적 의미를 빼앗아 간다. 그렇게 되면 괴물이라는 개념은 우리에겐 아무런 중요한 의미도 가지고 있지 않은, 생명 없는 어떤 것이 되거나, 아니면 다만 우리에게 겁을 줄 뿐 불안감 뒤에 숨어 있는 어떤 심층적 의미를 환기시키지 못한다.

7. 외부화의 중요성—환상적인 인물과 사건

어린이의 머리 속은 대책 없이 뒤섞여 마구 늘어나는 인상들로 가득 차 있으며, 그 중 일부만 전체적으로 잘 통합된 인상으로 되어 있다. 이들 중 어떤 것은 현실의 모습을 제대로 드러내고 있으나, 대부분 공상의 지배를 받고 있다. 공상은 어린이의 사고가 아직 미숙하고 적절한 정보가 부족하여 생긴 간격을 주로 메우고 있다. 또 어떤 때는 내면적인 억압으로 인해 어린이의 인지력이 왜곡되기도 한다.

정상적인 어린이는 다소 정확하게 관찰한 현실의 단편들로 공상을 시작한다. 그런 것 중에는 어린이에게 강한 욕망이나 불안감을 불러일으켜 내면을 마구 흔들어 놓는 것들도 있다. 또 그 중에는 머리 속에서 온통 뒤죽박죽이 되어 전혀 정리가 안 되는 것들도 있다. 그러나 어린이가 현실로 돌아오려면, 그것도 나약하고 패배감에 사로잡힌 상태가 아니라 공상 속의 유람을 통해 강해진 자아의 모습으로 현실로 돌아오려면, 어느 정도의 질서가 필요하다.

옛이야기는 이 점에서 어린이를 돕고 있다. 옛이야기는 어린이의 마음과 유사하게 진행되면서도 그 환상들을 보다 명확하게 제시하기 때문이다. 어린이의 공상이 늘 그러하듯이, 옛이야기도 지극히 현실적인 상황에서 항상 출발한다. 《빨간 모자 Little Red Riding Hood》에서처럼 딸에게 혼자 할머니 집에 다녀오라고 이르는 어머니라든지,《헨젤과 그레텔 Hansel and Gretel》의 아이들에게 먹일 것이 없어 고민하는 부부라든지,《어부와 지니 The Fisherman and the Jinny》에 나오는 그물로 물고기를 한 마리도 못 잡은 어부 등은 다 주위에서 익히 볼 수 있는 상황이다. 즉, 옛이야기는 현실적이면서도 뭔가 문제상황에서 이야기가 시작된다.

어린이들에게는 늘 당혹스런 일상의 문제나 사건이 생기기 마련이다. 어린이는 그런 상황들이 왜 일어났는지를 이해하고 가르침을 받으면서 해결책을 모색하다가 용기를 얻게 된다. 그러나 이성이 아직 무의식을 제대로 통제할 수 없는 어린이의 상상력은 그런 상황으로부터 도피하려고 한다. 그러면서도 한편으로는 해결 못한 감정이나 갈등으로 인해 억압을 받는다. 이제 막 생겨나려는 이성의 능력은 불안감, 희망, 공포, 사랑, 미움 등에 의해 금방 압도되고 만다. 그리하여 어린이가 사고하려고 시도하던 것이 무엇이었든 간에 곧 그런 감정들 속에 섞여 버리고 마는 것이다.

옛이야기는 어린이의 심리상태에서 출발하는 것이지 그가 처한 실제 현실과 일치하는 경우는 결코 없다. 즉,《신데렐라 Cinderella》에서처럼 자매들에 의해 따돌림을 받고 있다는 느낌은 가질 수 있지만, 어떤 어린이도 신데렐라처럼 잿더미에 앉아야 한다거나,《헨젤과 그레텔》처럼 깊은 숲 속에 일부러 버려지지는 않는다. 안도감을 주는 것이 옛이야기의 한 목적인데 "실제 상황과 너무 흡사하면" 어린이를 경악케 하거나 불안에 떨게 만들 것이다.

옛이야기와 친숙한 어린이는 그것이 실제 현실의 언어와는 다른 상징적인 언어로 말하고 있음을 이미 알고 있다. 옛이야기는 발단부터 결말까지 플롯 전체를 통하여, 우리가 듣고 있는 것은 사실이 아니며 실제 인물과 장소가 아니라는 점을 분명히 밝히고 있다. 어린이로서는 자신이 부여하거나 발견한 상징적 의미들을 통해, 실제 사건이 점점 중요한 의미를 띠게 된다.

"옛날옛적에", "어떤 나라에서", "아주아주 오래 전에", "호랑이가 담배 피던 시절에", "커다란 숲 속에 있는 어느 오래 된 성에서" 등과 같은 서두는 앞으로 일어날 사건들이 바로 이곳 우리가 사는 현실에 속해 있지 않음을 암시한다. 이야기 서두를 이렇게 고의로 모호하게 꺼내는 것은 지금 우리가 일상적 현실의 실제 세계를 떠나고 있음을 상징한다. 오래 된 성, 컴컴한 동굴, 출입이 금지된 잠겨 있는 방, 통과할 수 없는 숲 등은 감추어져 있던 무언가가 곧 드러나게 될 것임을 암시한다. 한편 "옛날에"는 가장 오랜 사건들에 대해 앞으로 알게 될 것임을 내포한다.

그림 형제 The Brothers Grimm의 옛이야기 모음집 중 첫번째 이야기인 《개구리 왕 The Frog King》의 서두는 가장 적절한 발단의 모습을 보여 준다. 그 이야기는 이렇게 시작된다.

> 옛날옛날 사람이 원하는 것이면 무엇이든 이루어지던 시절의 이야기입니다. 어떤 왕이 살고 있었는데 왕에게는 아름다운 딸들이 여러 명 있었습니다. 그 중에서도 막내딸은 유독 아름다워서 많은 것들을 보고 경험한 해님조차도 막내공주의 얼굴에 빛을 뿌릴 때마다 그 아름다움에 놀라움과 감탄을 금치 못할 정도였습니다.

이런 서두는 이야기를 옛이야기 속의 독특한 시간으로 고정시켜 놓는다. 산을 옮기겠다는 따위가 아니면 우리의 소망에 따라 운명을 바꿀 수 있다고 믿었으며, 태양이 우리와 교감하며 사건에 관여했던 그런 애니미즘적인 세계관을 지닌 옛날의 일이라는 것이다. 막내공주의 초자연적인 아름다움, 소원 빌기의 효과, 태양의 놀람 등은 이 사건의 절대적인 유일성을 상징한다. 이러한 것들은 이야기를 실제 세계가 아닌, 마음 속의 시공간에 자리잡게 하는 좌표들이다. 그런 곳에 자리잡음으로써, 옛이야기는 다른 형태의 어떤 문학보다도 영혼을 풍요롭게 할 수 있다.

그렇게 시작된 옛이야기에서는 무의식적인 과정이 그렇듯이 논리성과 인과성이 결여된 그런 사건들이 일어나며, 그곳에서는 가장 오래되고 독특하며 깜짝 놀랄 만한 일들이 벌어진다. 무의식의 내용들은 가장 은밀하면서도 동시에 가장 친숙하고, 가장 어두우면서도 가장 강압적이다. 또한 그것은 가장 커다란 소망뿐만 아니라 가장 무시무시한 불안감도 조성한다. 그것은 특정한 시간과 장소, 또는 논리적인 사건 발생 순서에 얽매이는 합리성을 갖지 않는다. 우리가 의식하지 못하는 사이, 무의식은 우리를 우리 삶의 가장 먼 과거로 데려간다. 옛이야기가 이야기하는 그 이상하고도 가장 오래 되고 가장 먼, 그러면서도 가장 친근한 장소들은, 우리 마음 깊숙이 있는 무의식의 영역으로의 여행을 암시하고 있다.

옛이야기는 실제적이고 단순한 서두에서 출발하여 환상적인 세계 속으로 진입해 들어간다. 그러나 그 우회의 폭이 아무리 크다 하더라도—어린이의 소박한 공상이나 꿈과는 다르게—이야기의 전개 과정에서 절대로 길을 잃지 않는다. 옛이야기는 어린이를 경이로운 세계로 여행하게 한 후 마지막에는 가장 안도감을 주는 방법으로 어린이를 현실 세계에 데려다 놓는다. 옛이야기는 어린이의 발달 단계에서 가장 필요한 것을 가르쳐 준다. 잠시 동안 환상세계에 몰입하는 것은 영원히 거기 사로잡혀 있지 않는 한 결코 해롭지 않다. 이야기의 끝에 가면 주인공은 마력은 없어졌지만 행복한 현실로 돌아온다.

우리가 꿈으로부터 활력을 얻고 깨어나면 현실 속의 임무를 더 잘 수행할 수 있듯이, 옛이야기의 주인공이 현실세계로 돌아오고 난 후에 어린이도 삶을 훨씬 잘 꾸려 나간다. 최근 꿈의 연구에서 밝힌 바에 의하면, 불면은 아니더라도 꿈을 박탈당한 사람은 무의식을 에워싸고 있는 문제들을 꿈속에서 처리할 수 없기 때문에, 정서적으로 파탄에 이른다고 한다.[31]

---

31) 꿈의 박탈이 가져오는 결과에 관한 중요한 논문들이 있다. 피셔 Charles Fisher의 "잠과 꿈에 관한 최근 연구의 정신분석학적 의미 Psychoanalytic Implications of Recent Research on Sleep and

아마도 언젠가는 옛이야기의 경우도 마찬가지라는 사실이 실험에 의해 증명될 것이다. 어린이들에게 옛이야기가 주는 이런 것들을 박탈했을 때의 결과도 그만큼 심각할 것이다. 왜냐하면 옛이야기 역시 어린이로 하여금 환상을 통해 무의식적인 억압들을 해결할 수 있게 도와 주기 때문이다.

만약에 어린이들의 꿈이 정상적이며 지적인 어른의 꿈만큼 복잡하고 정교한 내용을 지니고 있다면, 어린이에게 옛이야기가 그렇게 절실하게 필요하지는 않았을 것이다. 반면, 어렸을 때 옛이야기를 별로 접하지 않았다면 어른의 꿈이라도 내용이나 의미가 빈약할 것이며 현실 대처 능력에 기여하는 바도 훨씬 적을 것이다.

어린이는 어른보다 불안정한 심리상태이므로, 환상에 몰입하고 싶어하고 그 몰입에 안주하려는 마음이 잘못은 아니라고 어린이를 안심시킬 필요가 있다. 부모가 직접 옛이야기를 들려 주면, 어린이는 그 속에서 구체화되는 자신의 내적 체험들을 부모가 귀중하고 정당하며 "실감나게" 여긴다는 증거로 받아들인다. 또한 자신의 내적 체험을 부모가 실제적이고 중요하게 여기는 것으로 미루어, 자신 역시 실제적이고 중요한 존재라고 느끼게 된다. 그런 어린이는 나중에 성인이 되어서 체스터튼 Chesterton처럼 느끼게 될 것이다. 체스터튼은 이렇게 쓴 적이 있다.

나는 지금도 확신하는 내 철학의 전부를 어린 유아원 시절에 배웠다……. 그때나 지금이나 내가 가장 믿고 있는 것들은 전부 옛이야기에서 유래했다.

체스터튼과 여느 어린이들이 옛이야기에서 끌어낼 수 있는 철학이란 "인생은 즐거울 뿐만 아니라 별난 특권이다."라는 것이다. 그것은 "사실

Dreaming"가 〈미국 정신분석 연합 저널 Journal of American Psychoanalytic Association〉 제13권 (1965)에 실려 있고, 웨스트 Louis J. West 등의 "불면이라는 정신병 The Psychosis of Sleep Deprivation"은 〈뉴욕 아카데미 오브 사이언스 연보 Annals of the New York Academy of Science〉(1962) 제96권에 실려 있다 .

적인" 이야기가 전하는 것과는 매우 다른 인생관으로, 인생의 어려움에 부딪혔을 때 좌절하지 않도록 해 주는 인생관이다.

위 인용의 출처는 체스터튼의 《강령 Orthodoxy》 "요정나라의 윤리 The Ethics of Elfland"라는 장인데, 거기서 그는 옛이야기 고유의 도덕성을 강조한다.

> 《거인 사냥꾼 잭 Jack the Giant Killer》에는 거인은 거인이기 때문에 죽어야 한다는 기사무용담적인 교훈이 있다. 그것은 거인적인 오만함에 대항하는 용기 있는 반항이다……. 《신데렐라》에는 마니피캇 Magnificat―주께서 보잘것없는 사람을 높이셨으며―과 같은 교훈이 있다. 《미녀와 야수 Beauty and the Beast》에는 사랑을 받아야 사랑스러운 모습으로 바뀐다는 교훈이 있다……. 나는 옛이야기를 통해 삶을 바라보는 방식을 배웠다.

체스터튼이 옛이야기가 "완벽하게 합리적이다."고 말한 것은 옛이야기가 경험, 즉 내면적 경험의 거울이라는 것이지 현실의 거울이라는 뜻이 아니다. 어린이가 옛이야기를 이해하는 방식도 이와 똑같다.[32]

대략 다섯 살이(옛이야기가 진짜로 의미심장해지는 나이) 지난 정상적인 어린이라면, 옛이야기를 외부적인 실제 세계에 그대로 적용시키려고 하는 어린이는 없다. 어린 소녀가 자기가 성에 살고 있는 공주라고 상상하며, 공들여 자신의 환상을 머리 속에 그려 보고 있는 중이라고 하자. 그때 엄마가 저녁을 먹으라고 부르면, 어린이는 자신이 공주가 아님을 안다. 그리고 때로는 공원 속의 작은 숲이 비밀이 가득 숨겨진 깊고 캄캄한 숲이라고 여기기도 하지만, 어린이는 그것이 실제로 무엇인지 알고 있다. 그것은 마치 어린 소녀가 자기의 인형이 진짜 아기가 아님을 알면서도 그것을 아기라고 부르고 아기처럼 다루는 것과 같다.

---

32) 앞에서 언급한 체스터튼의 책 참조.

그러나 이야기의 서두가 현실과 보다 가깝다고 가정해 보자. 배경은 깊은 숲 속의 오두막이 아니라 거실이나 뒷마당이고, 등장인물들은 배고픈 나무꾼, 왕이나 왕비가 아니라 부모 같은 사람들이면서도, 소원을 성취케 하는 환상적 장치들이 섞여 있다면, 어린이는 어디까지가 현실이고 어디부터가 환상인지 혼란스러워할 것이다. 그런 이야기는 어린이의 외부 현실에 충실했을지 모르나 어린이의 내면 현실에 부합되지 못하므로, 어린이의 내부 경험과 외부 경험의 간격만 벌어지게 만든다. 또한 부모하고도 거리감이 생기는데, 왜냐하면 어린이에게는 자기와 부모가 서로 다른 정신적 세계에서 살고 있다고 느껴지기 때문이다. 실제로는 같은 공간에 살고 있지만, 감정적으로는 부모가 마치 다른 대륙에 살고 있는 듯이 느껴지기 때문이다. 그리하여 부모와 자식 둘 다에게 고통스러운 세대간의 단절이 생기게 된다.

어린이에게 "실제의 현실 속" 이야기(어린이의 내부 현실과는 들어맞지 않는)만 들려 준다면, 어린이는 자기의 내부 현실의 상당 부분이 그의 부모에게는 용납이 안 된다고 결론짓게 될 것이다. 그리하여 많은 어린이들이 자기의 내면 세계로부터 스스로를 소외시키고 정신적으로 빈약해진다. 그 결과 어린이가 자라서 부모의 정서적 영향권을 벗어나는 사춘기가 되면, 합리적인 세계를 증오하게 되고 유년 시절에 잃어버렸던 것들을 보충하려는 듯 환상적인 세계에 탐닉하게 된다. 더 나이가 들면 이런 행위는 현실과의 심각한 단절을 수반하게 되어 개인과 사회에 어떤 치명적인 영향을 미칠지도 모른다. 또 덜 심각한 경우라도 평생 내부의 자아를 폐쇄시킴으로써 무의식적 작용에서 스스로 소외될 수도 있다. 그런 사람은 평생 현실에서 만족을 느낄 수 없는데, 현실의 삶을 풍요롭게 하는 데에 무의식을 활용할 수 없기 때문이다. 그렇게 되면 인생은 더 이상 "즐거움"이 아니고, "기묘한 특권"도 아니게 된다. 그렇게 현실과 내면이 분리된 상태로는, 현실에서 일어나는 어떤 일도 무의식적인 욕구를 적절히 충족시킬 수 없다. 결과적으로 그 사람은 인생을 항상 불만스럽게 느끼게 된다.

내면적 심리 작용에 압도되지 않고 모든 중요한 면에서 충분한 보살핌을 받아야만, 어린이는 자기 나이에 맞는 방식으로 삶을 영위할 수 있다. 그리고 자기 나이에 맞는 방식으로 자신의 문제를 적절히 풀어 나갈 수가 있다. 그러나 예를 들어, 운동장에서 놀고 있는 어린아이들을 지켜보아도 이런 시기들이 얼마나 짧은지 실감이 난다.

일단, 내면적 압박이 심해지게 되면—이런 일은 자주 생기는데—이런 상황을 제압할 수 있는 유일한 방법은 그 충동을 외부화시키는 것이다. 그러나 이때 어린이의 능력의 한계를 벗어나지 않으면서 외부화시켜야 한다. 외적 경험의 다양한 국면을 해결한다는 것이 어린이에게는 매우 힘겨운 일이며, 또한 도움이 없다면 그것은 불가능한 일이다. 먼저 외부 경험이 그의 내적 경험을 혼란에 빠뜨릴 것이며, 어린이로서는 내면에서 무슨 생각들이 진행되고 있는지 그 과정을 파악하거나 이끌어 나갈 수 있는 능력이 없다. 이때 옛이야기가 어린이의 내면을 외부화하는 데에 도움을 준다. 어린이가 스스로 조절 가능한 방식으로 내면의 생각들을 대입시킬 수 있는 인물을 제공하고 또 구체적인 방법도 가르쳐 준다. 한 인물에게서 어떻게 파괴적인 욕망을 느끼고, 다른 인물에게서는 소원성취의 기쁨을 느끼며, 또 어떤 인물에게는 동일시를 하고, 어떤 인물에게는 이상형을 대입시켜야 하는지 등을 시기적절하게 알려 주는 것이다.

어린이의 소망 어린 생각은 착한 요정으로, 파괴적인 욕망은 나쁜 마녀의 모습으로, 공포는 게걸스런 늑대로, 양심의 요구는 모험 중에 마주친 현인으로, 질투의 노여움은 적의 눈을 빼먹는 어떤 동물로 구체화되고 나서야, 비로소 어린이는 자신의 모순된 성향을 분류할 수 있게 된다. 이런 경험을 한 어린이는 감당 못할 혼돈에 점점 덜 빠져들게 된다.

8. 변형—사악한 계모의 환상

성장 경험을 겪는 데는 알맞은 시기가 있다. 그리고 어린 시절은 내면 경험과 실제 세계 사이의 커다란 간격을 메우는 법을 배우기에 적당한 시기라고 할 수 있다. 어린 시절에 옛이야기의 환상을 누리지 못했거나 그것을 기억 못하는 어른에게는 옛이야기가 무의미하고, 황당하고, 겁만 주는, 그래서 도무지 믿을 수 없는 것으로 보인다. 현실과 상상의 두 세계를 만족스럽게 통합하지 못한 어른은 그런 이야기들에 불쾌함을 느낀다. 그러나 자신의 삶에서 합리적인 질서와 불합리한 무의식을 통합할 수 있는 사람은 옛이야기가 그런 방식으로 어린이의 통합을 돕는 것에 공감할 것이다. 어린이들에게 그리고 어린이의 마음이 가장 현명하다는 사실을 아는 소크라테스 Socrates 같은 어른들에게, 옛이야기는 인류와 개개인에 관한 진실들을 열어 보인다.

《빨간 모자 Little Red Riding Hood》에서는 인자한 할머니가 갑자기 어린이를 잡아먹겠다고 협박하는 사나운 늑대로 바뀐다. 객관적으로 보기에 얼마나 어리석은 변신이며 또 얼마나 무시무시한가? 그런 변신은 쓸데없이 무섭기만 하고 비현실적이라고 생각될지도 모른다. 그러나 어린이의 경험에 비추어 보면, 친절하던 할머니가 오줌 쌌다고 자기에게 화를 내며 위협적인 모습으로 갑자기 변신하는 것보다는 덜 무시무시하지 않겠는가? 어린이에게 할머니는 더 이상 방금 전의 그 할머니가 아니다. 할머니는 괴물이 된 것이다. 그렇게 자상하고 선물도 가져다 주고, 심지어는 엄마보다도 더 잘 이해해 주고 인자하고 너그럽던 할머니가 어쩌면 그토록 태도가 돌변할 수 있다는 말인가.

이 양극단적인 두 태도 사이에서 어떤 연관성도 찾아내지 못한 어린이는 할머니를 두 개의 분리된 실체(인자한 존재와 위협적인 존재)로 경험하게 된다. 그 여자는 실제로 할머니이면서 또 늑대이기도 하다. 다시 말해 할머니를 그렇게 두 실체로 분리시킴으로써 어린이는 좋은 할머니의 이미지를 그대로 보존할 수 있다. 그리하여 할머니가 늑대로 바뀌더라도 그 무서운 모습을 꼭 자애로운 모습과 연관시킬 필요가 없다. 그리고 어떤 경우에도, 그 이야기에서도 그렇듯이 늑대는 지나가는 모습에 불과하고 결국에는 자애로운 할머니가 꼭 승리해서 돌아온다.

마찬가지로 엄마도 언제나 모든 것을 주는 보호자이지만, 어린이가 원하는 어떤 것을 거절할 때에는 매정한 계모의 모습으로 바뀌기도 한다.

이런 수법은 옛이야기에서만 쓰이는 것이 아니라 어린이들에게도 흔히 일어나는 일이다. 한 사람의 좋은 이미지를 그대로 유지하기 위해서는 한 인물을 그렇게 둘로 분리시키는 것이 효과적인 해결책이기도 하다. 그것은 어린이가 다루기 어렵거나 이해하기 어려운 관계를 푸는 해결책이 된다. 이런 방법을 사용하면 마치 대학생이 되어 다섯 살 때의 일을 갑자기 떠올리는 것처럼, 어린이들은 여러 모순들을 일시에 해결한다.

어느 날 슈퍼마켓에서 한 소녀의 어머니가 갑자기 딸에게 화를 냈다. 소녀는 엄마가 이런 식으로 자기를 대하는 것에 대해 거의 기가 질리는 느낌이었다. 집으로 돌아오는 길에도 엄마는 계속 화를 내며 아무 쓸모 없는 어린이라며 딸을 야단쳤다. 소녀는 이 사악한 사람은 자기 엄마의 모습을 하고 있을 뿐, 아무리 엄마인 척해도 실제로는 사악한 화성인이거나 비슷한 모습의 사기꾼이라는 확신이 들었으며, 분명히 엄마를 납치해 놓고 엄마의 모습으로 가장하고 있다고 믿었다. 그 이후에도 그런 일이 여러 번 더 있었다. 그때마다 화성인이 자기를 괴롭히려고 엄마를 납치한 후 엄마의 자리를 차지하고 있다고 소녀는 생각했다. 진짜 엄마라면 절대로 그렇게 할 리가 없다고 생각했다.

이런 공상은 이 년간 더 계속되었으며, 그 후 일곱 살이 되자, 소녀는 용기를 내어 화성인을 함정에 빠뜨리려는 시도를 하게 되었다. 그 화성인이 또 자신을 괴롭히기 위해 엄마를 납치했을 때에, 소녀는 재빨리 화성인에게 자기와 진짜 엄마 사이에서 일어났던 일에 대해 몇 가지 질문을 했다. 놀랍게도 그 화성인은 그 일에 대해 모든 것을 알고 있었다. 처음에는 화성인이 워낙 교활해서 그런 걸로 믿었다. 그러나 그런 일을 두세 번 더 겪고 나자 소녀는 의심이 나기 시작했다. 그래서 소녀는 자기 엄마에게 자신과 화성인 사이에서 일어났던 일에 대해 물어 보았다. 엄마가 이런 일들에 대해 다 알고 있다는 것이 분명해지자 화성인에 대한 환상은 사라졌다.

엄마가 항상 착하고 화를 내지 않고 거절하는 법이 없어야 안심이 되던 시절에 소녀는 자기에게 필요한 것을 스스로 공급하기 위해 현실을 재구성한 것이다. 좀더 나이가 들어 심리적으로 안정감이 생긴 후에는, 엄마의 분노나 가혹한 잔소리에 더 이상 좌절하지 않게 되었다. 그리고 스스로의 인격적 통합이 보다 확고해진 다음에는, 화성인 환상의 도움 없이도 지낼 수 있었으며, 자기 환상의 실제성을 시험해 봄으로써 엄마의 두 가지 모습을 하나로 합치는 작업을 하였다.

어린이들은 누구나 가끔 부모의 이미지를 자애로운 면과 위협적인 면으로 나눌 필요가 있다. 그래야만 자애로운 이미지에서 완벽한 안도감을 느끼기 때문이다. 그러나 대부분의 어린이들은 이 소녀가 했던 것처럼 영리하고 의식적으로 그 일을 해내지 못한다. 대부분의 어린이들은 엄마가 갑자기 "겉모습이 비슷한 사기꾼"으로 바뀌는 난국에서 자기 나름대로의 해결책을 찾아내지 못한다. 옛이야기에는 갑자기 나타나서 어린이에게 행복을 찾을 수 있도록 도와 주는 요정이 많이 나온다. 그래서 "사기꾼"이나 "계모"가 괴롭혀도 어린이가 상하지 않도록 해 준다. 또 옛이야기 속에는 착한 요정인 대모가 어딘가에 숨어서 그 어린이의 운명을 지켜보다가 결정적인 도움이 필요하면 언제든지 힘을 발휘할 준비가 되어 있다. 옛이야기는 어린이들에게 "마녀들이 많지만, 착한 요정도 있다는 것을 잊지 마. 그리고 요정이 마녀보다 더 힘이 세다는 것도 잊지 마."라고 말한다. 옛이야기는 난폭한 거인이 영리한 작은 꼬마(어린이가 보기에는 자기만큼 힘이 없어 뵈는)에게 항상 당하더라고 알려 준다. 아마도 소녀가 화성인의 정체를 폭로할 용기가 생긴 것도 악마를 영리하게 물리친 어떤 어린이의 이야기를 보고 나서일는지도 모른다.

그런 환상들이 얼마나 보편적인가는 사춘기 소녀의 심리분석에 "가족 로맨스 Family Romance"[33]라는 용어가 있는 것만 보아도 알 수 있다. 이것은 정상적인 어린이라면 더러는 사실로 믿고 더러는 허구임을 인정하는 그런 환상이나 백일몽이다. 그런 어린이들은 자신의 부모는 진짜 부모가 아니며, 자기는 어떤 고귀한 신분의 자녀인데, 뭔가 불행한 사정으로 인해서 현재의 부모와 살게 되었다는 생각에 빠져 있다. 이 백일몽은 다양한 양상으로 나타나는데, 종종 한쪽 부모만 가짜라고 생각하기도 한다. 이것은 옛이야기 속에서도 많이 나오는 상황이다. 즉, 한쪽 부모는 실제 부모이고, 다른 쪽은 계모나 계부이다. 어린이의 소망은 장차, 우연히 아니면 계획대로, 진짜 부모가 나타나 자기의 원래의 고귀한 신분으로 돌아가 행복하게 사는 것이다.

이런 환상은 유용하다. 이런 환상 때문에 어린이들은 아무 죄의식 없이 화성인 부모나 "가짜 부모"에게 마음껏 분노를 느낄 수 있다. 그런 환상

---

[33] 앞에서 언급한 프로이트 Sigmund Freud의 책 《가족 로맨스 신경증 The Family Romance of the Neurotic》 제10권 참조.

은 어린이들이 죄의식을 느끼기 시작할 때 전형적으로 생겨난다. 부모에게 화를 내거나 심지어 경멸하는 자신의 행동에 대한 죄의식을 어린이로서는 감당하기 힘들기 때문이다. 그리하여 옛이야기의 전형적인 구조인, 착한(보통은 돌아가신) 엄마와 사악한 계모는 어린이에게 좋은 영향을 준다. 그것은 실제의 엄마가 좋은 면만 있는 것은 아닐 때, 항상 내면에 좋은 엄마를 따로 간직한 상태로, 나쁜 "계모"에게 마음껏 화를 낼 수 있기 때문이다. 이렇게 옛이야기는 어린이가 자신의 모순적인 감정에 알맞게 대처할 수 있는 방법을 제시한다. 만약 그런 방법이 없다면, 그 모순된 정서들은 이제 겨우 통합할 능력이 생기기 시작하는 어린이를 압도해 버리고 말 것이다. 사악한 계모의 환상은 착한 엄마의 이미지를 때묻지 않게 보존하게 할 뿐 아니라, 엄마에게 분노의 감정이나 사악한 소망을 가졌던 것에 대한 죄의식을 없애 준다. 그 죄의식이 남아 있으면 엄마와의 원만한 관계는 심각한 손상을 입는다.

  사악한 계모의 환상은 어린이로 하여금 좋은 엄마의 이미지를 무사히 보존할 수 있게 하면서, 동시에 어린이가 엄마를 악의 존재로 경험한 것 때문에 마음이 황폐해지지 않도록 도와 준다. 엄마가 소녀에게 다시 잘 대해 주자 화성인 환상이 즉시 사라지듯이, 착한 요정은 악한 존재의 모든 악행을 순식간에 퇴치시킨다. 옛이야기에 나오는 마녀에게 악한 면만 과장되어 있듯이, 구원자에게는 엄마의 착한 면만 과장되어 있다. 이것이 바로 어린아이가 세계를 경험하는 방식이다. 환희에 찬 행복한 상태거나 지옥같이 비참한 상태 그 둘 중 하나인 것이다.

  그럴 감정적 욕구가 생기면, 어린이는 부모만 둘로 나누는 것이 아니라 자신도 둘로 나눈다. 그리고 그 둘 사이에 아무런 공통점이 없다고 믿고 싶어한다. 내가 아는 어떤 아이는 낮에는 소변을 잘 가리다가 밤에 침대를 적셔 놓고 깨어나서는, 구역질나는 표정으로 구석으로 가 확신에 차 말한다. "누군가가 내 침대에 오줌을 쌌어요." 그 어린이는 부모가 생각하듯이 자기가 오줌을 쌌다는 것을 알면서도 야단을 피하려고 일부러 다른 사람을 탓하는 것이 아니다. 그 "누군가"는 바로 지금 자기가 갈라져 나온 자신의 또 다른 부분이다. 이 다른 부분은 어린이에게 실제로 낯선 대상이다. 그 어린이가 침대를 젖게 한 장본인이 바로 자신이라는 것을 알고 있다고 주장하는 것은, 어린이에게 완전한 인격통합의 개념을 너무 성급하게 요구하는 것이다. 그리고 그런 무리한 요구는 어린이의 발달을 더 늦추게 만든다. 자아에 대한 안정된 감정을 개발하려면, 일정 기간 어린이는 스스로 바라고 또 인정하는 것들로만 자아가 이루어져 있다고 믿을 필요가 있다. 그리하여 갈등 없이 자부심을 가질 수 있는 자아를 성취하고 나면, 어린이는 스스로에게도 좀 미심쩍은 성격적 측면들이 포함될 수도 있음을 서서히 수용하기 시작한다.

 옛이야기 속의 부모가 둘로, 즉 사랑과 거절이라는 반대 감정을 각기 상징하는 두 인물로 나누어지듯이, 너무 맘에 안 들어 자신의 일부라고 인정할 수 없는 나쁜 것들을 어린이는 모두 "누군가"에게로 외부화시키고 투사시킨다.

 옛이야기가 어린이에게 엄마가 가끔 사악한 계모로 보이는 문제에 대해 고려하지 않았을 리가 없다. 나름대로의 방법으로 옛이야기는 분노의 감정에 너무 격하고 성급하게 휩쓸리는 것을 경고한다. 어린이는 너무 쉽게 소중한 사람에게 화를 내고, 또는 기다려야 할 때 참지 못하는 수가 많다. 결과는 염두에 두지 않고 분노를 폭발하고 심한 저주를 하기 쉽다. 많은 옛이야기들은 그러한 무분별한 소망이 낳는 비극적 결과를 그린다. 과도하게 기대하거나 조급해 하면 어떤 결과가 일어나는지를 그리는 것이다. 지나친 소망과 조급함은 어린이들의 전형적인 심리상태다. 그림 형제 The Brothers Grimm의 옛이야기에 나오는 두 가지 이야기를 예로 들어 볼 수 있겠다.

《고슴도치 한스 Hans, My Hedgehog》에서 한 남자는 절실하게 아기를 갖고 싶어했다. 그러나 아내와의 사이에 아기가 없자 속이 상했다. 마침내 남자는 이성을 잃고 화가 나서 이렇게 소리질렀다. "나는 정말로 아기를 갖고 싶어. 그 아기가 고슴도치라도 좋으니까." 남자의 소원은 그대로 받아들여져서 남자의 아내는 아래는 사람인데 위는 고슴도치인 아들을 낳았다.[34]

《일곱 마리 까마귀 The Seven Ravens》에서 아버지는 새로 태어난 아기에게 어찌나 마음을 빼앗겼던지, 나머지 자식들에 대한 애정이 분노로 바뀌게 된다. 아버지는 일곱 명의 아들 중 하나에게 갓난아기의 세례식에 필요한 물을 길어 오라고 심부름을 시켰는데, 나머지 여섯 명의 아들이 다 따라가게 되었다. 그러나 서로 먼저 물을 퍼 올리려다가 그만 두레박을 물 속에 빠뜨리게 된다. 물길어 오기를 기다리던 아버지는 화가 나서 소리친다. "그 망할 놈들 모두 까마귀나 되어 버렸으면 좋겠어." 그러자 갑자기 아들들은 까마귀로 변해 버렸다.

분노에 차서 말한 소원이 실현되는 데서 이야기가 끝난다면, 그것은 경고적인 이야기가 되고 말 것이다. 단순히 어린이가 휩싸이기 쉬운 나쁜

---

34) 너무 성급하게 아기를 갖길 바랐기 때문에 그 벌로 동물의 모습이 섞인 어린이를 낳는 모티프는 오래 되었고 또 널리 분포되어 있다. 예를 들어, 터키 민담에는 솔로몬 왕이 어린이에게 완전한 인간의 모습을 회복시켜 준다. 이런 이야기에서는, 만약에 부모가 이 기형적인 어린이를 인내심 있게 잘 돌보면, 결국 그 어린이는 매력적인 인간의 모습을 되찾게 된다.
이런 민담의 심리적 지혜는 주목할 만하다. 부모 쪽에서 감정을 절제하지 못하면 기형적인 어린이를 낳는다는 것이다. 옛이야기나 꿈에서, 신체적인 기형은 종종 심리적인 미숙을 상징한다. 이런 이야기들은, 보통 머리를 포함한 상반신은 동물의 모습이고 하반신은 정상적인 인간의 모습인 경우가 많다. 이것은 어린이의 육체가 아니라 머리, 즉 정신이 잘못되어 있음을 뜻한다. 그 이야기는 또 만약에 부모가 충분히 참을성 있고 일관성 있게, 아낌없이 사랑하여 긍정적인 정서의 영향을 계속 주게 되면 부정적인 감정 때문에 어린이가 입은 상처가 치유된다고 말한다. 성난 부모의 어린이들은 종종 고슴도치나 호저(바늘투성이 돼지)같이 행동한다. 이 동물들은 온통 가시가 돋쳐 있는데, 그래서 몸의 일부가 고슴도치처럼 생긴 어린이의 이미지는 매우 적절한 표현이라고 볼 수 있다.
또한, 다음의 내용을 경고하는 교훈적인 이야기이기도 하다. 즉, 화가 난 상태에서 아이를 가질 생각을 말라, 아기가 태어날 때 화를 낸다든지 조급해 하지 말라는 것이다. 그러나 이런 옛이야기들 역시 다른 훌륭한 옛이야기들처럼 올바른 처방까지 제시한다. 그리고 그 처방은 오늘날 최상의 심리적 통찰과 같은 맥락에 있다.

감정을 조심하라는 경고의 문학이 되었을 것이다. 그러나 옛이야기는 어린이를 불안하게 하는 것이 능사가 아님을 잘 알고 있다. 불가능한 일을 기대하거나 분노에 차서 악의 있는 소원을 말하지 말라는 경고는 어린이를 상당히 불안하게 만든다. 옛이야기는 분노나 조바심에 휩쓸리게 되면 재앙을 입는다는 것을 실감나게 경고하는 한편, 그것은 일시적인 결과에 불과하며 선의와 선행으로 그 나쁜 결과를 돌이킬 수 있다고 안심시킨다. 고슴도치 한스는 길을 잃은 왕이 무사히 궁으로 돌아갈 수 있게 도와 주는데, 왕은 집으로 돌아가는 길에 처음 마주치는 것을 상으로 주겠노라고 약속을 한다. 그런데 왕의 외동딸인 공주와 처음 마주친 것이다. 한스의 외모에도 불구하고 공주는 아버지가 한 약속을 지키기 위해 한스와 결혼을 한다. 결혼 후 신방의 침상에서, 드디어 한스는 온전한 인간의 모습으로 돌아오며 마침내는 왕국을 물려받는다.[35] 《일곱 마리 까마귀》에서 여동생은 자신이 직접 죄를 짓지는 않았지만, 오빠들을 모두 까마귀로 변하게 만든 간접적인 원인을 제공했는데, 그 여동생은 오빠에게 씌운 주문을 풀기 위해 세상 끝까지 여행을 하며 온갖 희생을 다 한다. 결국 오빠들은 인간의 모습으로 돌아오고 행복을 되찾는다.

이런 옛이야기가 말하려는 바는, 악한 소원이 나쁜 결과를 가져 왔더라도 착한 의지로 노력하면 모든 게 제자리로 돌아온다는 것이다. 좀더 나아가 나쁜 소망을 가졌던 것에 대해 너무 두려워하지 말라고, 일시적인 결과를 낳기는 하지만 영원히 바뀌는 것은 아무 것도 없다고 직접 말하는 옛이야기도 있다. 또 소원을 말하고 다 이루었는데도 모든 것이 소원을 말하기 전의 원래 상태 그대로 남게 되는 옛이야기도 많다. 이런 이야기들은 상당히 다양한 양상으로 전세계에 분포되어 있다.

서양에서는 《세 가지 소원 The Three Wishes》이 아마 가장 잘 알려진

---

35) 이런 결말은 동물신랑 이야기에서는 전형적인 것이며, 그런 류의 이야기들과 관련지어 이 책의 제2권 마지막 장에서 다시 다룰 것이다.

소원에 관한 이야기일 것이다. 이 모티프의 가장 단순한 형태는, 어떤 사람이 어떤 좋은 행동에 대한 보답으로 낯선 사람이나 동물로부터 몇 가지 소원을, 보통 세 가지 소원을 보장받는다. 《세 가지 소원》에서는 한 남자가 이런 소원을 보장받으나 별로 대수롭지 않게 생각한다. 남자가 집에 돌아와 식탁에 앉자, 아내는 여느 때처럼 저녁 식사로 수프를 내놓는다.

"또 수프야? 푸딩 한 번 먹어봤으면."이라고 남자가 말하자, 즉시 푸딩이 나타난다. 아내가 이게 어찌 된 일이냐고 하자 남편은 아내에게 낮의 일을 이야기한다. 세 가지 소원 중 하나를 이렇게 하찮은 일에 낭비한 것에 화가 난 아내는 "푸딩이나 머리에 이고 살아요."라고 소리친다. 그리고 그 소원은 즉시 이루어진다. "두 번째 소원까지 날아갔군! 머리에 붙은 푸딩이나 떨어졌으면 좋겠어."라고 남편이 말했다. 이렇게 하여 세 가지 소원은 모두 사라지고 만다.[36]

이런 이야기들은 모두, 경솔하게 소원을 말할 때 생기는 바람직하지 못한 결과에 대해 어린이에게 경고한다. 그러면서 동시에 그 따위 소원은 별 의미가 없다고 어린이에게 확신을 시킨다. 성실한 소망을 갖고 나쁜 결과가 생기지 않도록 노력하는 것이 중요하다는 것이다. 아마도 그보다 더 중요한 것은 성난 소원이 어떤 결과를 가져왔다는 옛이야기에서 어린이의 소원이 아니라 어른의 소원이 항상 문제를 일으키는 것이다. 그 내포적 의미는 어른들은 노여움이나 어리석음으로 저지른 일에 대해 책임을 져야 하지만 어린이들은 그렇지 않다는 것이다. 만약에 어린이가 옛이야기 속에서 소원을 품는 경우가 있다면, 그것은 항상 선의의 소원들뿐이

---

36) 《세 가지 소원》은 원래 스코틀랜드 민담인데, 브리그즈 Briggs가 수집하였다. 이미 언급했듯이, 이 모티프는 적절히 변형되어 전세계에서 발견된다. 예를 들어, 인도의 한 민담에서는 어떤 가족이 세 가지 소원의 성취를 약속받는다. 아내는 화려한 아름다움을 위해서 한 가지 소원을 써 버린다. 그리하여 그 여자는 왕자의 눈에 들어 도망을 간다. 이에 화가 난 남편은 아내가 돼지로 변할 것을 소원한다. 결국 아들이 마지막 소원으로 엄마가 다시 원상태로 돌아오도록 빈다.

다. 그리고 우연하게, 혹은 착한 정령이 그 소원을 성취시켜 주며, 어린이가 원하던 것 이상의 결과를 얻는 경우도 흔하다.

옛이야기는 화를 내는 것은 지극히 인간적인 일이지만 그래도 어른들은 자기를 통제할 수 있어야 함을 강조한다. 그런 감정에 휘말리지 않을 정도로 충분히 자기를 통제할 능력이 있어야 한다는 것이다. 그래서 어른들은 화가 나서 소리친 괴상한 소원들이 다 실현되는 반면, 어린이들은 "긍정적인" 소원이나 생각에 몰두하면 멋진 결과를 얻게 됨을 강조한다. 옛이야기 속의 어린이는 황폐한 상황에서도 앙심을 품은 소원을 말하는 법이 없다. 자기를 괴롭히는 사람에게 나쁜 일이 일어나기를 바랄 만한 충분한 이유가 있는 경우에도, 어린이는 오로지 좋은 것만을 소원한다. 백설 공주는 사악한 왕비에게 한 번도 성난 소원을 품은 적이 없다. 신데렐라도 이복 언니들이 한 못된 짓에 대해 벌받기를 바랄 만했지만, 대연회에 언니들이 참석하기를 바란다.

몇 시간만 혼자 내버려 두면, 어린이는 평생 동안 무관심과 따돌림으로 고통을 받은 듯이 심하게 학대받았다고 느낄 수 있다. 그러다가 엄마가 현관 쪽에 미소를 머금고 나타나면, 게다가 손에 조그만 선물이라도 들었으면, 갑자기 어린이의 상태는 완벽한 환희로 바뀌어진다. 그보다 더 마술적인 일이 어디에 있겠는가? 마술이 아니라면 어떻게 그렇게 단순한 일이 어린이의 마음 상태를 완전히 바꿀 수 있단 말인가?

어른들은 잘 알아차리지 못하지만 어린이는 사물의 성질이 근본적으로 바뀌는 것을 여러 면에서 경험한다. 그러나 어린이가 무생물을 다루는 모습을 상상해 보자. 어떤 사물, 예를 들어 신발 끈이나 장난감 등은 어린이가 자신을 완전히 바보로 느낄 정도로 순간적으로 어린이를 좌절시킨다. 그러다가 마치 마술을 부린 듯이 그 대상은 순종적이 되어 어린이의 뜻대로 잘 움직인다. 그러면 어린이는 가장 실망스런 상태에서 가장 행복한 상태로 바뀐다. 이것이 바로 그 사물의 마술적 성질을 증명하는 것이 아니고 무엇이겠는가. 상당히 많은 옛이야기에서 마법의 물건을 발견하여 주인공의 인생이 완전히 바뀐다. 그것의 도움으로 전에는 바보였던 주인공이 똑똑했던 형제들보다 훨씬 더 똑똑해지기도 한다. 자기가 미운 아기 오리라고 느끼는 어린이는 실망할 필요가 없다. 나중에 아름다운 백조로 자랄 테니까.

어린이는 자기 힘으로 할 수 있는 것이 별로 없다. 그리고 이 점이 어린이를 매우 실망케 한다. 심한 경우에는 자포자기에 빠질 수도 있다. 옛이야기는 사소한 성취에 대단한 가치를 부여하고 또 그것으로부터 굉장한 결과가 나올 것이라고 제시함으로써, 어린이가 자포자기에 빠지지 못하게 한다. 그림 형제의 《호리병 속의 정령 The Spirit in the Bottle》에서처럼 단지나 병을 하나 발견하거나, 《장화 신은 고양이 Puss in Boots》에서처럼 동물과 사귀거나, 《황금 거위 The Golden Goose》에서 낯선 사람과 빵 한 조각을 나눠 먹는 것과 같은 사소한 일상적인 일이 굉장한 결과를 가져온다. 그래서 옛이야기는 어린이에게 자신의 사소한 성취가 중요한 의미를 지녔다고 믿도록 용기를 준다. 당장은 아니더라도 중요한 결과를 가져올 거라고 믿게 한다.

그런 가능성에 대한 믿음을 키워 줄 필요가 있다. 그래야 어린이가 완전히 패배하지 않으면서 자신의 환멸들을 수용할 수 있기 때문이다. 또 더 나아가 부모 곁을 떠난 삶에 대해서 자신감을 갖고 생각해 볼 기회를 마련해 줄 필요가 있다. 바로 옛이야기 속의 예가 어린이들에게 안심하라는 보증을 해 준다. 스스로의 힘으로 바깥 세계에 나가도 도움을 받을 수 있으며, 꾸준히 노력하면 마침내는 성공할 수 있다는 확신을 주는 것이다. 그러면서도 동시에 옛이야기는 이런 일들이 옛날 어느 먼 나라에서 일어난 것임을 강조한다. 그리하여 희망을 주기는 하지만, 바로 지금 이 세상에 대한 현실적인 내용이 아님을 분명히 밝히고 있다.

어린이는 이런 이야기가 "비현실적"이기는 하지만 "거짓말"이 아님을 직관적으로 이해한다. 이런 이야기가 실제 현실세계에서 일어나는 일은 아니지만, 개인이 독립된 존재로 성숙해 가는 과정에서 내면적으로 경험하는 일이라는 것을 알고 있다. 그리고 독립된 존재로 확립되려면 거쳐야 하는 과정들이 단계적으로 상상과 상징의 형태로 묘사되어 있음도 직관적으로 이해하고 있다.

옛이야기는 한결같이 보다 나은 미래로 가는 길을 가리키고 있다. 그러면서도 마침내 얻은 행복보다는 그 변화의 과정에 초점을 맞추어 상세히 묘사한다. 그리하여 옛이야기는 어린이가 지금 서 있는 바로 그 시점에서 시작하여 어디로 가야 하는지를 제시하는데, 그때 과정 그 자체를 중시하는 것이다. 옛이야기는 심지어 오이디푸스 시기의 그 험하고 고통스런 숲을 지나는 방법까지 가르쳐 주기도 한다.

9. 내면의 혼돈에 질서 부여

오이디푸스 콤플렉스를 경험하는 시기 이전부터 그 시기로 접어들면서 (대략 세 살부터 예닐곱 살까지), 어린이의 세상 경험은 온통 혼돈스럽다. 이것은 물론 어른들의 관점에서 볼 때이다. 왜냐하면 혼돈스럽다는 말 자체가 자신들의 상태에 대해 뭔가를 알고 있음을 내포하기 때문이다. 만약에 이 "혼돈스런" 세상 경험이 자기가 알고 있는 전부라면, 어린이에게 세상은 그렇게 생긴 모습일 뿐이다.

성경 속의 언어는 가장 심층적인 인간의 감정과 통찰력을 담고 있는데, 태초에 세상은 "아무런 형체가 없었다."는 구절이 있다. 혼돈을 극복하는 방법 역시 성경 속에 있다. "신은 어둠으로부터 빛을 분리시켰다." 오이디푸스 콤플렉스 시기 동안에는, 그런 심리적 갈등으로 인해 바깥 세상이 어린이에게 더욱 뚜렷한 의미를 가지게 되고 어린이는 그것을 이해하려고 노력하기 시작한다. 지금까지 세상을 바라보던 그 혼돈된 시각이 유일하고 적절한 것이었나 의문을 가지기 시작한다. 세상을 질서 속에서 이해하려고 할 때 어린이가 할 수 있는 방법은 모든 사물을 양쪽으로 나누어 보는 일이다.

오이디푸스기 전후의 연령층 어린이들은 이런 분리 작업을 자신에게까지 적용시킨다. 어른들과 마찬가지로 어린이들은 쉽게 모순된 감정의 소용돌이에 휘말린다. 그러나 어른들이 모순된 감정들을 추스를 수 있는 것에 비해, 어린이는 양면적인 모순된 감정에 압도되어 버리고 만다. 자기 마음 속에 사랑과 미움, 욕망과 공포 등이 뒤섞여 있다는 것은 어린이로서는 도저히 이해 못할 혼돈이다. 그리하여 어린이는 착하고 순종적인 감정과 못되고 반항적인 느낌이 동시에 드는 것을 감당할 수가 없다. 아직 정도의 차이를 구별 못하기 때문에, 어린이에게는 사물이 온통 빛이거나 온통 어둠일 뿐이다. 용감하지 않으면 겁쟁이고, 행복하지 않으면 불행하고, 아름답지 않으면 못생겼으며, 똑똑하지 않으면 멍청하며, 좋아하지 않으면 미워한다. 그 중간에는 아무 것도 없다.

 이것은 옛이야기가 세계를 묘사하는 방법이기도 하다. 옛이야기에 나오는 인물들은 악한이 아니면 착한 사람이고, 동물도 위협적이지 않으면 협조적이다. 모든 인물들이 본질적으로 한 가지 성질을 가지고 있어 어린이들이 쉽게 행동이나 반응을 파악할 수 있다. 단순하고 직접적인 이미지를 통해서, 옛이야기는 어린이들이 자신의 복합적이고 양면적인 감정들을 분류할 수 있도록 도와준다. 그리하여 감정들이 마구 섞여 있던 상태에서 차츰 분류가 되어 각각 자리를 잡기 시작한다.

 옛이야기를 들으면서 어린이는 자기 내면의 혼돈된 상태를 어떻게 정리할 것인지에 대한 아이디어를 얻는다. 옛이야기는 어린이의 다양하고 혼란스런 경험들을 대립적인 개념으로 분류하도록 도와 줄 뿐만 아니라, 그런 개념들을 투사할 형체들까지 제시한다. 프로이트 Sigmund Freud도, 우리 마음 속에 공존하는 모순된 감정들의 혼합 상태를 밝히기 위해, 인성의 각기 다른 측면들에 대한 상징을 만드는 것이 가장 효과적인 방법이라고 생각했다. 프로이트는 이것들을 본능 id, 자아 ego, 초자아 super ego로 명명했다. 어른들도 내면의 혼란스런 경험에 질서를 부여하기 위해 본능, 자아, 초자아라는 구분에 의존해야 한다면, 어린이들의 경우에는 그 필요성이 오죽 더하겠는가. 오늘날 어른들은 내적 경험을 분리시키고 자신의 내면 상황을 보다 잘 파악하기 위해 본능, 자아, 초자아, 이상적 자아 ego ideal 등과 같은 개념을 사용하고 있다. 그런데 그런 과정에는 옛이야기 속에 들어 있는 무언가가 빠져 있다. 즉, 이러한 외부화가 다 허구이며 그것들은 내면의 과정을 분류하고 파악하는 데에만 유용하다는 깨달음이 그것이다.[37]

옛이야기 속의 주인공이 어린아이이거나 "얼뜨기"나 "바보"로 시작되면 이 옛이야기는 원래 허약하고 미숙한 자아가 내적 세계와 외적 세계의 갈등을 겪으면서 점점 강해지는 이야기이다.

본능은 심리분석에서 보는 것과 그리 다를 것이 없는데, 동물의 형태로 묘사되는 수가 많으며, 그것은 동물적인 본성을 상징한다. 옛이야기 속에서 동물은 크게 두 가지 형태로 분류된다. 하나는 위험하고 파괴적인 동물들로 《빨간 모자 Little Red Riding Hood》의 늑대라든지, 그림 형제의 《두 형제 The Two Brothers》에 나오는 용과 같은 것들을 예로 들 수 있다. 《두 형제》에서 용은 매년 자기에게 처녀를 바치지 않으면 온 나라를 황폐하게 만들어 놓는다. 다른 하나는 주인공을 인도하고 구출하는 영리하고 유익한 동물들이다. 그림 형제의 《두 형제》에서 죽은 주인공을 살리고,

---

37) 내면적 심리 과정에 각기 다른 이름—본능, 자아, 초자아—을 붙임으로써, 그것들은 각각 고유한 성향을 지닌 실체가 되었다. 이런 정신분석의 추상적 용어들이 그 사용자들에게 있어서의 정서적인 의미를 고려해 보면, 그 용어의 개념들이 옛이야기 속의 인물들과 그리 다르지 않음을 알게 된다. 비사회적이고 비이성적인 본능이 약한 자아를 뒤흔들어 놓는다거나 자아가 초자아의 명령에 따른다는 이야기를 할 때에, 이 과학적인 직유법은 옛이야기의 우화적인 내용과 별로 다르지 않다. 옛이야기에서는, 불쌍하고 나약한 어린이가 자신의 욕구만 채우려고 무작정 어린이를 휘두르는 힘센 마녀에 의해 곤욕을 치르고 있다. 그림 형제 The Brothers Grimm의 《용감한 꼬마 재단사 The Valiant Little Tailor》에서 온순한 재단사는 두 거대한 거인을 서로 싸우게 만듦으로써 그들을 가까스로 물리치게 되는데, 그것은 마치 본능을 초자아와 싸우게 해 그 사이에서 이득을 취하려는 약한 자아의 모습이 아닐까? 즉, 자아는 상반되는 세력을 상쇄시켜서 비이성적인 힘들을 합리적으로 통제하고 있는 것이다.

만약 정신의 작용을 이해할 때 저지르는 많은 오류들을 피하려면, 이 추상적인 개념들이 단지 그런 외부화 없이는 간파하기가 힘든 생각들을 조종하기 위해 만든 편리한 손잡이에 불과하다는 것을 항상 염두에 두고 있어야 한다. 몸과 마음이 실제로 분리되지 않듯이, 본능, 자아, 초자아 사이에 실제로는 어떤 단절도 있을 수 없다.

주인공이 공주와 왕국을 상으로 받게 도와 주는 일련의 동물들이 그 예이다. 위험한 동물과 유익한 동물 둘 다 우리의 동물적 본성, 즉 본능적 충동을 상징한다. 위험한 동물들은 아직 자아나 초자아의 통제에 굴복하지 않는, 파괴적인 에너지를 그대로 지닌 길들여지지 않은 본능의 위험한 에너지를 상징한다. 유익한 동물 또한 자연적인 에너지를 상징하는데 이것 역시 통합된 인성에 도움을 주기 위해 길들여진 본능의 또 다른 측면이다. 또한 비둘기와 같은 하얀 새들도 나오는데, 이는 초자아를 상징한다.

10. 《여왕벌》—통합에의 도달

복잡한 내면 심리를 외부화한 이미지가 모두 다 들어 있다고 할 만한 옛이야기는 단 한 편도 없다. 그러나 그림 형제 The Brothers Grimm의 《여왕벌 The Queen Bee》은 잘 알려지지 않은 옛이야기인데, 내면의 혼돈에 대항해 인격의 통합을 이루려는 상징적인 투쟁이 잘 묘사되어 있다. 꿀벌은 특히 우리의 본성의 상반된 양면성에 적합한 이미지다. 왜냐하면 꿀벌은 달콤한 꿀을 생산하지만 톡 쏘면 무척 아프다는 것을 어린이는 잘 알고 있기 때문이다. 또한 꿀벌이 긍정적인 본성을 획득하려고 열심히 일하고 있다는 것도 어린이는 잘 알고 있다. 즉, 꽃가루를 모으고 꿀을 생산하고자 열심히 노력하고 있는 것이다.

 《여왕벌》에서는 왕의 두 아들이 모험을 찾아 집을 나간 후 거칠고 방종한 삶을 살고 있다. 간단히 말해 그들은 현실 상황을 무시하며, 초자아의 정당한 요구나 비판은 전혀 안중에 없다. 다만 본능의 지배를 받으며 살 뿐이다. "멍청이"라 불리는 셋째인 막내아들이 형들을 찾아 나서는데 끈질긴 노력 끝에 마침내 형들을 만난다. 형들은 막내를 멍청하다고 놀린다. 아주 멍청하면서 자기들보다 인생을 더 잘 꾸려 나갈 거라고 착각하고 있다고 비웃는다. 물론 형들이 막내보다 똑똑할 것이며 그래서 겉으로 보기에는 두 형의 말이 옳다. 이야기가 전개되는 과정에서도 멍청이 왕자는 형들만큼 생활에 잘 대응하지 못한다. 어려운 상황이 벌어질 때마다 형들과는 달리 당황하기가 일쑤다. 다만 형들보다 나은 점은 도움을 주는 동물들로 상징되는 내적인 후원자를 가지고 있다는 사실이다.

세 아들이 세상을 돌아다니다가 어떤 개미 언덕을 지나가게 되었다. 두 형이 단지 개미들이 공포에 떠는 것을 즐기기 위해 개미들을 죽이고 싶어 하자 멍청이는 결사 반대하면서 "그대로 두세요. 형들이 개미들을 괴롭히지 못하도록 지킬 거예요."라고 한다. 그 다음에는 오리들이 떠다니는 호수를 지나갔다. 형들에겐 쾌락과 식욕 외에는 아무 생각도 없으므로 오리 몇 마리를 잡아서 구워 먹으려고 하자 이번에도 멍청이는 형들이 하지 못하도록 말린다. 한참 더 가자 이번에는 벌집이 나왔다. 두 형이 벌집에서 꿀을 채취하기 위해 벌집이 붙은 나무에 불을 놓으려고 하자 이때도 멍청이는 동물들을 괴롭히거나 함부로 죽여서는 안 된다고 고집을 부려 못하게 한다.

세 형제가 마침내 어떤 성에 도착하였다. 그곳은 모든 것이 돌로 변해 있거나 죽은 듯이 잠들어 있었다. 왜소한 노인만이 혼자 남아 있다가 그들을 맞이하여 먹을 것을 주고, 잠자리를 마련해 주었다. 이튿날 아침 그 작은 노인은 맏형에게 세 가지 과제를 제시하였다. 그 과제들은 모두 하루 안에 이루어져야 하는데, 그렇게 되면 성과 성의 주민들에게 걸려 있는 주문을 풀 수 있다는 것이다. 첫째 과제는 숲의 이끼 사이에 널리 퍼져 숨어 있는 진주 천 개를 모아 오라는 것이다. 그러나 실패하는 경우 그 역시 돌로 바뀐다고 경고했다. 맏형이 시도했으나 실패했고, 둘째형도 마찬가지였다.

멍청이의 차례가 되었을 때, 멍청이는 자기 역시 이 일을 해낼 수 없다는 것을 알았다. 멍청이는 낙심해서 주저앉아 울고 있었다. 이때 멍청이가 구해 주었던 오천 마리의 개미가 나타나더니 진주들을 모아다 주었다. 둘째 과제는 호수 바닥에 가라앉은 공주의 침실의 열쇠를 가져오라는 것이다. 이번에는 또 멍청이가 보호해 주었던 오리들이 나타나더니 호수 속으로 잠수해 들어가 열쇠를 가져다 주었다. 마지막 과제는 똑같은 모습으로 잠자는 세 명의 공주들 중에서 가장 어리고 사랑스러운 공주를 고르라는 것이다. 이번에는 멍청이가 구해 주었던 벌집의 여왕벌이 도우러 왔다. 여왕벌은 멍청이가 골라야 할 공주의 입술에 앉았다. 세 가지 과제를 다 완수하자 주문은 풀어지고 마법은 끝이 났다. 잠들었거나 돌로 변한 모든 사람들—두 형을 포함해서—이 다 살아났다. 멍청이 왕자는 가장 아름다운 막내공주와 결혼을 하고 결국에는 왕이 되어 그 성을 다스린다.

　인성통합에 필요한 요건들에 무관심했던 두 형은 현실의 과제를 해결하는 데 실패했다. 본능의 충동에 의해 행동하더니 결국 돌로 변하고 말았다. 많은 다른 옛이야기에서도 그렇듯이, 이것은 죽음을 뜻한다기보다는 참된 인간성의 결핍, 또는 높은 가치의 외면을 뜻한다. 그리하여 참된 삶이 무엇인지 모르는 사람은 돌이 될 수밖에 없다. 자아를 상징하는 멍청이는 분명히 덕행을 쌓고 동물을 함부로 죽이거나 괴롭히는 것은 옳지 못하다는 초자아의 명령에 따랐음에도 불구하고, 그 역시 자기 형들과 마찬가지로, 자기 힘으로는 현실의 요구들(세 가지 임무가 상징하는)을 감당할 수가 없다. 동물적인 본성이 잘 대접받고 그 중요성을 인정받으며, 또 자아나 초자아와 조화로운 관계를 이루어야만, 그것은 인성의 통합에 자신의 힘을 빌려 준다. 이렇게 해서 인성이 잘 통합되고 나면, 우리는 기적처럼 보이는 일들을 성취할 수 있다.

　옛이야기는 결코 동물적인 본성이 자아나 초자아에 복종해야 한다고 제안하지 않는다. 옛이야기는 각 요소에 각기 알맞은 몫을 부과해야 함을 보여 준다. 만약에 멍청이가 내면이 가리키는 양심(초자아)에 따라 동물들을 보호해 주지 않았더라면, 이러한 본능의 상징인 동물들도 결코 그를 도우러 오지 않았을 것이다. 우연하게도 이 세 동물들은 각각 다른 요소들을 상징하기도 한다. 개미는 땅을, 오리는 그들이 헤엄치고 있던 물을,

꿀벌들은 그들이 날고 있던 하늘을 상징한다. 부언하자면, 이 세 요소들이 합쳐져야, 즉 우리 본성의 세 측면이 통합되어야만 성공이 보장된다. 세 가지 과제를 완수하고 난 후, 즉 인성이 온전히 통합된 다음에 멍청이 왕자는 자기 운명의 주인이 된다. 그것이 옛이야기에서는 왕이 되는 것으로 표현된다.

11. 《오누이》―이중적 본성의 통합

두 형제의 모험을 다루는 다른 많은 옛이야기들에서와 마찬가지로, 그림 형제 The Brothers Grimm의 《오누이 Borther and Sister》의 주인공들도 본능, 자아, 초자아라는 전혀 별개의 본성들을 상징한다. 그리고 이 옛이야기의 주요 메시지는 인간이 행복해지려면 이런 본성들이 통합되어야 한다는 것이다. 이 유형의 옛이야기는 《여왕벌 The Queen Bee》과는 다른 방법으로 인격통합의 필요성을 제시하고 있다. 여기서는 악한 영혼의 행위로 인해 한 형제는 동물로 바뀌고, 다른 형제는 그대로 인간의 모습으로 남아 있다. 인간의 모순적인 성향을 생생하고 간결한 이미지로 직접 표현하고 있는 셈이다. 고대의 과학자들도 인간이 동물의 속성과 사람의 속성을 둘 다 가지고 있다고 생각했다.

일상생활에서 내적 통합이 성공적으로 이루어지지 못한 시기는, 마음속에서 이 두 측면이 서로 싸우고 있는 때이다. 어릴 때에는, 그 순간 느끼는 것 전부가 그 사람의 모든 존재를 채운다. 한 상황에서 두 가지 상반된 느낌을 가질 수 있음을 알게 되면 어린이는 당황해 한다. 예를 들어 과자를 집어먹고 싶으면서도, 먹지 말라는 엄마의 명령도 따르고 싶을 때 어린이는 갈등을 느낀다. 이런 이중성을 이해하려면 자신의 내적인 심리상태를 이해할 필요가 있는데, 인간의 이중적 본성을 다루는 옛이야기들은 이럴 때 상당히 유용하다.

　그런 부류의 옛이야기들은 두 형제가 원래는 별 차이가 없었다는 것에서 이야기가 출발한다. 그들은 함께 살았고 느끼는 것도 비슷하여 한마디로 뗄 수 없는 관계였다. 그러나 성장기의 어느 시점에서 그들 중의 하나가 동물로 변하고 하나는 그대로 남게 된다. 결말 부분에서 그 동물은 다시 인간의 모습으로 돌아온다. 그 둘은 재결합되고 다시는 헤어지지 않게 된다. 이것은 옛이야기가 인성발달의 필수적인 과정을 표현하는 상징적인 수법이다. 어린이의 인성은 처음의 분화되지 않은 상태에서 차츰 본능, 자아, 초자아로 분화되기 시작하다가 나중에 성숙해지는 과정에서 서로 상반되는 힘인 이 세 가지가 다시 통합되어야 한다.

　그림 형제의 《오누이》는 이렇게 시작한다.

> 한 소년이 여동생의 손을 꼭 붙잡고 말했습니다…….
> "누이야, 여기를 벗어나 넓은 세상으로 나가자."
> 오누이는 길을 떠났습니다. 하루 종일 풀밭과 들판, 자갈밭을 걷고 또 걸었습니다. 그렇게 가다 보니 비가 내리기 시작했습니다. 여동생이 말했습니다.
> "하느님께서도 우리 처지를 슬퍼해 주시는 거야."

　많은 옛이야기들에서와 마찬가지로, 집밖으로 내몰리는 상황은 자아를 확립해야 하는 시기임을 상징한다. 자아실현을 위해서는 집이라는 궤도를 일탈하여 정신적인 위기를 포함한 온갖 고통스런 경험을 할 필요가 있다. 이런 발달 과정은 피할 수 없는 것으로 그 고통은 집밖으로 쫓겨나면서 어린이가 느끼는 불행감으로 상징된다. 정신적인 위기들은, 옛이야기에서는 으레 그렇듯이, 주인공이 여행 도중에 겪게 되는 위험들로 표현된다. 이 이야기에서 오빠는 본질적으로 분화되지 않은 인성의 위험스러운 측면을 상징하고, 누이는 일단 집을 떠난 상태의 모성적인 보살핌을 상징하고 있으며 구원자의 역할을 한다.

이런 옛이야기는 어린이로 하여금 자아의 정체성에 도달하려면 고통을 견디고 위험을 감수해야 한다는 사실을 조금도 의심치 않고 믿게 한다. 그리고 온갖 불안 속에서도 행복한 결말에 대해서는 의문의 여지가 없다. 모든 어린이가 왕국을 물려받을 수는 없겠지만, 옛이야기의 메시지를 이해한 어린이는 자신의 내부에 참된 자아의 집을 발견하게 될 것이고, 자신의 내면을 알게 됨으로써 마음이라는 거대한 왕국을 지배할 것이며, 그 왕국도 어린이를 위해 봉사할 것이다.

《오누이》 이야기를 계속해 보자. 방랑을 시작한 다음날, 오누이는 어떤 샘에 도착하고 오빠가 물을 마시려고 한다. 그러나 자아, 즉 본능적인 욕구에 휘둘리지 않았던 여동생은, 샘물이 "나를 먹는 사람은 호랑이로 변해요."라고 웅얼거리는 소리를 알아들을 수 있었다. 누이가 만류했기 때문에, 오빠는 몹시 목이 말랐지만 물을 먹지 않았다.

누이는 보다 높은 정신적인 기능(자아나 초자아)을 상징하는데, 순간적인 갈증을 채우기 위해 대가가 무엇이든 상관없이 자신을 내맡기려고 하는 본능적인 오빠에게 경고를 한다. 이때 만약 오빠가 본능의 욕구에 지고 만다면, 호랑이처럼 포악해지며 비사회적인 인간이 되었을 것이다.

오누이는 또 다른 샘물에 도착하는데, 그 샘물은 물을 먹는 사람을 늑대로 만들어 버리는 힘을 가지고 있었다. 이번에도 자아나 초자아를 상징하는 누이는, 즉각적인 만족을 추구하는 일이 위험하다는 것을 깨닫고 오빠로 하여금 갈증을 견디어 보라고 설득한다. 마침내 오누이는 세 번째 샘물에 다다르게 되며, 그 샘물은 물을 마시는 사람은 사슴으로 바뀐다고 웅얼거린다. 사슴은 훨씬 순한 동물이다. 욕망의 충족을 연기하여, 즉 자아나 초자아가 금지하는 것에 순응함으로써, 얻은 바는 있다. 그러나 본능의 욕구(오빠의 갈증)가 강해져서 자아와 초자아의 통제력을 압도하고 만다. 그리하여 누이의 설득은 효력을 잃고, 물을 마신 오빠는 사슴으로 변해 버리고 만다.[38][39]

11. 《오누이》—이중적 본성의 통합 133

누이는 사슴이 된 오빠의 곁을 절대로 떠나지 않겠노라고 약속한다. 소녀가 목마름에도 불구하고 샘물을 먹지 않고 버틸 수 있었던 것으로 보아 자아의 통제를 상징한다. 누이는 금실로 짠 양말 대님을 풀어서 사슴의 목에 감아 주었다. 그러고 나서 골 풀을 여러 가닥 뽑아 내 부드러운 줄을 엮은 다음 그 줄을 사슴의 목에 감긴 양말 대님에 묶었다. 이러한 행위는 매우 우호적인 인간적 유대관계—양말 대님—만이 반사회적인 충동을 버리고 보다 높은 인간성으로 이끈다는 것을 상징한다.

그후 누이와 사슴은 다시 이동을 한다. 오누이는 숲 속 깊이 들어가서 마침내 숲 속에 버려져 있는 작은 집을 발견한다. 이것은 많은 옛이야기들에서 볼 수 있는 대목이기도 하다. 그리하여 오누이는 그곳에서 쉴 자리를 마련한다. 오누이는 그곳을 거처로 정하고, 누이는 나뭇잎과 이끼를 모아 사슴이 누울 잠자리를 마련한다. 매일 아침 누이는 자신이 먹을 나무 뿌리와 산딸기, 그리고 사슴이 먹을 부드러운 풀을 모아 온다. 자아가 시키는 대로만 본능이 순종하면 모든 일은 순조롭게 진행이 된다. "오빠가 다시 인간으로 돌아올 수만 있다면 아주 근사한 생활이 될 거라고" 누이는 생각했다.

그러나 완전히 통합된 인성을 성취하기까지, 본능(본능적인 욕구, 동물

---

38) 《오누이》와 《어부와 지니 The Fisherman and the Jinny》를 비교해 보면, 어린이들은 동일시를 통해 많은 옛이야기의 풍요로움을 온전히 누릴 수 있음을 알 수 있다. 본능의 압력에 휘둘리는 거인 "지니"는 자기를 구해 준 사람을 죽이려고 한 결과 단지 속에 다시 영원히 갇히고 만다. 이와 대조적으로 《오누이》에서는 본능의 욕구를 통제한 것이 얼마나 유익했는지를 말하고 있다. 이 능력이 완전한 통제력을 지닐 수는 없더라도—어린이들의 경우에는 완전한 통제력을 지니기는 불가능하다.—본능을 통제할 수 있는 능력을 어느 정도만 가지고 있어도 그 능력은 차원 높은 인간성을 지니는 데 상당한 수단으로 작용할 수 있는 것이다. 본능의 욕구를 한 번씩 통제함에 따라 동물적인 포악성이 호랑이에서 늑대로, 또 늑대에서 사슴으로 줄어드는 것이다.
39) 사건들의 동일한 결과는 또한 본능의 욕구가 감소하는 만큼 위험이 감소한다는 것을 상징적으로 표현하는 것으로 볼 수 있다. 즉, 호랑이와 늑대로 대표되는 동물적 포악성이 사슴으로 상징되는 온순함으로 감소한다. 그리하여 자아와 초자아의 경고의 소리는 본능을 통제할 힘을 어느 정도 상실한다. 그러나 이야기 속에서 사슴오빠는 세 번째 샘물을 마셔야겠다며 누이에게 이렇게 말한다. "난 네가 뭐라든 마셔야 돼. 정말 너무나 목이 말라." 그러한 해석은 그 이야기의 숨겨진 의미에 더 근접해 있는 것으로 보인다.

적인 본능)은 자아(이성)와 불편한 공존 상태로 지낸다. 《오누이》는 동물적인 본능이 강하게 일어나면 이성적인 통제력은 그것을 막을 힘을 잃는다는 것을 보여 준다. 누이와 사슴이 된 오빠가 인적 없는 숲 속에서 한동안 행복하게 지냈다. 그러던 어느 날, 그 나라의 왕이 숲 속에서 대규모 사냥을 벌이게 된다. 사슴이 된 오빠는 호각 소리, 사냥개들이 짖는 소리, 사냥꾼들의 즐거운 외침 소리 등을 듣자, 누이에게 "날 좀 내보내 주렴. 나도 사냥에 참가하고 싶어, 더 이상 견딜 수가 없어."라고 애원을 한다. 사슴은 끈질기게 졸라 마침내 누이의 동의를 얻어낸다.

사냥의 첫날은 무사히 지나가고, 밤이 되자 사슴오빠는 누이가 있는 안전한 자신의 작은 오두막으로 돌아온다. 다음 날 아침 다시 사냥의 유혹적인 소음들이 들려 오자, 오빠는 또 안절부절못하며 내보내 달라고 조른다. 해질 무렵, 오빠는 다리에 가벼운 부상을 입고 절뚝거리며 집으로 겨우 돌아온다. 그러나 이번에는 사슴의 황금빛 띠가 한 사냥꾼의 눈에 띄었으며, 사냥꾼은 그 사실을 왕에게 보고한다. 왕은 양말 대님이 의미하는 바를 깨닫고, 다음 날 사슴을 추격하여 죽이지 말고 다치지 않게 잡아 오라고 명령한다.

집에서 누이는 오빠의 상처를 잘 돌보아 주었다. 다음 날 아침, 누이가 아무리 눈물로 간청을 해도 막무가내로 사슴은 또다시 나선다. 저녁이 되자 사슴과 함께 왕도 오두막으로 들어온다. 소녀의 아름다움에 사로잡힌 왕은 소녀에게 결혼해 달라고 청하고, 소녀는 사슴도 함께 살 수 있다면 그렇게 하겠노라고 승낙한다.

오랫동안 왕과 누이와 사슴오빠 모두는 행복하게 산다. 그러나 옛이야기에서 흔히 일어나는 것처럼 같은 시련이 세 번 반복되는 것(삼 일째 사슴이 잡힌 것)만으로 이 동화의 결말을 맺기에는 불충분하다. 오빠가 보다 나은 존재(인간)가 되기 위한 시련을 겪는 동안, 누이에게는 그런 시련이 없었던 것이다.

왕이 사냥을 나가고[40] 왕비 혼자 아들을 낳게 되는 그 날까지는 모든 일이 다 무사하게 진행되었다.

남편이 없을 때 아기를 낳는다는 것은, 다른 사람들 심지어 남편까지도 제한적인 도움밖에 줄 수 없는 인생의 과도기, 즉 인생의 최고의 기적을 의미한다. 출산은 소녀에서 어머니로 바뀌는 내적 변화를 상징한다. 모든 중요한 변형들이 다 그렇듯이 이것 또한 위험을 수반한다. 오늘날은 이런 위험이 주로 정신적인 의미겠지만, 과거에는 여성의 생명이 실제로 위험에 처해 있었다. 아기를 낳는 도중이나 낳은 후에 죽는 경우가 많았기 때문이다. 이런 위험이 여기에서는 마녀 계모의 모습으로 형상화되어 있다. 아기가 태어난 직후에, 마녀 계모는 시녀로 변장하여 왕비의 시중에 교묘히 끼여든다. 마녀는 아이를 낳고 몸조리를 하고 있는 왕비에게 목욕을 하면 좋을 거라고 유혹하여, 왕비로 하여금 욕조 속에서 질식하여 죽게 만든다. 그리고 나서 마녀는 자기의 못생긴 딸을 왕비의 침대에 눕게 한다.

죽은 왕비는 한밤중에 유모 방에 나타나 아기를 팔에 안고 어르며 사슴을 돌보는 것도 잊지 않았다. 유모는 이런 장면을 목격하였지만 당분간은 아무에게도 입밖에 내지 않았다. 왕비는 얼마 후 아기를 보러 와서 아기에게 다음과 같이 말하였다.

우리 아기 잘 있니? 우리 사슴도?
두 밤만 더 오면 난 아주 먼 데로 갈 거란다.

유모는 이 사실을 왕에게 말하였으며, 왕은 다음 날 그런 일이 일어나

---

[40] 옛이야기의 관점에서 볼 때, 사냥을 쓸데없이 동물을 죽이는 것으로 이해해서는 안 된다. 그것은 차라리 본성과 친숙한, 그리고 본성과 조화를 이루는 삶을 상징하며, 이것은 보다 원초적인 존재 상태와 일치함을 상징한다. 《빨간 모자 Little Red Riding Hood》에서처럼 많은 옛이야기에서 사냥꾼은 친절한 마음을 지닌 도움을 주는 사람이다. 그렇더라도 여기서 왕이 사냥을 나갔다는 것은 그가 자신의 보다 원초적인 성향에 굴복했다는 것을 암시한다.

는지 보려고 앉아 있었다. 왕비가 한 번 더 온다는 말만 빼놓고 나머지는 똑같은 일이 일어났다. 셋째 날 밤 왕비가 다시는 못 올 거라는 말을 하자, 왕은 더 이상 자신을 억제할 수 없어서 사랑하는 아내를 불렀으며, 그 순간 왕비는 생명을 되찾았다.

오빠가 샘물에서 물을 먹으려고 세 번 시도했고, 사슴이 사냥에 참가하려고 세 번 달려나갔듯이, 죽은 왕비가 찾아와 같은 말을 하는 것도 세 번이었다. 그러나 왕비가 생명을 되찾고 왕과 재결합한 후에도 여전히 오빠는 동물의 형태로 남아 있었다. 모든 사실이 밝혀지고 정의의 심판이 내려져서 마녀가 불에 타 재로 변해 버린 후에야, 사슴은 인간의 모습을 되찾았으며, "오누이는 생을 마치는 날까지 함께 행복하게 살았다." 이야기의 결말 어디에도 왕비가 왕이나 왕자와 함께 살았다는 이야기는 나오지 않는다. 왜냐하면 그 두 인물은 별로 중요하지 않기 때문이다. 《오누이》의 진짜 핵심은 사슴으로 대변되는 인간의 동물적인 성향과 마녀에 의해 상징되는 비사회적인 성향들이 사라져 버리자 인간성이 회복된다는 사실이다. 누이와 사슴오빠의 존재로 암시되는 인간본성의 불일치는 오누이가 인간의 형태로 재결합되듯이 인간적 통합을 통해서 해소되는 것이다.

이야기의 결말에서 두 줄기의 사고가 하나로 합쳐진다. 하나는, 우리 인성의 세 측면 즉 본능, 자아, 초자아의 완전한 통합은 반사회적이고 파괴적이고 온당치 못한 성향이 다 사라진 후에야 통합될 수 있다는 것이다. 그리고 또 누이가 아기를 출산함으로써 모성적인 태도가 발달되듯이, 통합은 인간이 성숙해졌을 때 이루어진다는 것이다. 그 이야기는 또 인생의 두 가지 커다란 사건, 즉 부모의 집을 떠나는 것과 자신의 가정을 이루는 것을 제시한다. 인생에서 이 두 시기는 가장 심리상태가 분열되기 쉬운 때다. 왜냐하면 그 동안의 삶의 방식을 포기하고 새로운 삶의 방식을 터득해야 하기 때문이다. 이 두 전환점 중 첫번째 시기에서는 오빠가, 두 번째 시기에서는 누이가 일시적으로 혼란에 휩쓸렸다.

내면의 발전에 대해서 명시되어 있지는 않지만, 그것의 본질은 암시되어 있다. 우리를 인간의 모습으로 회복시켜 주고 인간성을 회복시켜 주는 것은, 사랑하는 사람에 대한 우리의 염려라는 것이다. 왕비는 밤마다 찾아가 자신의 욕구는 조금도 염두에 두지 않고 오로지 자기에게 달려 있는 두 사람, 아기와 사슴을 염려했을 뿐이었다. 이것은 그 여자가 아내에서 어머니로 성공적으로 변화되었다는 것을 의미하며, 그리하여 한 차원 높은 존재로 다시 태어난 것을 의미한다. 오빠가 본능적인 욕구의 유혹에 넘어간 것과 누이가 다른 사람에 대해 자아, 초자아적인 관심을 갖는 것 사이의 대조는 완전한 통합과 승리를 위한 투쟁이 무엇으로 이루어져 있는지를 명백히 지적하고 있다.

12. 《뱃사람 신드바드와 짐꾼 신드바드》—환상과 현실

《천일야화 Thousand and One Nights》에 나오는 《뱃사람 신드바드와 짐꾼 신드바드 Sindbad the Seaman and Sindbad the Porter》[41]처럼, 한 인격 안에 있는 근본적으로 다른 측면이 각각의 독립된 인물형으로 투사된 옛 이야기가 많이 있다. 때로는 단순히 《뱃사람 신드바드 Sindbad the Sailor》로 때로는 《신드바드의 놀라운 여행 Sindbad's Marvelous Travels》이라 명명하며 이야기의 진짜 제목을 바꿔 버린 사람들은 이 이야기의 본질을 이해하지 못하고 있음을 보여 준다. 이렇게 바꾼 명칭은 그 이야기의 환상적 내용만을 부각시키고 심리학적 의미를 손상시킨다. 진짜 제목을 보면 즉시 그 이야기가 한 인간의 양면성에 대해 말하고 있는 것을 알 수 있다. 즉, 한쪽 측면은 주인공을 모험과 환상의 먼 세계로 몰아가고, 다른 쪽 측면은 일상의 현실에 묶어 두려 한다. 인간의 본능과 자아는 쾌락원리와 현실원리의 대립이다.

이야기가 시작되면서 가난한 짐꾼 신드바드가 아름다운 집 앞에서 쉬고 있다. 짐꾼 신드바드는 자기 처지를 생각하면서 이렇게 말한다.

---

41) 《뱃사람 신드바드와 짐꾼 신드바드》의 논의는 버튼 Burton의 번역 《아라비안 나이트 The Arabian Nights' Entertainments》에 바탕을 두었다.

이 집의 주인은 인생의 모든 즐거움을 맛보면서 살겠지. 달콤하고 맛있는 고기를 먹고 향기로운 포도주를 마시면서……. 나 같은 사람들은 가난에 찌들어 죽도록 고생만 하고…….

짐꾼 신드바드는 이같이 필요성에 기반을 둔 삶과 쾌락적인 만족에 바탕을 둔 삶을 겹쳐 놓는다. 이 말들이 한 사람의 두 측면이란 사실을 우리가 확실히 이해하기 위해서는, 신드바드가 자신과 그 아름다운 궁전의 알 수 없는 주인에 대해 다음과 같이 말하는 데서 잘 나타난다.

그대의 근원은 나의 근원이고, 나의 유래는 그대의 유래다.

이 두 사람이 모습이 다른 동일인이라고 독자가 이해한 뒤, 짐꾼은 그 궁전에 초대된다. 궁전의 주인은 일주일 동안 자신이 겪은 일곱 번의 믿어지지 않는 여행에 대해 말해 준다. 이 여행에서 그 사람은 힘든 위험을 넘겼고, 거기서 기적적으로 구출되어 굉장한 재산을 얻어 고향에 돌아왔다. 이것을 설명할 동안, 가난한 짐꾼과 엄청난 부자 여행자의 동일성을 더 강조하면서, 부자 여행자는 "아는가, 짐꾼이여, 그대의 이름은 내 이름과 같기도 하구나." 그리고 "그대는 나의 형제가 될 것이다."라고 말하고 있다. 모험을 찾아가도록 자신을 몰아대는 그 힘을 여행자는 "내 안에 있는 나쁜 늙은이" 그리고 "물질적인 사람……, 너의 가슴은 자연히 사악함에 물들리."라고 말하는데, 그것은 자신의 본능을 일깨워 주는 대상을 부르기에 적당한 이미지다.

왜 이 옛이야기는 일곱 부분으로 구성되어 있나? 그리고 왜 두 주인공은 다음날 다시 만나면서도 매일 헤어지나? 옛이야기에서 일곱이란 숫자는 때로 일주일을 나타내고 우리 인생의 매일을 상징한다. 이같이 우리가 살아가는 한 삶의 양면성은 있게 마련이라고 이야기는 말해 주고 있는 것으로 보인다. 즉, 두 명의 신드바드가 같으면서도 달라서, 한 쪽은 현실의 힘든 생활을 하고 있고, 다른 쪽은 환상적인 모험의 생활을 한다. 이것을 해석하는 또 다른 방법은 이 대립적인 존재를 인생의 낮과 밤으로 조망하는 것이다. 즉, 깨어남과 꿈, 현실과 환상, 혹은 존재의 의식의 영역과 무의식의 영역으로 이해하는 것이다. 이런 식으로 보면, 신드바드 이야기는 주로 자아와 본능의 두 가지 다른 관점에서 본 인생이 얼마나 다른가를 말해 준다.

이야기는 짐꾼 신드바드가 "무거운 짐을 옮기면서" 더위와 짐의 무게에 짓눌려 얼마나 지쳤는지를 말하면서 시작한다. 자신에게 가해지는 인생의 가혹함에 슬퍼져서, 신드바드는 부자의 인생은 얼마나 좋을까라는 생각을 한다. 뱃사람 신드바드의 이야기는 짓누르듯이 괴로운 삶에서 도망치려고 하는 짐꾼 신드바드의 환상으로 볼 수도 있다. 자아는 주어진 삶의 과업을 수행하느라 완전히 지쳐서 본능이 자신을 지배하게 방임한다. 현실에 기반을 둔 자아와는 대조적으로, 본능은 길들여지지 않은 소망의 자리에서 극단적인 위험이 아니면 만족을 얻기를 소망한다. 이런 소망은 뱃사람 신드바드의 여행을 일곱 이야기로 구체화한다. 뱃사람 신드바드는 "내 안에 있는 못된 놈"이라고 인식하면서도 그것에 매혹되어, 환상적인 모험을 갈망하고 악몽과 같은 무서운 위험을 겪는다. 사람을 쇠꼬챙이에 구워 먹는 거인과, 신드바드를 말처럼 타고 다니는 악한 자, 산채로 자기를 삼키려고 위협하는 뱀, 자기를 하늘로 날라다 주는 거대한 새들. 결국 소망 충족의 환상이 갈등을 이겨서, 신드바드는 구출되고 엄청난 부를 갖고 집에 돌아와 여가와 만족을 누리는 생활을 한다. 그러나 매일 일어나는 현실의 요청을 듣지 않을 수 없다. 본능에 한동안 기울어졌던 자아는 자신의 존재를 다시 주장하여 짐꾼 신드바드는 힘든 노동의 일상으로 돌아간다.

옛이야기는 인간의 이중 경향 ambivalence의 두 측면을 다른 인물 유형으로 투사하여, 우리 자신을 더 잘 이해할 수 있게 도와 준다. 천성적인 본능의 압력이 대담무쌍하게 투사된 양면성을 시각적으로 보여 줄 수 있다. 다른 사람들이 모두 죽었는데 거대한 부를 얻은 여행자만이 혼자 살아 남아서, 들어 보지도 못한 보물을 전리품으로 배에 싣고 고향에 돌아온다. 이와 대립적으로 현실에 기반을 둔 자아는 힘든 노동을 하는 가난한 짐꾼으로 구체화된다. (자아를 표상하는)짐꾼 신드바드에게는 직접적인 현실 너머를 볼 수 있는 상상력이 너무 적고, "쉽고 편안하고 고요한" 정상적인 생활에 만족할 수 없다고 말하는 뱃사람 신드바드에게는 상상력이 지나치게 많다.

매우 이질적인 두 사람이 사실은 "쌍둥이" 형제라고 옛이야기가 가리킬 때, 옛이야기는 전의식적으로 이 두 인물이 동일인의 양면이라는 것을 어린이가 인식하도록 인도한다. 즉, 본능은 자아와 마찬가지로 우리 인격의 필수적인 부분이라는 것이다. 이 이야기의 커다란 장점의 하나는 "뱃사람 신드바드와 짐꾼 신드바드"가 똑같이 호소력 있는 인물이라는 사실이다. 어느 쪽도 우리의 본성에서 그 매력과 중요성과 타당성을 부정할 수 없다.

우리는 어느 정도 복합적인 내적 경향을 마음 속에서 구분하지 않고서는, 우리 자신의 혼란의 원천을 이해할 수 없고, 자신의 상반된 감정 사이에서 어떻게 갈가리 찢겨졌으며, 또 이것을 왜 통합해야 하는지 이해할 수 없다. 통합은 우리 인격에 부조화한 측면이 있고 그것이 무엇인지 깨닫길 요구한다. "뱃사람 신드바드와 짐꾼 신드바드"는 우리 영혼의 조화되지 않는 면을 분리하여 이것들이 서로에 속해 있으며 통합되어야 한다고 제시한다. 즉, 두 명의 신드바드는 매일 헤어지지만, 헤어진 뒤에 매일 다시 만난다.

이 옛이야기만을 따로 떼어 놓고 생각하면, 상대적인 약점은 결말에 가서 두 명의 신드바드로 표현된 본질적으로 다른 인격의 두 측면의 통합

필요성을 상징적으로 표현하지 못했다는 것이다. 만일 이것이 서구의 옛이야기였다면, 두 사람은 그 후로 내내 행복하게 살았다는 식으로 끝날 것이다. 그래서 듣는 이는 그 이야기의 결말이 다소 실망스럽다고 느낀다. 왜냐하면 듣는 이는 왜 이 두 형제가 계속 헤어지고 다음날이면 또다시 만나는지 궁금하게 여기기 때문이다. 만약 그 두 사람이 완전한 조화를 이루며 영원히 함께 살도록 설정되었다면, 즉 주인공이 성공적으로 심리적 통합을 성취한 것을 상징적으로 표현할 수 있는 결말이었다면 표면적으로 훨씬 더 이치에 맞게 보일 것이다.

그러나 만일 이야기의 결말에서 심리적 통합을 성취했다면, 다음날 밤에 옛이야기를 계속할 근거가 없게 될 것이다. 《뱃사람 신드바드와 짐꾼 신드바드》는 《아라비안 나이트》의 일부분이다.[42)43)] 《아라비안 나이트》의 배열에 따르면, 뱃사람 신드바드의 일곱 번의 여행은 실제로 삼십 일 밤에 걸쳐 이야기되었다.

---

42) 《천일야화》 또는 《아라비안 나이트》로 알려진 버튼이 번역한 이 책은 인도와 페르시아에서 전래된 것이며, 일찍이 10세기에서부터 그 흔적을 찾을 수 있다. 1001이란 숫자는 문자 그대로 취한 것이 아니다. 반대로 "1000"은 아라비아어에서 "헤아릴 수 없는"을 의미하고, 그래서 1001은 무한대의 숫자를 의미한다. 훗날 수집가와 번역가는 이 숫자를 문자 그대로 취하여 옛이야기를 세분하거나 덧붙여서 이 숫자만큼 이야기를 수집하기에 이르렀다.[43)]
43) 《아라비안 나이트》의 역사와 특히 1001이란 숫자의 의미는 라이엔 von der Leyen의 《옛이야기의 세계 Die Welt des Märchens》(Düsseldorf, Eugen Diederich, 1953) 제2권 참조.

13. 《천일야화》의 액자 이야기

두 명의 신드바드 이야기는 긴 옛이야기의 일부분이므로, 최종적인 결말이나 통합은 단지 《아라비안 나이트 The Arabian Nights' Entertainments》의 결말에서만 발생한다. 그러므로 우리는 전체 이야기가 도입되고 끝나는 액자 이야기를 고려해야 한다.[44]

샤흐르야르 Shahryar 왕은 여자에게 몹시 환멸과 분노를 느끼고 있는 사람이다. 아내가 흑인 노예와 함께 자기를 배반한 데다가 동생 샤흐즈만 Shahzeman 왕에게도 똑같은 일이 생겼기 때문이다. 게다가 강하고 약삭빠른 지니 Jinny조차 가장 믿었던 여자에게 계속적으로 배반당했다.

샤흐르야르 왕은 동생 샤흐즈만 왕이 아내에게 배반당한 것에 깊은 충격을 받았다. 동생에 대해서 독자는 다음과 같은 말을 듣는다.

> 샤흐즈만 왕은 아내의 배반을 잊을 수 없었고, 점점 비탄에 빠져서 얼굴 색은 파리해지고 몸은 쇠약해졌다.

샤흐르야르 왕이 샤흐즈만 왕에게 자꾸만 쇠약해지는 이유를 묻자 샤

---

[44] 《아라비안 나이트》의 액자 구조를 형성하는 이야기는 코스킨 Emmanuel Cosquin의 저서 《민속학 연구 Études Folkloriques》(Paris, Champion, 1922) 중 "아라비안 나이트의 액자 이야기 Le Prologue-Cadre des Mille et Une Nuits" 참조.

호즈만 왕은 이렇게 대답한다.

    오. 나의 형이여, 나는 마음에 상처를 입었습니다.

  동생 샤흐즈만 왕 역시 자신과 같은 처지였으므로 우리는 샤흐르야르 왕 또한 심한 마음의 상처, 즉 아무도 자기를 진정으로 사랑하지 않았다는 생각에 고통스러워한다고 추측할 수 있다.
  샤흐르야르 왕은 인간에 대한 모든 신뢰를 잃어버리고 앞으로는 어떤 여자도 다시금 자신을 배반할 기회를 주지 않겠다고 결심하고, 단지 관능적인 삶을 살기로 하였다. 그때부터 왕은 매일 처녀와 하룻밤을 자고 다음날 아침이면 그 여자를 죽였다. 결국 왕국에는 혼기를 맞은 처녀라고는 재상의 딸인 세헤라자드 Scheherazade밖에 남아 있지 않았다. 재상은 자신의 딸을 희생시킬 생각이 조금도 없었지만 세헤라자드는 자신이 "처녀들을 구출하는 수단"이 되기를 희망하여 왕에게 가기를 원했다. 세헤라자드가 천 일 동안 밤마다 하나씩 들려 주는 이야기는 왕을 사로잡았고, 따라서 왕은 다음 날 밤에 계속되는 이야기를 듣기 위해 그 여자를 죽이지 않았다. 그래서 세헤라자드는 왕국의 모든 여성을 구출하였다.
  옛이야기를 이야기함으로써 죽음을 면하는 것은 그 이야기책을 시작하는 중요한 모티프이다. 이 모티프는 이야기가 이어지는 동안 반복해서 다시 나타나고 끝난다. 예를 들어,《아라비안 나이트》에 처음 나오는《세 명의 족장 이야기 The Story of the Three Sheiks》에서 지니란 사람은 상인을 파멸시키겠다고 위협하였는데 상인의 이야기가 너무 재미있어서 상인을 살려 주었다. 그 이야기책의 끝에서, 왕은 세헤라자드를 믿고 사랑한다고 말한다. 왕은 세헤라자드의 사랑 때문에 여성에 대한 증오심으로부터 영원히 치료됐고, 그래서 그들은 행복하게 여생을 함께 살았거나, 살았으리라고 우리는 생각한다.

이 액자 이야기에 따르면 두 주인공, 즉 한 남자와 한 여자가 그들의 인생에서 커다란 위기에 봉착했다. 왕은 인생을 혐오하고 여성에 대한 미움으로 가득 찼다. 세헤라자드는 자신의 목숨을 잃을까 두려웠지만, 왕과 자신을 구출하기로 결심하였다. 그 여자는 많은 옛이야기를 들려 주어 자신의 목적을 달성하였다. 하나의 이야기로 목적이 성취된 것은 아니다. 우리의 심리적인 문제는 무척 해결하기 복잡하고 어렵기 때문이다. 광범위하고 다양한 옛이야기만이 그런 심리적 해소를 느낄 자극을 제공할 수 있기 때문이다. 왕을 치료하는 데는, 즉 왕이 빠진 깊은 우울증으로부터 벗어나도록 옛이야기를 계속 이야기하는 데는 거의 삼 년이 걸렸다. 왕은 자신의 완전히 붕괴된 인간성을 다시 통합시키기 위해 천 일 동안 밤마다 옛이야기를 열심히 들어야 했다(《천일야화 The Thousand and One Nights》는 인도와 페르시아에 근원을 두고 있는데, 여기서 힌두 의학에 따르면 정신착란자에게 옛이야기를 들려 주는 것은 그 사람의 정서적인 불안을 극복하도록 도울 수 있는 명상임을 기억하기 바란다).

옛이야기는 여러 의미가 있다. 달리 생각해 보면, 이 이야기의 두 주인공은 우리의 내부에서 싸우고 있는 경향을 나타낸다. 만약 우리가 그것들을 통합하지 못하면, 그것들은 우리를 파괴시킬 것이다. 왕은 완전히 본능에 지배를 당하는 사람을 상징하는데, 왜냐하면 그 사람의 자아가 가혹한 인생에 좌절당해서, 본능을 자아 속에 가둘 힘을 잃었기 때문이다. 결국 자아의 임무는 우리를 황폐하게 만드는 본능의 박탈로부터 우리 자신을 보호하는 것이다. 다시 말해서 이 이야기에서 자아의 파괴는 성적으로 배반당하는 왕의 존재로 상징되는데, 만약 자아가 본능으로부터 우리를 보호하는데 실패한다면, 자아는 우리의 인생을 인도할 힘을 잃어버릴 것이다.

액자 이야기의 다른 쪽 인물인 세헤라자드는 자아를 표상하는데, 그것은 다음과 같이 구연되는 데서 명백히 제시된다.

세헤라자드는 옛 조상과 과거 시인들의 연대기에 대한 천 권의 책을 수집했고, 게다가 과학과 의술에 대한 책들을 읽었으며, 운문과 산문, 민담과, 현인, 왕들의 명언을 두루 다 기억하고 있었으며, 현명하고 사려 깊고 예절바른 사람이었다.

이는 자아의 총목록을 나타낸다. 제멋대로의 본능(왕)은 오랜 과정 속에서 마침내 육신을 갖춘 자아, 세헤라자드를 통해 교화되었다. 그러나 그 자아는 초자아가 훨씬 더 많이 지배하는 자아이다. 그런 만큼 세헤라자드는 자기의 인생을 위험 속에 내맡겼다. 세헤라자드는 이렇게 말한다. "저는 모슬렘의 딸들이 살해당하지 않게 구출하는 수단이 되거나 다른 사람들처럼 죽어서 처벌당하거나 둘 중의 하나를 택하겠습니다." 세헤라자드의 아버지는 딸을 설득하려고 애쓰면서 타이른다. "목숨을 걸고 모험하지 말아라!" 그러나 딸이 "저는 그렇게 해야만 해요."라고 주장했던 것처럼, 어느 누구도 세헤라자드의 목표를 단념시킬 수 없었다.

세헤라자드에게서 우리는 도덕적인 의무에 자기중심적인 본능을 귀속시켜서 개인의 존재를 위험에 빠뜨리는 초자아가 지배하는 자아를 보게 된다. 왕에게서는 자아와 초자아로부터 풀려난 본능을 본다. 세헤라자드는 그와 같은 강한 자아를 갖추고, 왕이 이야기의 나머지를 듣고 싶어하도록 왕의 천성에 침투하는 이야기를 준비했기 때문에 자신의 생명에 해를 입지 않게 된다. 그리고 정말로 동이 틀 때 세헤라자드가 이야기를 중단하면, 왕은 "나머지 이야기를 듣기 전에는 이 처녀를 죽일 수 없어."라고 혼자 중얼거린다. 그러나 세헤라자드가 시작하는 이야기와 왕이 듣고 싶어하는 뒷이야기는 매일 하루씩 죽음을 지연시킬 뿐이다. "구출"을 위해 세헤라자드는 목표를 세웠고 목표 이상이 필요했다.

본능의 긍정적인 에너지를 건설적인 목적에 접근시킬 줄 아는 자아를 가진 사람만이 본능의 살인적인 성향을 억제하여 교육할 수 있다. 세헤라자드의 왕에 대한 사랑이 이야기를 더욱 자극할 때, 즉 "모슬렘의 딸들을 죽음으로부터" 구출하려는 소망을 지닌 초자아와, 미움과 우울증으로부터 왕을 구하려는 왕에 대한 사랑인 본능 양쪽이 자아에 부여되었을 때, 세헤라자드는 완전히 통합된 사람이 된다. 액자 이야기 속에서 세헤라자드는 자기 자신과, 아무도 자신에게 소용이 없다고 생각하는 어둠 속의 타자인 왕이 행복을 얻음으로써 악으로부터 세상을 구출할 수 있다. 세헤라자드가 왕에 대한 사랑을 말하자 왕도 역시 사랑을 고백한다. 천일야화라는 액자 이야기의 결말보다 더 우리의 인격을 변모시킬 옛이야기의 힘을 입증해 주는 것이 어디 있겠는가! 그 힘은 바로 살인적인 미움을 끝없는 사랑으로 바뀌게 하는 힘인 것이다.

《천일야화》라는 액자 구조의 이야기에서 언급할 만한 가치가 있는 것이 한 가지 더 있다. 세헤라자드는 처음부터 옛이야기를 이야기하는 일이 "왕의 습관을 바꾸도록" 하는 방법일 수 있다는 소망을 표현했다. 그러나 그렇게 하기 위해서는 자기의 착한 여동생 두냐자드 Dunayazad의 도움이 필요했다.

> 왕에게 간 뒤에 너를 부를게. 네가 와서 왕이 나를 뜻대로 한 것을 확인한 뒤, 이렇게 말하렴. "오 나의 언니여, 잠자지 말고 우리에게 언니의 재미있는 이야기를 밤새도록 해 주어요."

세헤라자드는 여동생에게 이렇게 당부한다. 이같이 어떻게 보면, 세헤라자드와 왕은 남편과 아내이고, 두냐자드는 그들의 아이와도 같은 관계로 설정되어 있다. 왕과 세헤라자드 사이를 처음 연결해 주는 것은 옛이야기를 듣고 싶다는 두냐자드의 말이다. 이야기책의 끝에서 두냐자드는 왕과 세헤라자드의 아들인 작은 소년으로 바뀌고 그 소년 때문에 세헤라자드는 왕에게 자신의 사랑을 말할 수 있었다. 왕의 인격통합은 한 가정의 아버지가 됨으로써 마무리되었다.

그러나 우리가 《천일야화》의 결말에서 왕이란 인물에 투사한 것처럼 우리 인격의 성숙한 통합을 달성하기 전에, 우리는 많은 인격발달의 위기와 투쟁해야 하며, 그 중에서 두 가지는 서로 밀접하게 연결되었으면서도 가장 다루기가 어렵다.

그 중 첫번째는 인격통합의 질문에 모아진다. 나는 정말로 누구인가, 내 안에 모순적인 경향이 나타나면 그 중 어떤 것에 반응해야 하는가이다. 옛이야기의 대답은 정신분석이 제안하는 것과 같다. 양면성에 흔들리거나 극단적으로 갈기갈기 찢기는 상태가 되는 경우를 피하기 위해 우리가 그 양면성을 통합시켜야 하는 것이다. 이 길만이 우리를 내적인 안정성으로 이끌어서, 삶의 어려움을 성공적으로 대처할 수 있는 통합된 성격을 이루게 한다. 내적인 통합은 단 한 번으로 성취되는 어떤 것이 아니다. 그것은 형태가 다르고 정도가 다를지라도, 사는 동안 내내 직면해야 할 임무다. 옛이야기는 평생 노력해야 이루어지는 그런 통합을 표현하지는 않는다. 그것은 자신의 양면성을 일시적으로 통합하기도 어렵다고 보는 어린이를 지나치게 낙담시키는 일이 될 것이다. 대신 옛이야기는 어떤 내적인 갈등의 통합을 "행복한" 결말로 처리한다. 《천일야화》에는 각기 그 주제마다 갈등 형식이 다른 수많은 옛이야기가 있다. 이 이야기들은 우리가 인생에서 극복해야 할 많은 갈등을 매번 만난다는 사실을 증명한다.

두 번째로, 매우 어려운 인격발달에서 겪는 위기는 오이디푸스적인 갈등이다. 한 어린이가 고통스럽고 혼란스러운 경험의 연속을 통해 부모로부터 자신을 분리시키는 데 성공한다면, 그 어린이는 진정한 자신을 찾을 수 있다. 그러기 위해서는 부모가 자신에게 행사하는 힘으로부터 스스로 자유로워져야 하고, 자신의 고민을 맡겨 두고 의존할 부모의 필요성에서—이것이 더 어렵다—자유로워져야 한다. 그리고 어린이가 자신이 부모에게 속한다고 느끼는 만큼, 부모가 어린이에게만 영원히 속해야 한다는 바람으로부터도 자유로워져야 한다.

　이 책의 첫 부분에서 논의된 대부분의 옛이야기는 내적 통합의 필요성을 제시했다. 반면에 2권에서는 오이디푸스적인 문제를 다룬다. 그것을 생각하면서 우리는 동양의 가장 유명한 옛이야기에서부터 프로이트 Sigmund Freud가 말했듯이 서양 연극의 초기 비극이며 우리 모두의 인생의 초기 비극으로 이동할 것이다.

14. 두 형제 이야기

《오누이 Brother and Sister》와 달리, 옛이야기의 두 주인공은 보통 남자 형제들인데 겉으로 보기에는 인격의 양립할 수 없는 측면들을 의미한다. 그 둘은 보통 최초의 통합 기간 이후에 분리되고 나서, 서로 다른 운명으로 산다. 이 옛이야기는 비록 오늘날 거의 주목을 받지 못하지만, 가장 오래되고 가장 널리 유포되어 있는 것 중의 하나인데, 집에 머물러 있는 형제와 모험심이 강한 형제가 마법을 통해 서로의 생사를 확인한다. 모험심이 강한 형제는 보통 스스로의 욕망에 따라 살았거나 위험을 소홀히 했기 때문에 죽는데, 다른 형제가 그 사람을 구하러 출발하여 성공하며, 둘은 그 후에 영원히 행복하게 재결합하여 산다. 두 남자 형제 대신에 두 여자 자매, 혹은 오누이도 드물게 나타나는 등 세부사항은 다양하게 나타난다. 이 모든 이야기에서 두 주인공의 정체성을 제시하는 특성은 공통적이다. 한 형제는 주의 깊고 이성적이지만, 그렇지 못한 얼간이 같은 다른 형제가 무서운 위험에 노출되자 형제를 구하려고 목숨을 건다. 그리고 또한 어떤 마법의 물건이나 생명의 징표 같은 것이 있어서 한쪽이 죽자마자 붕괴되어 다른 쪽 형제가 구조 작업에 착수할 징표가 된다.

두 형제의 모티프는 기원전 1250년에 이집트의 파피루스에서 발견된 가장 오래된 옛이야기가 중심이다.[45] 그때부터 삼천 년이 지나는 동안 이 모티프는 매우 다양한 형태로 전승되어 왔다. 한 연구에서는 칠백칠십 개의 이본이 존재한다고 밝혔지만 아마도 실제로는 더 많이 있을 것이다.[46)] 어떤 이본에서는 이런 의미가 더 강조되고 다른 이본에서는 또 다른 의미가 강조된다. 옛이야기를 되풀이하여 말하거나 그것을 여러 번 듣는 가운데 옛이야기의 총체적인 맛을 가장 잘 느낄 수 있을 뿐 아니라—처음에 스쳐 지나갔던 어떤 세부적인 것이 갈수록 의미를 지니게 되거나 새롭게 조명된다.—같은 모티프가 대여섯 가지로 변하면서 친근해져 그 맛을 잘 느낄 수 있다.

이 이야기의 변이형마다 두 인물은 우리가 반대 방식으로 행동하게 만드는 우리 본성의 대립적인 측면을 상징한다.《오누이》에서 그 선택은 우리의 동물적 본성을 따르느냐 우리의 인격을 위하여 우리의 육체적인 욕망을 억제하느냐는 것이다. 이같이 그 인물은 우리가 어떤 길을 택해야 할까 생각할 때 하게 되는 내적 독백에 형상을 부여한다.

"두 형제" 모티프에 관한 이야기는 본능, 자아와 초자아 사이에 또 다른 이분법적인 내적 독백을 덧붙인다. 즉, 독립을 얻고 자기주장을 하려는 경향과 안전하게 집에 남아서 부모에게 매여 있으려는 대립적 경향이다. 최초의 판본에서부터 그 이야기들은 우리에게 내재하는 양쪽의 욕망을 강조하고 둘 중의 어느 한쪽을 잃으면 살아남을 수 없다는 것을 강조한다. 즉, 과거에 매여 있으려는 소망과, 새로운 미래를 향해 출발하려는 충동 중 하나라도 잃어버리면 살아남을 수 없다는 것을 강조한다. 사건이 펼쳐지면서, 그 이야기는 빈번히 우리가 자신의 과거로부터 아주 떨어져 나가면 재난을 겪지만, 단지 과거만을 바라보고 산다는 것은 성장을 방해

---

45) 고대 이집트의 이야기는, 루제 Emanuel de Rougé의 "이집트의 원고에 대한 연구 Notice sur un manuscrit égyptien",《고고학 연구 Revue archéologique》(1852) 제8권과 피트리에 W. F. Petrie 의《이집트의 옛이야기 Egyptian Tales》(1895) 제2권과 앞에서 언급한 볼테 Bolte와 폴리프카 Polivka의 책 참조.
46) "두 형제" 이야기의 다양한 표현 형태는 랑케 Kurt Ranke의《두 형제 Die Zwei Brüder》(Folk Lore Fellow Communications, 1934) 제114권에서 토의된다.

한다고 말한다. 왜냐하면 그것은 안전한 반면에 우리 자신에게 아무런 활력도 제공하지 않기 때문이다. 이 반대 경향을 총체적으로 통합하는 것만이 성공적인 삶을 갖게 한다.

"두 형제"의 주제를 얘기하는 대부분의 옛이야기에서는 집을 떠나는 형제가 문제에 봉착하게 되고 집에 남아 있던 형제가 그를 구출하는데, 가장 오래된 이집트의 판본을 포함한 몇몇 옛이야기들에서는 집에 남아 있던 형제가 몰락하는 반대의 경우가 강조된다. 이 이야기가 가르쳐 주는 것은 만약 우리가 날개를 펴고 둥지를 떠나지 않는다면, 우리를 파괴시키는 오이디푸스적인 고착 Oedipal attachment에서 벗어나지 못할 것임을 가르쳐 준다. 이 고대 이집트의 이야기는 오이디푸스적 고착과 형제 싸움 sibling vivalry의 파괴적인 본능이라는 중심 모티프에서 발달해 나온 것으로 보인다. 그것은 우리가 어린 시절의 가정에서 자신을 분리시켜 독립적인 존재가 되어야 할 필요가 있다는 중심 모티프이다. 형제들 스스로 오이디푸스적인 고착과 형제간의 질투로부터 자유로워져서 서로 뒷받침이 되어야 행복한 결말이 가능해진다.

이집트의 옛이야기에서 결혼하지 않은 동생은 자기를 유혹하려는 형수의 요구를 거절한다. 시동생이 남편에게 사실을 말할까 봐 두려워진 형수는 남편에게 동생이 자신을 유혹하려 한 것처럼 꾸민다.[47] 형은 화가 나서, 동생을 죽이려 한다. 신의 도움으로 동생의 명예가 회복되고 진실이 밝혀지지만, 그때는 이미 동생이 세상을 떠난 후였다. 동생이 죽고 술이 변하는 것을 보고 형은 이 사실을 안다. 형은 동생을 구하러 떠나고 동생을 다시 살린다.

이 고대 이집트의 이야기는 고발한 사람 자신이 원하는 것을 고발된 사람에게 죄를 덮어씌우는 요소를 담고 있다. 즉, 형수는 자신이 유혹하려

---

47) 요셉 Joseph과 포티파 Potiphar의 부인에 대한 성서 이야기는 이집트를 배경으로 하여 일어나며, 아마도 그 고대 이야기의 이 부분에 귀착되는 것으로 보인다.

던 시동생을 기소하는데, 오히려 시동생이 형수를 유혹하려 했다고 한다. 이같이, 그 구성은 자신 안에 있는 받아들일 수 없는 성향을 다른 사람에게 투사하는 것으로 그려진다. 이것은 그러한 투사 심리가 인류가 살아온 만큼이나 오래되었다는 것을 암시한다. 이야기가 만약 시동생 쪽에서 말해졌다면, 시동생이 자기의 형수에 대한 욕망을 투사하여, 자기가 원하는 바를 감히 하지는 못하고 형수에게 죄를 씌우는, 형수에 대한 시동생의 욕망투사도 역시 가능하다.

이야기에서 결혼한 형은 동생과 함께 살고 있는 대가족의 세대주다. 세대주의 부인은 어떤 의미에서 동생을 포함한 가족의 모든 아랫사람들에게 "어머니"이다. 그래서 우리는 그 이야기가 아들의 역할을 하는 젊은이에 대해 어머니의 인물형인 형수가 오이디푸스적 욕망에 포로가 된 이야기로, 혹은 형수에 대한 시동생 자신의 오이디푸스적 욕망을 어머니에게 씌우는 아들의 이야기로 해석할 수 있다.

전해지는 대로라면, 명백히 그 이야기는 젊은 아들을 위하고 아들을 오이디푸스적 문제로부터 보호하기 위해서는—이것이 아들의 문제이건 부모의 문제이건 관계없이—인생의 이 시기에 젊은 사람이 집을 떠나는 게 좋다고 명백히 암시한다.

고대에 쓰여진 "두 형제"의 주제에서, 이 이야기는 노골적으로 행복한 결말을 가져오기 위해서 내적 변모가 필요함을 다룬다. 즉, 부인이 부당하게 동생에게 죄를 씌워서 동생이 파멸의 길로 나아갔다는 것을 알았을 때, 동생을 박대한 형이 깊이 후회하는 형식으로 행복한 결말을 가져오는 내적인 변모가 필요하다. 이 형태로 보면 이야기는 본질적으로 경고성 이야기다. 오이디푸스적 고착에서 자유로워져야 한다는 경고와, 부모의 집으로부터 떠나 독립적인 삶을 이룩하여야 가장 성공적으로 자유로워질 수 있다고 가르친다. 형제 싸움 역시 이 이야기에서 강한 모티프인데, 형이 처음에 질투에 사로잡혀 충동적으로 동생을 죽이려 한 것으로 나타난다. 형의 더 좋은 쪽의 본성이 저급한 충동과 싸워서 결국 이겼다.

"두 형제" 유형의 이야기에서 주인공들은 우리가 청년기라고 부르는 시기로 묘사된다. 사춘기 이전의 시기에는 정서적으로 평온하였다가 청년기의 압박감과 혼란으로 뒤바뀌어질 때, 상대적으로 인생의 청년기는 새로운 심리적 발달을 가져온다. 어린이는 그런 이야기를 들으면서 비록 청년기의 갈등이라 해도 그 문제는 우리가 한 단계에서 다음 단계로 발전하여 이동해야 할 때 언제나 직면하게 되는 어려움이라고 적어도 잠재의식적으로 이해한다. 이 갈등은 그것이 청년기의 갈등이면서도 오이디푸스적인 어린이의 특질이 된다. 그것은 우리의 정신이나 인격이 덜 분화된 상태에서 더 분화된 정신이나 인격으로 이동을 해야 할지 어떨지를 결정해야 할 때마다 발생한다. 그것은 새로운 끈이 형성되기 이전의 낡은 끈이 느슨해지기를 요구한다.

그림 형제 The Brothers Grimm의 《두 형제》 이야기 같은 보다 현대적인 판본에서는 두 형제가 처음에는 분화되지 않았다.

> 두 형제는 함께 숲 속으로 가서 의논을 하고 의견이 일치했다. 그리고 저녁 먹는 자리에서 두 형제는 새아버지에게 "저희의 부탁을 들어주시지 않으면 저희는 음식을 한 숟가락도 입에 대지 않겠습니다. 저희들이 세상에 나가 스스로를 시험해 볼 수 있도록 허락해 주세요."라고 말했다.

형제가 자신들의 인생을 갖기 원한다는 결정을 하러 간 숲은 내적인 어둠에 대면하는 장소를 상징한다. 그곳은 우리가 누구인가 하는 불확실성을 풀어야 하는 곳이고, 우리가 무엇이 되고 싶은가를 이해하기 시작하는 곳이다.

두 형제에 관한 대부분의 이야기에서, 우리는 뱃사공 신드바드같이 한쪽은 세상으로 뛰쳐나가 어려움을 만나는 반면에, 다른 한쪽은 짐꾼 신드바드처럼 단순히 집에 남아 있다. 유럽의 많은 옛이야기에서 집을 떠나는 형제는 곧 깊고 어두운 숲을 발견하고 길을 잃는다. 부모의 가정이 주었던 인생의 안정을 포기하고, 작든 크든 우리 스스로 극복해야 할 인생 경험의 충격 속에서만 발전할 수 있는 내적인 구조를 아직 세우지 못했다. 고대에는 깊은 숲에서 길을 잃었다는 것은 우리 무의식의 파악할 수 없는 어둡고 감춰진 세계를 상징하였다. 만약 우리가 과거의 삶의 질서를 유지시켜 주었던 체계를 잃고 이제는 스스로의 길을 발견해야만 한다면, 그리고 아직은 미성숙한 인격체로서 이 낯선 황무지에 뛰어들어야 한다면, 우리가 숲을 나가는 길을 발견하는 일에 성공했을 때 우리는 훨씬 더 발전된 인격을 얻고 떠오르게 된다.[48]

이 어두운 숲에서 옛이야기의 주인공은 그림 형제의 《두 형제》 이야기에서 형제의 한쪽이 만나듯이, 가끔씩 우리의 소망과 갈등의 소산인 마녀를 만난다. 자신이 바라는 좋은 물건을 모두 제공하고 자신의 적을 처벌하려는 욕망을 만족시킬 마녀—또는 요정이나 마법사—의 힘을 갖기 싫어할 사람이 누가 있겠는가? 만약 어떤 사람이 마법의 힘을 소유하고 자기에게 불리하게 사용한다면 그런 힘을 두려워하지 않을 사람이 누가 있겠는가? 상반된 측면을 가진 마녀는 마법적 힘, 요정, 마법사에 투자했던 우리의 상상력이 빚은 다른 산물 이상으로 유아기의 모든 좋은 어머니와 오이디푸스적인 위기에 있는 모든 나쁜 어머니의 화신이다. 그러나 마녀는 모든 것을 주며 사랑하는 어머니와 이와 반대로 요구를 거절하는 계모처럼 불완전하게 현실적이지 않고 오히려 전적으로 초인간적인 보상을 하거나 비인간적으로 파괴적인 성향을 가진 비현실적 존재이다.

---

48) 그것은 단테 Dante가 《신곡 The Divine Comedy》의 서두에서 불러일으켰던 고대적인 이미지다.
    인생의 여행 도중에 나는 앞으로 나아갈 길을 모르고 어두운 숲 속에 있는 나를 발견했다.
    여기서 단테는 역시 "마법"을 지닌 구원자 버질 Virgil을 발견하고 이 유명한 여정에서의 안내를 제의한다. 먼저 단테는 지옥을 통해서 연옥으로 가고, 마침내 여행의 끝에서 천국에 도달한다.

옛이야기에서 마녀의 이런 두 가지 측면이 명백히 그려진다. 주인공이 숲 속에서 길을 잃고 몹시 매력적인 마녀를 만났다. 마녀는 처음에는 그 사람의 모든 욕망을 만족시켜 주었다. 이것은 유아기에 모든 것을 주는 어머니로서, 누구나 인생에서 다시 한 번 더 만나고 싶은 사람이다. 무의식적으로 혹은 전의식적으로, 집을 떠날 힘을 우리에게 주는 것은 어디엔선가 마녀를 발견할 거란 희망이다. 이같이 옛이야기 식으로, 우리가 찾고 있는 것은 오직 독립된 존재가 되는 것이라고 자신을 속일 때에, 거짓된 희망이 우리를 꾀인다는 것을 이해하게 된다.

마녀는 세상에 나아간 주인공의 모든 욕망을 만족시켜 준 다음, 어떤 시점이 오면—보통 주인공이 마녀의 명령을 거절할 때—적대적으로 되어 그 사람을 동물이나 돌로 바꾸어 버린다. 그것은 마녀가 그 사람에게서 모든 인격을 박탈하는 것이다. 이 이야기에서 마녀는 오이디푸스전기 pre-oedipal의 어머니가 어린이에게 나타나는 방식과 닮았다. 즉, 어린이가 자기 방식을 고집하지 않고 어머니와 공생관계로 묶여 있는 한 모든 것을 주고 모두 만족시킨다.

그러나 어린이는 점점 더 자신을 주장하기 시작하고 자기 마음대로 하려고 하여, "아니오."가 자연적으로 늘어난다. 어머니를 전적으로 신뢰하고 어머니에게 자신의 운명을 매어 놓았던—혹은 매여 있다고 느끼는—어린이는 지금 깊은 마법에서 깨어나는 것을 경험한다. 자기가 받던 빵이 바뀌어서 돌이나 돌처럼 보이는 것을 받는다.

"두 형제" 유형의 이야기에서는 세부 묘사가 어떻든 간에 모든 어린이들은 미분화 단계에서 벗어나야 하므로, 형제가 서로로부터 분별되는 순간이 온다. 그때에 발생하는 것은 어떤 더 높은 단계에 이르기 위해서 존재의 한 형태를 포기해야 하는 필요성과 더불어 우리 내부에서 일어나는 내적 갈등을 상징한다. 그 내적 갈등은 형제의 서로 다른 행동으로 표현된다. 주인공이 자기의 부모로부터 분리하려는 문제에 직면하는 문제는,

어떤 사람이든 몇 살이든지 간에, 우리 모두가 살아가면서 여러 번 부딪치는 문제다. 부모로부터 전적으로 자유롭게 살고 싶은 소망이 항상 있으며, 동시에 부모에게 가깝게 매인 채 남아 있으려는 대립적인 소망이 있다. 이것은 정확히 학교 다니기 직전의 시기와 학교 다닐 나이가 끝나는 시기에 그렇다. 학교 다니기 직전의 시기는 유아기에서 아동기를 분리하는 것이고, 학교 다닐 나이가 끝나는 시기는 아동기에서 초기 성년기를 분리하는 것이다.

그림 형제의 《두 형제》는 두 형제가 만일 합쳐지지 않으면—예를 들어 우리의 인격에서 둘로 갈라진 측면이 통합되지 않으면—비극이 일어날 것이라는 생각이 서술되면서 인상적으로 시작한다.

> 옛날옛날에 두 형제가 살았는데, 한 사람은 부자였고 한 사람은 가난했습니다. 부자는 금세공인이었고 심술이 많았습니다. 가난한 형제는 빗자루를 만들며 근근이 살았는데 착하고 성실했습니다. 가난한 형제에게는 쌍둥이 아들이 있었는데 둘은 마치 한 물방울에서 떨어진 또 다른 물방울처럼 생김새가 너무도 닮았습니다.

착한 동생이 황금의 새를 발견하고 쌍둥이 아들들이 어떤 간접적인 방법으로 그 새의 심장과 간을 먹어서 매일 아침 베개 밑에서 금조각을 발견할 수 있는 능력을 얻었다. 질투로 눈이 먼 악한 형은 쌍둥이의 아버지인 동생에게 이것은 악마의 장난이고 악마에게서 놓여나려면 쌍둥이를 버려야 한다고 설득한다. 악한 형의 말에 혼란스러워진 아버지는 자식들을 버렸고 우연히 한 사냥꾼이 그 아이들을 발견하여 자식으로 길렀다. 아이들이 성장한 어느 날, 아이들은 숲 속에 들어가 자기들은 세상으로 나가야 한다고 결정한다. 새 아버지는 아이들의 의견에 동의하고 헤어질 때에 칼 하나를 주는데, 바로 이 이야기에서 나온 마법의 물건이다.

"두 형제"의 모티프를 처음 말했을 때에 언급했듯이, 이런 이야기의 전형적인 특질은 어떤 마법적인 생명의 징표가 있어서 두 사람의 정체성을 상징하고, 다른 쪽이 위험할 때 한쪽에게 알려 주어, 위험에 빠진 형제를 구출하러 가게 한다.

위에서 제시한 것처럼, 두 형제는 내적인 심리 과정을 나타내며 우리가 살기 위해서는 함께 행동해야만 하므로, 마법의 물체가 죽어 가거나 썩어 가는 것은—즉 붕괴되는 것은—그 모든 측면들이 협력하지 않았을 때 우리 인격이 붕괴된다는 사실을 암시한다. 《두 형제》에서 마법의 물체는 "반짝반짝 빛나는 칼"이다. 쌍둥이의 새아버지는 형제가 헤어질 때 "부득이 헤어져야 할 때가 오거든 갈라지는 길 복판에 서 있는 나무에 이 칼을 꽂아라. 누구든 먼저 돌아와서 이 칼을 보면 서로 상대편이 어떻게 지내고 있는지 알 수 있다. 만일 죽어 가고 있으면 그쪽 방향의 날에 녹이 슬어 있을 테고, 건강하게 잘 지내고 있으면 칼날이 반짝반짝 빛날 것이다."라고 말하면서 그 칼을 형제에게 준다.

쌍둥이 형제는 나무에다 칼을 박은 후 헤어져 각자 다른 삶을 산다. 많은 모험을 한 뒤 한쪽은 마녀에 의해 돌로 변하였다. 다른 쪽은 우연히 자기의 형제 쪽의 칼이 녹슨 것을 발견하였다. 그 사람은 자기의 형제가 죽었음을 깨닫고 형제를 구하러 가 성공하였다. 형제가 결합한 뒤에—결합은 우리 내부의 충돌하는 경향이 통합을 이루는 상징이다.—쌍둥이 형제는 그후 내내 행복하게 산다.

선한 형제와 악한 형제, 그리고 선한 형제의 쌍둥이 아들들 사이에 일어나는 일을 나란히 놓아 보면, 그 이야기는 인격의 모순되는 측면이 각각 분리된 채 남아 있다면, 그 결과는 비참할 수 있다는 것을 함축한다. 즉, 착한 형제도 인생에 실패했다. 그 사람은 자기의 형제로 표상된 인간 본성의 악한 속성을 이해하지 못했기 때문에 아들들을 잃었고 그래서 꼼짝없이 그 결과에 책임을 지게 되었다.

대조적으로 쌍둥이 형제는 서로 매우 다른 인생을 산 뒤에 상대방을 구

조하였는데, 그것은 내적 통합의 성취를 상징하며, 그래서 그 형제는 "행복한" 삶을 살 수 있었다.[49]

---

[49] 쌍둥이의 정체성은 상징적인 방법이긴 하지만 반복되어 강조된다. 예를 들어, 쌍둥이는 산토끼, 늑대, 곰, 그리고 사자를 만난다. 형제는 이 동물들의 목숨을 살려 준다. 그리고 감사의 표시로 그 동물들은 각각 새끼 두 마리를 준다. 형제들은 헤어질 때, 각자 한 마리씩 새끼 동물을 데려갔고 그 동물들은 그들의 충실한 동료가 된다. 동물들은 함께 일하고, 계속 자기들의 주인을 돕고 커다란 위험으로부터 벗어날 수 있게 한다. 이것은 옛이야기의 유형에서 성공적인 삶은 함께 일하는 것을 요구한다는 것을 다시 한 번 보여 준다. 우리 인간성의 아주 다른 측면이 통합하는 것은 여기서 산토끼, 여우, 늑대, 곰, 그리고 사자 사이의 차이로 상징되고 있다.

15. 《세 가지 언어》—통합하기

우리가 진정한 자기 self를 이해하고 싶다면, 우리 마음의 내적인 작용과 친밀해야 한다. 마음을 잘 활용하고 싶다면, 우리 안에 있는 충돌하는 경향들을 통합해야 한다. 《오누이 Brother and Sister》와 《두 형제 The two Brothers》에서 묘사하였듯이, 이 충돌하는 경향들을 분리하고 그것을 별개 인물로 투사하여 우리 마음 속에서 일어나고 있는 현상을 시각화하여 더 잘 파악하도록 하는 것이 옛이야기의 방법이다.

바람직한 통합을 보여 주는 또 다른 옛이야기적 접근방법은 한 번에 한 가지씩 여러 성향들과 부딪치며 그것들을 내부에서 모두 하나로 합쳐 인격을 만들어 가는 주인공으로 상징된다. 그것은 완전한 독립과 인격을 얻기 위해서 필요한 것이다. 그림 형제 The Brothers Grimm의 《세 가지 언어 The Three Languages》는 바로 이런 유형의 옛이야기다. 그것은 아주 오랜 역사를 갖고 있고 그 판본들은 유럽에서도 많이 발견되고 동양에서도 간혹 발견된다. 그 고대성에도 불구하고, 이 영구적인 옛이야기는 오늘날의 청년층이 부모들과 겪는 갈등에 대해서 쓴 것처럼 보이거나, 혹은 어린이들이 변하는 것을 이해하지 못하는 부모의 무능에 대해서 쓴 것처럼 보인다.

이야기는 다음과 같이 시작한다.

옛날 스위스에 한 늙은 백작이 살았는데 그 사람에게는 아들이 한 명 있었다. 그러나 아들이 어찌나 미련한지 아무것도 가르쳐 줄 수가 없었다. 그래서 아버지는 말했다. "들어라 나의 아들아, 내가 아무리 애써 봐도 네 머리 속에는 아무것도 집어 넣어 줄 수가 없구나. 그러니 널 여기서 내보내 유명한 스승님 밑에 두고 싶다. 그 분이 너에게 무엇을 가르쳐 줄 수 있는지 알아보기로 하자."[50]

아들은 일 년 동안 유명한 선생 밑에서 공부했다. 아들이 돌아왔을 때, 아버지는 아들이 배운 것이 "개들이 짖는 소리를 알아듣는 법"이라는 말을 듣고 혐오감을 갖게 되었다. 다음 해에 또 다른 선생에게 보냈는데, 아들은 돌아와서 "새들의 말을 알아듣는 법"을 배웠다고 말했다. 아버지는 아들이 시간을 또 낭비했다고 생각하자 몹시 화가 나서, 아들에게 위협적으로 말했다. "내가 너를 세 번째 선생에게 보내겠다. 만일 이번에도 제대로 배워 오지 못한다면 넌 내 아들이 아니다." 그 해가 지나고 아들은 "개구리가 개굴개굴 우는 것을 알아듣는 법"을 배웠다고 대답한다. 몹시 화가 난 아버지는 하인들에게 아들을 숲에 데려가 죽이라고 하였다. 그러나 하인들은 백작의 아들을 가엾게 여겨 숲에 남겨 두었다.

---

50) 옛이야기에서는 지명이 이렇게 자세하게 나타나는 일이 아주 드물다. 이 문제를 연구한 사람들은 지명이 언급될 때는 그 이야기가 실제로 일어났던 사건과 다소 연관된다는 결론에 도달했다. 예를 들어, 하멜른 Hameln 시에서 한때 한 무리의 어린이들이 유괴당했다. 《피리부는 사나이 Pied Piper》는 이 마을에서 어린이들이 사라진 것에 대해 말해 준다. 그것은 도덕적인 이야기이지 옛이야기는 아니다. 왜냐하면 위안이 결여되어 있고 행복한 결말도 없기 때문이다. 이처럼 그런 역사적 관련성이 있는 이야기는 본질적으로 한 가지 형태로만 남아 있다.
《세 가지 언어》의 모티프는 많은 이본이 널리 분포되어 이 이야기가 역사적 사건에 관여되어 있다고 생각하기는 어렵다. 한편 스위스에서 시작한 어떤 이야기는 세 가지 다른 말을 배우는 것이 중요함을 강조하고, 그것을 더 높은 단위로 통일시킬 필요성을 강조한다. 왜냐하면 스위스는 네 가지 말. 즉 독일어, 프랑스 어, 이탈리아 어, 그리고 레토로만 어를 쓰는 집단으로 형성되어 있기 때문이다. 이 말들 중의 하나는—독일인임직한데—주인공의 모국어였기 때문에, 주인공이 다른 세 장소에 보내져서 각각 다른 말을 배우는 것은 일리가 있다. 스위스인 독자에게는 스위스라는 더 높은 통일성을 이루기 위해 다른 언어를 말하는 사람들이 필요하다는 이야기가 전적으로 이해될 수 있다. 역시 자신 안에 있는 다양한 성향을 내적으로 통합하는 것이 필요하다고 숨겨진 층위를 통해 말하고 있다.

여러 옛이야기들의 구성은 버려진 어린이들로 시작하는데 그것은 두 가지 기본적인 형태로 발생한다. 우선 《오누이》에서처럼 스스로 떠나도록 강요를 받는 사춘기의 어린이들의 경우가 있고, 《헨젤과 그레텔 Hansel and Gretel》처럼 돌아가는 길을 발견할 수 없게 버려진 경우이다. 그리고 사춘기 혹은 청년기의 어린이를 하인에게 죽이라고 명령하였지만, 하인이 불쌍하게 여겨 그 어린이를 살해한 것처럼 하고 목숨을 살려준 경우가 《세 가지 언어》와 《백설 공주 Snow White》에 나온다. 첫번째 형식에서는 버려짐에 대한 어린이들의 공포가, 두 번째에서는 보복에 대한 어린이들의 불안이 인상적이다.

"버려진" 어린이는 부모가 자기가 죽기를 바라거나 혹은 부모가 그를 없애려고 한다고 무의식적으로 믿는다. 세상에 내보내지거나 혹은 숲 속에 버려진 어린이의 존재는 독립적이기를 바라는 부모의 소망과 더불어 독립하고 싶은 어린이의 욕망을 상징한다.

《헨젤과 그레텔》같은 그런 이야기 속의 나이 어린 어린이는 단지 버려질 뿐이다. 왜냐하면 사춘기 이전의 나이에서 겪는 갈등은 "만일 내가 착하고 말 잘 듣는 어린이가 아니고 부모에게 골칫거리라면, 부모님은 나를 더 이상 돌보지 않을 것이고, 버릴 수도 있을 거야."라는 것이기 때문이다. 사춘기의 어린이는 스스로 살아갈 수 있는 믿음이 더 커서 버려지는 것에 대한 불안을 덜 느끼고 자신의 부모에 반하여 홀로 설 용기가 더 많다. 하인을 통해 어린이를 죽이려는 이야기들을 보면, 어린이는 부모의 지배나 자존심 때문에 위협을 받는다. 마치 백설 공주가 왕비보다 아름답기 때문에 살해당할 위협에 놓이는 것과 같다. 《세 가지 언어》에서 백작의 부권적 권위는 아들이 당연히 배워야 한다고 생각하는 것을 아들이 배우지 않았다는 것에서 문제가 생긴다.

부모가 자기 아이를 죽이지 않고 하인에게 악한 행동을 시키고, 하인이 그 아이를 풀어 주기 때문에, 갈등은 한편으로 볼 때 어른과의 갈등으로 일반화되는 것이 아니라, 단지 부모와의 갈등임을 암시한다. 다른 어른들은 어린이들이 살아가는 데 협조적이고, 부모의 권위에 직접적으로 관계되지 않는다. 또 다른 면에서는 자기의 인생을 부모가 지배한다는 청년기의 불안에도 불구하고 실제는 그렇지 않다는 것을 나타낸다. 부모가 몹시 화가 나도 분노를 직접 터뜨리지 않고 하인과 같은 매개자를 통해 분출하기 때문이다. 부모의 계획이 수행되지 않는 것은 부모가 권위를 잘못 사용하려 들 때 부모의 위치가 갖는 무기력을 보여 준다.

아마도 많은 청년들이 옛이야기를 통해 길러졌을 것이다. 그렇다면 청년들은 무의식적으로 자신의 갈등이 어른 세계나 사회와의 갈등이 아니라, 실제로 자기 부모와의 갈등이라는 사실을 인식할 수 있을 것이다. 더 나아가서, 어떤 때는 부모가 위협하고 있지만, 결국 이기는 것은 항상 어린이이고, 패하는 것은 부모라고 이 모든 이야기의 끝에서 명백하게 보여 준다. 어린이는 부모의 위협으로부터 살아 남을 뿐 아니라 그들을 능가한다. 이 확신이 무의식 속에서 생겼을 때, 청년은 그가 겪는 계속되는 고통에도 불구하고 안전하다고 느끼는데 자신의 미래에 올 승리에 확신을 갖기 때문이다.

물론, 많은 어른들이 어린 시절에 옛이야기의 메시지에 접하여 도움을 받았다면, 그들은 마땅히 어른으로서 자기의 아이가 관심 있어 하는 공부가 무엇인지 생각해야지, 아이가 부모의 뜻을 따르지 않는다고 해서 위협을 느낀다면 얼마나 바보스러운 부모인가를 희미하게나마 깨닫는다. 특히,《세 가지 언어》에서 반어적으로 꼬인 부분은 아들을 공부시키려고 먼 곳의 선생들을 택한 것은 아버지 자신인데도 선생들이 아들에게 가르쳐 준 것에 격노하는 것이다. 요즘에도 부모가 어린이를 학교에 보내고 나서 아이가 거기서 무엇을 배웠으며 그 공부가 아이를 어떻게 바꾸어 놓았는가에 대해서 분노를 터뜨리는 경우가 있는데, 역사적으로 비춰 보면 결코 새롭지 않다.

부모가 자신의 독립하려는 노력을 마지못해서 받아들이고 복수할까 봐 어린이는 독립을 바라면서도 두려워한다. 어린이는 부모가 자기를 독립시키지 않으려는 태도가 곧 자신의 중요성을 입증하는 것이므로 한편 부모의 분노를 바란다. 어른이 된다는 것은 어린이로 남아 있기를 멈추는 것이다. 사춘기 이전의 어린이에게는 그 생각이 나타나지 않지만 청년기에는 그것을 깨닫는다. 만일 어떤 어린이가 더 이상 부모가 자신을 지배하지 않기를 바란다면, 무의식 속에서 어린이는 자기가 부모를 죽이려 했다고 느끼거나 죽이려 한다고 느낀다. 부모가 거기에 대해 복수하려 한다고 생각하는 것은 어린이에게 얼마나 자연스러운가.

《세 가지 언어》에서 아들은 계속 아버지의 의지에 거슬러 나아간다. 그리고 그렇게 하기를 주장한다. 동시에 행동을 통해서 아버지의 부권적 힘을 패배시킨다. 이것으로 볼 때, 아들은 아버지가 자기를 죽일까 봐 두려워하고 있다.

그래서 《세 가지 언어》의 주인공은 세상으로 나간다. 주인공은 방랑길을 떠나고 먼저 들개들이 너무 짖어서 조용히 지낼 수 없는 문제로 골치를 앓는 나라에 간다. 게다가 더 나쁜 것은 때가 되면 한 사람씩 개의 먹이가 되야 한다. 주인공이 개의 말을 알아들을 수 있으므로 개들은 왜 그들이 그렇게 흉폭했는지, 그리고 그들을 달래기 위해서 어떻게 해야 하는지를 주인공에게 말한다. 그 요구를 다 들어 주었을 때, 개들은 평화롭게 그 나라를 떠나고 주인공은 한동안 그곳에 머문다.

몇 해가 지나 주인공이 더 나이가 들자, 로마로 여행하기로 결정하였다. 도중에 개굴거리는 개구리가 그의 미래를 알려 주고, 그 말을 듣고 주인공은 앞날을 더 깊이 생각하게 된다. 로마에 도착해서, 그는 교황이 방금 세상을 떠났으며 추기경들은 누구를 새 교황으로 뽑을지 결정하지 못했다는 것을 알게 된다. 추기경들이 어떤 신비스러운 징표를 가지고 미래의 교황을 정하겠다고 결정하자, 눈처럼 하얀 두 마리의 비둘기가 주인공의 어깨에 앉아 교황이 되고 싶냐고 묻는다. 주인공은 자신이 그럴 만한 가치가 있는지 모른다고 대답하지만 비둘기는 주인공을 교황으로 받아들이기로 회의한다. 이같이 주인공은 개구리들이 예언한 대로, 성직에 임명되었다. 주인공이 미사를 집전할 때 해야 할 말을 모르자, 비둘기들이 주인공의 어깨에 계속 앉아서, 귀에다 그 가사를 모두 말해 준다.

이 이야기는 아버지가 자식을 이해하지 못하고 우둔하다고 생각한 청년의 이야기다. 아버지가 원하는 대로 했다면 아들은 발전하지 못했을 것이다. 그러나 대신에 아들은 자신이 정말 가치 있다고 생각한 것을 고집스럽게 배웠다. 완전한 자기 실현을 이루려면, 젊은이는 먼저 자신의 내적인 존재와 가까워져야 하는데, 그 가치를 인식했다 해도 부모가 처방해 줄 수 없는 과정이라서 젊은이의 아버지도 해 줄 수 없다.

이 이야기의 아들은 탐색기에 있는 젊은이다. 아들이 세상을 배우고 자기 자신을 알기 위해 찾아 간 먼 곳에 있는 세 명의 선생들은 주인공이 탐구해야 할 세상과 자신의 알지 못하는 측면으로서, 주인공이 집에 묶여 있는 한 탐구할 수 없는 것이다.

주인공은 왜 처음에 개의 말을 배우고 그 다음에 새의 말을, 그리고 마지막에 개구리의 말을 배웠을까? 여기서 우리는 셋이란 숫자가 갖는 또 하나의 중요한 면을 볼 수 있다. 물과 흙과 공기는 우리의 삶을 구성하는 세 요소다. 사람은 육지의 동물이고 그래서 개가 먼저다. 개들은 사람과 가장 가까이 접근해 사는 동물이다. 어린이에게 개들은 가장 인간과 유사해 보이는 동물이지만, 또한 본능적인 자유를 표상한다. 즉, 물어뜯을 자유, 제멋대로 배설할 자유, 그리고 억제하지 않고 성적인 욕구에 빠질 자유를 표상한다. 동시에 개들은 충성이라든가 우정과 같은 더 높은 가치를 나타낸다. 개들은 공격적인 물어뜯기나 배설을 조절하도록 훈련될 수 있다. 그래서 개의 언어를 가장 먼저 배우는 것은 자연스러워 보인다. 개가 사람 마음의 표면에 가장 가까운 인격의 측면인 자아를 표상하는 것으로 보인다. 그래서 자아의 기능은 인간을 둘러싼 타인과 세상과의 관계에서 통제하는 기능을 가지고 있다. 개들은 선사시대부터 이런 역할을 해 왔고, 사람을 도와 적을 쫓고 야만인과 다른 야수들을 다루는 데 새로운 길을 제시하여 왔다.

하늘을 높이 날 수 있는 새들은 날아오르는 영혼의 자유를 상징한다. 개와 개구리와 같은 지상의 존재가 우리를 묶어 놓는 것과 달리 외견상 자유롭게 솟아오르는 자유를 상징한다. 새는 이 이야기에서 초자아를 나타낸다. 초자아는 높은 목적과 이상을 기르고, 환상과 상상의 완벽성을 가지고 날아오르는 것이다.

만약 새가 초자아를 나타내고, 개가 자아를 나타낸다면, 개구리는 사람의 자기 가운데서 가장 오래된 부분인 본능을 상징한다. 사람을 포함해서 고대 육지 동물이 과거에 물 속에서부터 마른 땅으로 이동한 진화 과정을 나타낸다고 생각하면 개구리와의 관계가 멀게 느껴진다. 그러나 오늘날에도 우리 모두는 물 속에서 삶을 시작하여, 태어난 뒤에야 우리를 싸고 있던 물을 비로소 떠난다. 개구리는 처음에 올챙이 형태로 물 속에 사는데, 올챙이는 물 속에서 태어나 수륙양용으로 살게끔 이동하여 개구리로 바뀐다. 개구리들은 개나 새 어느 쪽보다 동물체로 진화하는 초기 생명 형태이고, 본능은 자아와 초자아 이전에 존재하는 인격의 부분이다.

이같이 가장 깊은 층위에서 개구리는 사람의 맨 처음 존재를 상징할 수 있으며, 더 가까이 하기 쉬운 층위에서는 낮은 단계에서 높은 단계로 이동하는 사람의 능력을 표상한다. 좀더 상상력을 가지고 살펴본다면, 개와 새의 말을 배우는 것이 가장 중요한 능력을 얻는 전제 조건이라고 말할 수 있다. 즉, 존재의 낮은 데에서 존재의 높은 단계로 스스로를 발전시키는 것이다. 개구리는 가장 낮고, 가장 원시적이고, 존재의 가장 초기 단계에서 발전해 나가는 것들을 상징한다. 이것은 가장 기본적인 만족을 찾는 원형적(고대적) 충동에서 지구의 거대한 자원을 만족스럽게 사용할 수 있는 성숙한 자아로 발전하는 것과 유사한 것으로 보인다.

 이 이야기는 역시 세계와 세상 안(흙, 공기, 물)의 우리와 우리의 내적 생명(본능, 자아, 초자아)의 측면들을 단순히 이해하는 것으로는 부족하다는 것을 함축한다. 우리가 그러한 이해를 세상에 응용해야 의미가 있다. 개의 말을 아는 것은 충분치 않다. 우리는 역시 개가 상징하는 것에 대처할 수 있어야 한다. 주인공이 더 높은 인격을 갖기 전에 배워야 할 언어인 개의 언어는 무시무시하고, 난폭하고, 공격적이고, 파괴적인 인간의 충동을 상징한다. 만약 우리가 이런 충동으로부터 소외되어 있다면, 그 충동은 개가 사람을 삼키듯이 우리를 파괴시킬 수 있다.

 개는 항문 성격적인 소유와 밀접하게 연결되는데, 중요한 보물을 지키기 때문에 개들이 사납게 군다. 개의 말을 배우는 일로 상징된 것처럼, 일단 이 난폭한 억압을 이해하고 그들을 잘 알게 된다면, 주인공은 그들을 잘 길들여, 직접적인 혜택을 얻을 수 있다. 즉, 개가 그토록 야만적으로 지키는 보물이 유용하게 된다. 만일 주인공이 개에게 음식을 주듯이 무의식과 친근해진다면 그토록 맹렬하게 감추고, 억압하던 것들에 쉽게 접근할 수 있게 되고, 손해를 끼치는 존재에서 이익을 주는 존재로 바뀐다.

 개의 말을 배우는 일에서 새의 말을 배우는 일이 저절로 이어진다. 새는 초자아와 자아의 이상인 높은 포부를 상징한다. 본능의 강렬함과 항문 성격적인 소유욕 the possessiveness of anality을 극복한 후에, 초자아가 확립되고(새의 언어를 배우게 되고), 주인공은 오래되고 원시적인 수륙양서동물과 상대할 준비가 되었다. 이것은 주인공이 성을 다룰 수 있다는 것을 암시하는데, 이 옛이야기에서는 개구리의 말을 익히는 것으로 제시된다(왜 개구리, 두꺼비 등이 옛이야기에서 성을 표상하는가 하는 것은 《개구리 왕 The Frog King》을 생각하면서 후에 토의될 것이다). 개구리가 낮은 데서 더 높은 형태로 이동하듯이, 주인공이 더 높은 존재로, 즉 교황이 되는 것으로 변형이 임박했음을 말해 준다는 것은 이치에 맞는다.

종교적 상징에서 신성한 성령을 나타내는, 하얀 비둘기는 주인공이 지상에서 가장 숭고한 자리에 오를 수 있음을 암시한다. 주인공은 비둘기 말을 듣고 비둘기가 일러 준 대로 했기 때문에 교황의 자리를 얻게 되었다. 자신의 본능(무시무시한 개들)을 이해하고 극복하는 것을 배웠고, 그 힘을 완전히 갖지 않고도 초자아(새들)에게 귀를 기울였으며, 또한 개구리(성)가 그에게 주었던 가치 있는 정보에 관심을 쏟았기 때문에, 주인공은 성공적인 인격의 통합을 이루었다.

나는 청년기 어린이가 이와 같이 완전한 자기 실현에 도달한 옛이야기를 알지 못하며, 이렇게 압축해서 묘사한 옛이야기를 알지 못한다. 이런 통합을 이루어서, 주인공은 지상에서 가장 높은 위치에 합당한 사람이 된다.

16. 《세 개의 깃털》—얼간이 막내둥이

옛이야기에서 3이란 숫자는 정신분석에서 말하는 마음의 세 가지 측면인 본능, 자아, 그리고 초자아를 뜻한다. 이것은 그림 형제 The Brothers Grimm의 또 다른 옛이야기 《세 개의 깃털 The Three Feathers》에서 부분적으로 입증된다.

이 옛이야기에서 3은 인간 정신의 세 부분의 분할을 상징하기보다는 오히려 우리 스스로가 무의식과 친근해질 필요성을 상징함으로써, 무의식의 힘을 인식하고 그 자원을 사용하는 방법을 배우게 한다. 《세 개의 깃털》의 주인공은 우둔하다고 생각되지만, 무의식과 친근했기 때문에 성공하였고, 반면에 "영리함"에 의존하는 경쟁자들은 사물의 표면에 고정된 채 남아서 얼간이라는 것이 판명된다. 천성적 바탕에 가까운, "단순한" 동생에 대한 형들의 비웃음 뒤에는 그 영리한 형들을 능가하는 얼간이 동생의 성공이 잇따른다. 이 사실은 무의식의 원천으로부터 분리된 의식은 우리를 잘못된 길로 가도록 이끈다는 것을 암시한다.

나이 많은 형제가 어린 동생을 학대하고 따돌리는 옛이야기의 모티프는 모든 옛이야기의 역사를 통해서 잘 알려져 있고, 특히 《신데렐라 Cinderella》의 형식으로 잘 알려져 있다. 그러나 얼간이 어린이에 중점을 두는 이야기인 《세 가지 언어 The Three Languages》와 《세 개의 깃털》은 또 다른 유형을 보여 주는 예이다. 다른 가족이 무시하는 "바보" 어린이의 불행은 언급되지 않는다. 얼간이라고 생각된 어린이의 존재는 별 관심이 없는 일상의 사실로 진술된다. 때로 우리는 "얼간이"라는 이 조건을 괘념치 않는다는 느낌을 갖게 되는데, 왜냐하면 다른 사람들은 그 어린이에게 아무것도 기대하지 않기 때문이다. 백작이 자기의 아들에게 교육을 받으라고 세상으로 내보내는 것처럼, 그런 이야기는 얼간이의 평범한 생활이 어떤 요구 때문에 방해될 때 시작된다. 이런 옛이야기들에서 주인공은 처음에 얼간이로 묘사되며 오래지 않아 주인공을 대수롭지 않게 생각했던 사람들에게 최고의 존재로 판명되는 경향에 대해서는 설명이 필요하다.

어린이는 두뇌가 아무리 좋다 해도, 자기를 둘러싼 세상의 복잡함에 직면했을 때 스스로 우둔하고 적응을 못한다고 느낀다. 그 밖의 모든 사람은 자기보다 훨씬 더 많이 아는 것 같이 보이고, 훨씬 더 유능해 보인다. 이것은 왜 여러 옛이야기가 대단치 않은 주인공에서부터 시작하거나 주인공이 우둔하다고 생각되는지의 이유다. 이것들은 어린이의 자기 자신에 대한 느낌이고, 어린이는 세상 전체를 향한 것이라기보다는 오히려 자기의 부모와 형제들에 견주어 느끼는 것이다.

《신데렐라》같은 옛이야기에서조차, 불행이 닥치기 전에는 축복 속에서 살았던 어린이의 이야기를 한다. 이것은 절대로 어린이가 유능했던 때를 기술하는 것이 아니다. 신데렐라는 자신에게 기대하는 것이 아무 것도 없기 때문에 행복했다. 신데렐라에게는 모든 것이 제공되었다. 어린이는 적응을 못할 때 스스로 얼간이라고 두려워하게 되는데 그것은 그 어린이의 잘못이 아니다. 그래서 옛이야기는 절대로 어린이가 왜 얼간이라고 생각되는지를 설명하지 않는데 심리학적으로 보면 그것이 옳다.

어린이의 의식에 관한 한, 그 어린이가 태어난 첫해에는 아무런 사건도 발생하지 않는다. 정상적 사건에서 어린이는 부모가 자신의 욕망에 반대되는 특별한 요구를 하기 전에는 어떤 내적인 갈등도 기억하지 못하기 때문이다. 어린이가 세상과의 갈등을 겪는 것은 부분적으로 부모의 이런 요구 때문이고, 이 요구가 내재화되어 초자아의 확립에 기여하고 내적 갈등을 인식하게 한다. 그러므로 태어난 지 처음 몇 년은 갈등이 없고 축복받은 시기로 기억되지만, 비어 있다. 이것은 "얼간이" 어린이가 부모와의 갈등을 인식하기 전까지는, 그리고 자기 내부에서 갈등이 일어나기 전까지는 어린이의 생활에서 아무 것도 일어나지 않는다는 것으로 옛이야기에서 표상된다. "얼간이"라는 존재는 복합적인 인격의 본능, 자아, 그리고 초자아 사이의 투쟁에 앞선 존재의 미분화된 상태를 암시한다.

가장 단순하고 직접적인 층위에서 볼 때, 옛이야기의 주인공이 제일 어리고 제일 얼빠진 어린이라는 것은 어린이들에게 가장 필요한 위안과 미래에 대한 희망을 준다. 어린이가 자신에 대한 타인의 입장을 투사하여, 자신을 하찮게 생각하더라도, 그리고 자기가 훌륭한 사람이 되지 못할 것이라고 두려워한다 해도, 그 이야기는 이미 그 어린이가 자신의 잠재력을 인식하는 과정에 서 있음을 보여 준다. 《세 가지 언어》에서 아들은 개의 말을 배우고 새와 개구리의 말을 배웠는데, 아버지는 이것이 바로 아들의 우둔함을 알려 주는 것이라고 생각한다. 그러나 사실 아들은 매우 중요한 인격의 단계로 들어섰던 것이다. 이 이야기의 성과는 스스로나 다른 사람들이 가장 무능력하다고 생각된 어린이가 오히려 모두를 능가할 것임을 말해 주는 것이다.

그런 메시지는 어린이에게 이야기를 반복해서 들려 주는 가운데 확신을 줄 수 있다. 처음에 "얼간이" 주인공에 관한 이야기를 말했을 때, 오히려 스스로 우둔하다고 느끼게 되므로 어린이는 주인공과 자신을 긍정적으로 동일시하지 못한다. 그것은 너무 위협적이며, 어린이의 자기 사랑에 크게 어긋난다. 이야기를 반복해 들어서 주인공의 우월성이 입증되고 확신을 느낄 때만이 어린이는 주인공의 정체성을 처음부터 받아들일 수 있다. 그리고 그런 증명의 기반에서만이 그 이야기는 어린이에게 자신의 가치를 경시하는 입장이 잘못된 것이라고 용기를 줄 수 있다. 그런 동일화가 발생하기 전까지 그 이야기는 어린이의 자아 형성에 별 의미가 없다. 그러나 어린이는 옛이야기에서 얼간이이며 멸시를 받는 주인공과 자신을 동일시함으로써, 결국 자신의 우수성을 보여 줄 것을 알게 되고, 자신의 잠재력을 실현시키는 과정에 서게 된다.

안데르센 Hans Christian Andersen의 《미운 오리 새끼 The Ugly Duckling》는 풋내기로서 무시당하다가 끝에 가서는 그를 비웃고 조롱한 자들에게 자신의 우월성을 입증하는 새의 이야기다. 그 이야기는 다른 오리 새끼가 알에서 더 빨리 깨어나 세상에 나왔기 때문에 가장 어리고 가장 나중에 태어난 주인공의 형태를 띠고 있다. 대부분의 안데르센의 이야기가 진실하고 매력적인 만큼 어른을 위한 이야기다. 어린이도 역시 그것을 즐기지만, 이 이야기는 어린이에게 도움이 안 된다. 어린이가 그 이야기를 즐길지라도, 그것은 어린이의 환상을 잘못 인도한다. 오해한다고 느끼거나 진가를 인정하지 않는다고 느끼는 어린이는 어떤 다른 새 종류가 되기를 바랄 수 있지만 자신이 다른 종류가 아님을 안다. 인생에서 성공할 기회는 오리새끼가 백조로 성장하듯이 다른 본성을 가진 어떤 존재로 성장하는 것이 아니라 자기의 부모, 형제와 마찬가지의 본성을 지닌 채 다른 사람들이 기대한 것보다 더 나은 일을 하고 더 나은 특질을 획득하는 것이다. 동물이나 혹은 돌로 변하는 것을 포함해서, 진정한 옛이야기에서는 많은 변신의 과정을 거치더라도 결국 주인공은 항상 자기가 처음 출발했던 사람으로 돌아온다.

어린이가 생각하고 싶은 대로, 다른 종류의 새로부터 나왔다고 믿게 하는 것은 어린이를 옛이야기가 제시하는 것과 반대 방향으로 인도할 수 있다. 즉, 옛이야기는 어린이가 자기의 우월성을 성취하기 위해서 어떤 일을 해야만 한다고 제시한다. 《미운 오리 새끼》에서는 어떤 일을 성취할 필요가 없다. 주인공이 어떤 행동을 했건 안 했건, 《미운 오리 새끼》에서 사물은 단순히 운명지워져 있고 그에 따라 전개되지만, 옛이야기에서 인생을 변모시키는 것은 주인공이 하는 일이다.

　인간의 운명은 거역할 수 없다는 생각—이것은 우울한 세계관이다.— 은 안데르센의 《성냥팔이 소녀 The Little Match Girl》의 슬픈 결말이나, 행복한 결말로 끝나는 《미운 오리 새끼》에서도 마찬가지로 깊은 감동을 주지만, 우리가 동일시하기에는 적합치 않다. 불행한 어린이는 정말로 이 여주인공과 동일시할 수 있다. 그러나 만일 그렇다면 이것은 비관주의와 패배주의를 말하도록 유도하는 것일 뿐이다. 《성냥팔이 소녀》는 세상의 냉혹함에 대한 도덕적 이야기이다. 그것은 학대받는 사람들에 대한 연민을 불러일으킨다. 그러나 학대받는다고 느끼는 어린이에게 필요한 것은 마찬가지로 곤경에 빠진 타인의 동정이 아니라 자기가 이 운명에서 벗어날 수 있다는 확신이다.

　옛이야기의 주인공에게 형제가 있을 경우, 그리고 처음에 가장 어수룩하고 곤욕을 당하는 경우, (자기를 능가했던 형제들을 결국에는 제치고 능가한다 해도) 주인공은 거의 항상 세 번째다. 이것이 반드시 형제들에 대한 막내의 경쟁심을 상징하지는 않는다. 형제가 몇 명이 되든 간에 나이가 더 많을수록 어린이는 더 심각하게 질투할 것이다. 그러나 모든 어린이는 한때 자신을 가족 중에서 가장 못난 사람이라고 생각하기 때문에 옛이야기에서는 이런 점이 주인공을 가장 어리거나 가장 관심을 끌지 못하는 존재로 제시한다. 그러나 왜 주인공은 그렇게 번번이 세 번째인가?

　그 점을 이해하려면, 옛이야기에서 셋이란 숫자의 의미를 한 번 더 생각해야 한다. 신데렐라는 두 의붓언니에게 곤욕을 치렀다. 언니들은 신데렐라를 가장 낮은 지위라고 생각하지 않았지만, 신데렐라는 서열상 세 번째 순위다. 《세 개의 깃털》의 주인공도 마찬가지고, 무수하게 많은 다른 옛이야기의 주인공도 종족의 계급 조직에서 낮은 사람으로 시작한다. 이들 이야기의 또 다른 특징은 나머지 두 형제가 거의 서로 분별되지 않는다는 것이다. 형제는 같이 행동하고 똑같아 보인다.

무의식과 의식 양쪽에서 숫자는 가족상황과 관계를 나타낸다. 아주 의식적으로 인식하자면 "하나"는 "제일 가는 것"이란 대중적인 인식이 보여주듯이 "세상과의 관계에서 우리 스스로"를 나타낸다. "둘"은 한 쌍, 사랑하거나 결혼한 관계를 나타낸다. "하나에 반대되는 둘"은 불공평한 것을 나타내고, 경쟁에서 절망적으로 그들보다 훨씬 뛰어날 수도 있다. 무의식과 꿈속에서 "하나"는 의식에서와 마찬가지로, 자기 자신을 나타내거나, 특히 어린이의 경우에는 지배적인 부모를 나타내고 어른의 경우, "하나"는 역시 우리를 능가하는 힘을 가진 사람, 우두머리를 언급한다. 어린이의 마음에서, "둘"은 보통 두 부모를 나타내고, "셋"은 형제들과의 관계가 아니라 부모와의 관계에서 자신을 나타낸다. 형제들 사이에서 어린이의 지위가 어떻든지 간에, 셋이란 숫자는 자기 자신을 가리킨다. 옛이야기에서 주인공이 세 번째일 때, 어린이는 쉽게 주인공과 자기를 동일시한다. 왜냐하면 대부분의 가족 서열에서 어린이는 형제 중에서 나이가 가장 많건, 중간이건, 어리건 관계없이 세 번째 자리다.

둘을 넘어서는 것은 무의식 속에서 두 부모보다 더 잘 한다는 것을 나타낸다. 부모와의 관계 속에서 어린이는 자기가 야단이나 맞고, 대단치 않으며, 소홀히 대접받는다고 느낀다. 부모를 능가한다는 것은 어떤 형제를 능가하는 것 이상으로 그 자신에게 다가간다는 것을 의미한다. 그러나 부모를 능가하려는 자기의 욕망이 얼마나 큰지를 어린이는 스스로 인정하기 어렵기 때문에, 옛이야기에서는 주인공을 하찮게 생각하는 두 명의 형제들을 능가하는 것으로 위장된다.

부모와의 비교에서만이 어린이를 의미하는 "세 번째"라는 것이 이치에 맞는데, 처음에 무능하거나 게으르거나 얼간이라고 시작하여, 그 어린이가 성장하면서 훌륭해져서 부모를 능가한다는 점에 의미가 있다. 어린이는 어떤 나이 많은 사람에 의해서 도움을 받고, 가르침을 받고, 능력이 향상되어야 그렇게 할 수 있다. 어린이는 어른인 선생의 도움을 통해서 부모의 수준에 도달하거나 부모를 능가할 수 있다. 《세 가지 언어》에서 외국 도시에 있는 세 명의 선생 덕분에 이것이 가능하다. 《세 개의 깃털》에서는 늙은 두꺼비가 막내아들을 도와 주는 할머니에 가깝다.

《세 개의 깃털》은 다음과 같이 시작한다.

> 옛날옛날에 세 명의 아들을 둔 왕이 있었다. 두 명의 아들은 영리하고 총명했지만, 셋째 아들은 말을 잘 못하고 단순해서 얼간이라고 불렸다. 왕은 늙고 병약해지자 자신의 임종을 생각하고, 아들 중 누구에게 왕국을 물려줄 것인가를 고민했다. 그래서 왕은 아들들에게 말했다. "집을 나가서 나에게 가장 좋은 양탄자를 가져오는 사람에게 왕위를 물려주겠다." 그렇게 해서 아들들은 왕위 계승 문제로 싸우지 않게 되었다. 왕은 아들들을 성밖으로 데리고 나가 공중에다 세 개의 깃털을 날리고 말했다. "이것들이 날아가는 대로, 너희들도 가라." 깃털 하나는 동쪽으로, 또 하나는 서쪽으로, 그리고 세 번째는 곧장 앞으로 날아가다가 얼마 못 가서 툭 떨어졌다. 그러자 한 형은 오른쪽으로, 다른 형은 왼쪽으로 가면서, 깃털이 떨어진 곳에 서 있던 얼간이를 비웃었다. 얼간이는 그 자리에 주저앉아서 슬픔에 잠겼다. 그때 깃털 옆에 뚜껑 달린 문이 있는 것이 눈에 띄었다. 얼간이 아들이 뚜껑을 들어올리자 계단이 나왔다……

우리가 어떤 방향으로 가야 하는지를 결정하지 못했을 때, 깃털을 공중에 날려서 그것을 따라가는 것은 독일의 오랜 관습이다. 이 이야기의 다른 많은 판본들, 그리스와, 슬라브, 핀란드, 그리고 인디안 판본에서는 세 개의 활을 공중에 쏘아 날려서 방향을 결정하고 아들들은 그곳으로 가야 했다.[51]

---

51) 깃털을 공중으로 날려서 그것이 떨어진 곳으로 결정하는 풍습에 대해서는 앞에서 언급한 볼테 Bolte와 폴리프카 Polivka의 책 제2권 참조.

가장 좋은 양탄자를 가져오는 왕자가 왕위를 계승하기로 한 것은 오늘날 이해가 잘 안 된다. 그러나 과거에 "양탄자"는 가장 정교한 직물에 붙인 이름이었고, 사람들은 운명의 여신들이 인간의 운명을 결정하는 직물을 짠다고 여겼다. 그래서 이렇게 왕이 말했던 것은 어떤 식으로든 운명에 따라 결정한다는 뜻이었다.

어두운 땅 속으로 내려간다는 것은 낮은 세계로의 하강이다. 얼간이는 내부로의 이 여행을 견디는 반면에 얼간이의 두 형제는 대지의 표면을 정처 없이 돌아다닌다. 이것을 무의식의 탐구에 나서는 얼간이의 이야기로 보는 것은 그렇게 무리한 해석 같지 않다. 이 가능성은 이야기의 처음에 제시되었는데, 형들의 영리함과 얼간이의 단순성, 그리고 얼간이가 말을 많이 하지 않는 것이 대립된다. 무의식은 우리에게 말보다는 이미지로 말한다. 그리고 무의식은 지성의 산물과 비교할 때는 단순하다. 무의식은 자아와 초자아와 비교할 때 우리 정신의 가장 낮은 측면으로 보이고 얼간이 같다. 그러나 무의식은 잘 사용하면 우리에게 가장 큰 힘을 줄 수 있는 인격의 한 부분이다.

계단을 다 내려간 얼간이는 또 다른 문을 발견하고 열었다. 얼간이는 작은 두꺼비들에게 둘러싸인 크고 살찐 두꺼비가 앉아 있는 방에 들어간다. 큰 두꺼비는 얼간이에게 무엇을 원하느냐고 묻는다. 얼간이가 가장 아름다운 양탄자를 원한다고 말하자 두꺼비는 양탄자를 준다. 다른 판본에서 얼간이에게 필요한 것을 주는 것은 두꺼비가 아닌 다른 동물이지만, 그 존재는 언제나 동물이다. 얼간이가 이길 수 있는 것은 그 자신의 동물적인 본성과 우리에게 있는 단순하고 원시적인 것에 대한 의지 때문이다. 두꺼비는 사람들에게 투박한 동물로 이해되고, 세련되게 다듬어진 산물로 기대되지 않는다. 그러나 땅의 본성은 더 높은 목적을 위해 잘 사용되었을 때, 사물의 표면에 남아서 쉬운 길을 택한 형제들의 피상적 총명함보다 훨씬 우월하다고 증명된다.

이런 유형의 이야기에서 보통 다른 형제들은 차별성이 없다. 그 사람들은 아주 비슷하게 행동하므로 이야기에서 왜 형이 둘씩이나 필요한지 궁금할 수 있다. 분별할 수 없는 그 사람들의 존재는 인격이 세분화되지 않았다는 사실을 상징하기 때문에 본질적이다. 어린이에게 강렬한 인상을 주기 위하여, 한 명 이상의 형제가 필요했다. 힘있고 강력한 원천인 본능으로부터 잘려 나갔기 때문에, 형제들은 훨씬 고갈된 자아의 바탕에서만 작용한다. 그래서 형제들은 초자아도 가지고 있지 않고, 더 높은 사물에 대한 감각도 가지고 있지 않으며, 쉬운 길을 택하는 데 만족한다. 이야기가 다음과 같이 말해 준다.

> 다른 두 형제는 자기들의 막내동생이 너무 얼간이 같아서 아무것도 구해 오지 못할 것이라고 생각했다. 형들은 "왜 우리가 그걸 찾으려고 고생해야 하나?"라고 말하며 맨 처음에 만난 양치기의 아내가 짠 헝겊을 가지고 왕에게 돌아간다.

막내동생이 같은 시각에 아름다운 양탄자를 갖고 돌아오자, 왕은 놀라서 금방 왕국을 얼간이에게 주어야겠다고 말한다. 형들이 거기에 반대하여, 한 번 더 시험할 기회를 달라고 청했다. 이번 시험의 승리자는 가장 좋은 종을 가지고 돌아오는 사람이다. 한 번 더 세 개의 깃털을 날리자 예전과 똑같은 방향으로 날아간다. 얼간이는 두꺼비로부터 아름다운 종을 받고 이긴다.

> 두 형들은 황금의 종을 발견하려는 얼간이를 비웃으며, 아무 노력도 하지 않고, 낡은 마차에 박힌 종에서 못을 떼 내고 종을 왕에게 가져간다.

형들은 왕이 세 번째 시험에 동의할 때까지 왕을 성가시게 한다. 이번에는 가장 아름다운 여자를 데려오는 자가 이긴다. 이전의 과정이 되풀이 된다. 그러나 얼간이에게만은 이 세 번째가 다르다. 얼간이는 전처럼 뚱뚱한 두꺼비에게 내려가서 가장 아름다운 여자를 집에 데려가겠다고 제의한다. 큰 두꺼비는 얼간이가 요구한 것을 전처럼 쉽게 넘겨 주지 않는다. 대신 큰 두꺼비는 얼간이에게 여섯 마리의 쥐가 마구를 매고 있는, 속을 파낸 순무를 넘겨 준다. 얼간이는 그것을 가지고 어떻게 해야 하는가를 풀이 죽어 물었다. 큰 두꺼비가 대답하길, "나의 작은 두꺼비들 중의 한 명을 거기에 태워 봐요." 얼간이는 작은 두꺼비 중에서 한 명을 골라 순무에 태웠다. 그 두꺼비가 순무 안에 앉자마자, 두꺼비는 훌륭하고 아름다운 처녀가 되었다. 순무는 마차로 변하고, 쥐들은 말이 되었다. 얼간이는 그 처녀를 끌어안고 마차를 달려 왕에게 데려갔다.

> 얼간이의 두 형도 역시 왕 앞에 왔다. 형들은 골치를 썩이지 않고 가다가 만난 첫번째 시골 처녀들을 데리고 왔다. 왕은 형제들을 보고, "내가 죽으면 이 왕국은 막내가 다스릴 것이다."라고 말했다.

다른 두 형은 이번에도 아우성을 치고, 마루에 걸려 있는 커다란 둥근 고리를 가장 잘 빠져나가는 여자를 데려온 사람이 왕위를 물려받아야 한다고 주장한다. 왜냐하면 형들은 얼간이가 집에 데려온 우아한 소녀가 그 고리를 뛰어넘지 못하리라고 생각했기 때문이다. 두 형제가 데려온 농사 짓던 처녀들은 서툴러서 뼈가 부러졌지만, 얼간이가 두꺼비에게서 데려온 아름다운 소녀는 쉽게 그 둥근 고리를 뛰어넘었다. 여기서 모든 반대가 그친다. 얼간이는 "왕관을 받고 오랫동안 지혜롭게 왕국을 다스렸다."
 표면을 돌아다녔던 두 형은 영리함에도 불구하고 조잡한 물건들만 발견한다. 이것은 본능과 초자아라는 무의식의 힘에 기반을 두지도 못하고 지지받지도 못한 지성은 한계를 지닌다는 것을 암시한다.
 전에도 논의했지만 3이란 숫자가 옛이야기에 빈번히 나타나는 것은 의미가 있다. 이 이야기에서 3은 어떤 다른 이야기에서보다 더 강조된다. 세 개의 깃털이 있고, 세 명의 형제가 있고, 변형된 네 번째의 시험이 한 번 더 덧붙여지기는 하지만 세 번 시험한다. 이미 양탄자가 무슨 의미가 있는지는 언급했다. 그 이야기는 얼간이가 가져온 양탄자가 "아주 아름답고 아주 좋아서" 지상에서는 누구도 짤 수 없는 것이고 "번쩍거리는 보석이 박힌 종은 너무 아름다워서 어떤 지상의 대장장이도 그렇게 만들 수 없었다."라고 말한다. 이같이, 얼간이가 받은 것은 일상적인 물건이 아니라 걸작품이다.

한 번 더 정신분석의 통찰력에 의지하면, 무의식은 예술의 원천이며, 예술이 생기는 주요 동기라고 말할 수 있다. 초자아의 개념이 예술품의 형상을 만들고 자아의 작용이 예술 작품의 제작에 들어가는 무의식과 의식의 개념을 실행하게 한다고 말할 수 있다. 이같이 어떤 식으로든 이 예술품들은 인격의 통합을 의미한다. 두 영리한 형들이 집에 가져온 물건들의 조잡함은 얼간이가 그 과업을 받아 애써 가져온 물건의 예술성을 상대적으로 강조한다.

틀림없이 어린이들은 첫번째 시험에서 얼간이를 무시해서는 안 된다는 것을 보았던 형들이, 왜 두 번째와 세 번째에도 노력을 하지 않았는지 이상하다고 생각할 것이다. 그러나 어린이들은 곧 이 형들은 영리하긴 하지만, 경험을 통해 어떤 것도 배울 수 없다는 것을 쉽게 인정하게 된다. 무의식이 잘려 나간 형들은 성장할 수가 없었고, 인생에서 더 가치 있는 것이 무엇인지 판단할 수 없었고, 어느 것이 더 나은지 식별할 수 없었다. 형들의 선택은 세분화되지 못했다. 다음 번에 더 잘 하지 못했다는 사실은, 그 사람들이 피상적 표면에 남아 있어서 어떤 위대한 가치도 발견할 수 없음을 상징한다.

크고 뚱뚱한 두꺼비는 두 번이나 얼간이에게 필요한 것을 넘겨 준다. 무의식 속에 내려가서 거기서 발굴한 것을 가지고 올라오는 것은 형들처럼 표면에 남아 있는 것보다는 낫지만 충분치는 않다. 한 번 이상의 시험이 필요한 이유가 바로 그것이다. 무의식, 즉 표면 밑에 있는 우리 내부의 어두운 힘과 친숙해지는 것은 필요하지만 충분하지는 않다. 이 통찰력에 행동이 덧붙여져야 한다. 우리는 무의식의 내용을 세련되고 숭고하게 만들어야 한다. 이것이 세 번째이자 마지막 시험에서, 얼간이가 작은 두꺼비들 중에서 한 명을 선택해야 하는 이유다. 얼간이의 손을 거치자 순무는 마차로 변하고, 쥐들은 말로 변한다. 다른 여러 옛이야기에서처럼, 주인공이 두꺼비를 껴안을 때—사랑할 때—두꺼비는 아름다운 소녀로 변한다. 최종 분석에서, 추한 사물을 아름다운 어떤 것으로 변하게 하는 것은 사랑이다. 원초적이고, 투박하고, 가장 일상적인 우리의 무의식의 내용물을—순무, 쥐, 두꺼비—우리 마음의 가장 세련된 산물로 바꿀 수 있는 것은 우리의 무의식이다.

마지막으로, 그 이야기는 단순히 같은 일이 변화하면서 반복되는 것으로는 불충분하다. 왜냐하면 세 개의 깃털이 다른 방향으로 날아간 것은 우리 인생에서 우연이 맡는 역할을 나타내는데, 이런 유사한 세 번의 시험을 치른 뒤, 우연에 의지하지 않고 새롭고 다른 성취를 이루어야 할 필요성이 있다. 고리를 뛰어넘는 것은 우리 자신이 할 수 있는 재능에 달려 있다. 그러므로 우리가 탐색을 통해 발견할 수 있는 것과는 다르다. 우리의 인격을 풍부하게 발전시키거나, 혹은 무의식적인 생명의 원천을 자아에게 유용하게 만드는 것으로는 충분치 않다. 우리는 역시 우리의 능력을 재주있고, 우아하게, 목적을 가지고 사용해야만 한다. 고리 위를 그렇게 잘 뛰어넘는 아름다운 소녀는 얼간이의 또 다른 모습일 뿐이다. 마찬가지로 거칠고 투박한 두 여자는 형들의 다른 모습이다. 이 점은 그 여자에 대한 언급이 전혀 나오지 않는다는 사실을 통해 알 수 있다. 얼간이는 그 처녀와 결혼하지 않았다. 적어도 이야기 속에는 그런 말이 나오지 않는다. 옛이야기의 마지막 부분에서 얼간이가 왕국을 지혜롭게 다스렸다는 것은 이야기의 처음에 두 형이 영리하다고 표현된 것과 대조된다. 영리함은 본성의 선물일 수 있고 지성만의 독립된 성격이다. 지혜는 더 내적인 깊이의 결과이며, 우리의 삶을 풍부하게 만드는 의미 있는 경험에서 생겨난다. 즉, 풍부하고 잘 통합된 인격의 반영이다.

 이 잘 통합된 인격을 얻는 첫번째 단계는 어린이가 자기의 부모에 대한 깊은 이중적인 집착상태, 즉 어린이의 오이디푸스적 갈등과 투쟁을 시작하는 것이다. 이것에 관해서도 역시 옛이야기는 어린이가 처한 곤경의 본질을 더 잘 이해하도록 돕고 어린이가 처한 어려움과 싸울 용기를 주는 생각을 제공하며 성공적으로 해결할 것이란 희망을 더 가지도록 한다.

17. 오이디푸스적인 갈등과 해결
― 빛나는 갑옷의 기사와 위기에 처한 소녀

    오이디푸스적인 갈등을 겪으면서, 어린 소년은 어머니의 관심을 독점하고 싶어서 자기 식으로 아버지를 원망한다. 소년은 어머니가 자신을 누구보다도 훌륭한 영웅으로 감탄해 주기를 바란다. 그것은 아버지란 존재를 쫓아내야 한다는 것을 의미한다. 이런 생각은 어린이를 갈등하게 하는데, 만일 자기를 보호하고 돌보아 주는 아버지가 없다면, 가족에게 어떤 일이 발생할 것인가? 그리고 자기가 아버지를 쫓아내고 싶어한다는 사실을 아버지가 안다면……, 아버지는 더 무서운 보복 조치를 취하지 않겠는가?
    우리가 여러 번 어린 소년에게 언젠가 어른처럼 성장하게 되고, 결혼하고, 아버지같이 될 거라고 말해 주어도 소용없다. 그런 현실적인 충고는 어린이가 지금 당장 느끼는 압력을 줄이지 못한다. 그러나 옛이야기는 어린이에게 어떻게 갈등과 공존할 수 있는지 말해 준다. 옛이야기는 어린이가 혼자서는 절대로 생각해 낼 수 없는 환상을 제시한다.
    예를 들어, 옛이야기는 아무도 주목하지 않는 조그만 소년이 세상에 나아가 큰 성공을 거둔다는 이야기를 제공한다. 세부적인 것은 다르지만 기본 구성은 항상 같다. 즉, 가망 없는 주인공이 스스로의 힘으로 용을 죽이고, 수수께끼를 풀고, 재치와 미덕으로 자신을 증명하여 결국에는 아름다운 공주를 구출하고 그 공주와 결혼하여 그 후로 영원히 행복하게 산다.

이와 같은 멋진 역할을 꿈꾸어 보지 않은 어린이는 거의 없을 것이다. 옛이야기는 "네가 어머니를 독점하는 것을 질투하며 방해하는 것은 아버지가 아니고, 나쁜 용이다. 네가 꼭 해야 할 일은 나쁜 용을 베어 버리는 것이다."라고 암시한다. 더 나아가서 이야기는 가장 매력적인 여자가 나쁜 용에게 붙잡혀 있다는 사실은 소년의 감정에 진실성을 주는 반면에, 어린이가 스스로 원하는 것은 엄마가 아니라 여지껏 만나 보지는 못했지만 언젠가는 만날 놀랄 만큼 아름다운 여자라는 사실을 암시하고 있다. 이야기는 소년이 듣고 싶고, 믿고 싶어하는 것을 말해 준다. 즉, 이런 훌륭한 여자(예를 들어서 엄마같이)가 나쁜 남자와 사는 것은 그 여자의 자유의지가 아니며, 할 수만 있다면 그 여자는 젊은 영웅(그 어린이와 같이)과 있기를 더 좋아할 것이다. 용을 물리치는 자는 항상 어린이같이 젊고 순수해야 한다. 어린이가 동일시하는 주인공의 순수성은 어린이의 순수성과 비슷하다고 증명된다. 그래서 어린이는 이 환상에 죄의식을 가지기보다는, 스스로 자랑스러운 영웅이라고 느낄 수 있다.

일단 용을 죽이고, 혹은 아름다운 공주를 갇힌 상태에서 풀어 주는 어떤 행동이 이루어지고 나면, 주인공은 사랑하는 사람과 합쳐진다는 그런 이야기의 특성을 보이는데, 그 뒤 주인공의 생활에 대한 세부 묘사가 없고, 그 후 그들이 "영원히 행복하게" 살았다고만 말해진다. 만약 주인공의 자식들이 언급되었다면, 그것은 그 이야기를 더 재미있게 하려거나, 혹은 정보가 더 주어지면 더 현실적일 것이라고 생각한 어떤 이가 뒤에 개작한 것이다. 그러나 주인공이 낳은 어린이를 이야기의 결말에 도입하는 것은 어떤 축복받은 삶에 관한 꼬마 소년의 상상력으로는 거의 이해가 안 된다. 어린이는 실제로 남편과 아버지란 존재가 끼여든 삶을 상상할 수 없고 상상하길 원하지 않는다. 예를 들어, 오이디푸스적인 환상에서는 소년이 엄마와 절대로 헤어지지 않을 것이지만 그 소년은 하루의 대부분을 일 때문에 엄마와 떨어져 있는 경우가 많다. 꼬마 소년은 엄마가 가정 살림이나 다른 어린이들을 돌보느라 바쁘게 되는 것을 원치 않는다. 마찬가지로 소년은 엄마와 성적인 관계를 갖는 것도 원치 않는다. 왜냐하면 그것을 의식했다 해도, 소년에게는 그것이 아직도 갈등으로 가득 찬 영역이기 때문이다. 대부분의 옛이야기에서처럼, 꼬마 소년의 이상은 바로 자기와 자기의 공주(엄마)이며, 그들이 필요하고 바라는 것은 영원히 서로를 돌보며, 자기들끼리 사는 것이다.

 소녀의 오이디푸스적인 문제는 소년의 문제와는 다르며, 그래서 소녀의 오이디푸스적인 상황에 대처하도록 돕는 옛이야기는 다른 특성을 갖고 있다. 오이디푸스적인 소녀와 아버지의 방해받지 않은 축복된 생활을 가로막는 것은 더 나이가 많고, 나쁜 의도를 가진 여성(예를 들어 엄마)이다. 그러나 꼬마 소녀는 여전히 엄마가 돌보아 주길 몹시 원하기 때문에, 옛이야기의 배경이나 과거의 시간에는 여전히 자애로운 여성이 있다. 그 여성에 대한 행복한 기억은 그 여자가 더 이상 나타날 수 없게 되어도 손상되지 않았다. 꼬마 소녀는 자신을 젊고 아름다운 처녀—공주와 같은 존재—로 보고 싶어하고, 또한 이기적이고 악하며, 남성 연인에게 필요 없는 인물에게 자신이 붙잡혀 있는 존재라고 여기고 싶어한다. 갇힌 공주의 실제 아버지는 자애롭게 묘사되지만, 사랑스러운 딸을 구하는 데는 무능하다. 《라푼첼 Rapunzel》에서는 서약이 아버지를 난처한 상태에 빠뜨린다. 《신데렐라 Cinderella》와 《백설 공주 Snow White》에서 공주의 아버지는 강력한 계모에 대항해서 겨룰 힘이 없어 보인다.

 오이디푸스적인 소년은 자신이 어머니의 관심의 대상이 되길 원하기 때문에 자기가 아버지로부터 위협을 받는다고 느끼고, 아버지에게 위협적인 괴물의 역할을 준다. 이것은 역시 소년이 아버지란 존재를 위험한 경쟁자라고 생각하는 것을 입증하는 것이다. 그렇지 않다면 왜 아버지 유형은 그토록 위협적이어야 하는가. 소망하는 여성이 늙은 용에게 사로잡혀 있어야만, 꼬마 소년은 거친 세력이 이 사랑스러운 소녀(엄마)가 자기와 결합하는 것을 방해하고, 젊은 영웅을 훨씬 더 좋아하는 것을 방해한다고 믿을 수 있다. 오이디푸스기의 소녀가 자신의 감정을 이해하고 대리 만족을 발견하도록 도와 주는 옛이야기에서, 연인이 공주를 발견하지 못하게 막는 것은 (의붓)어머니나 매혹적인 여자 마법사의 강한 질투다. 이 질투는 어린 소녀가 더 좋고, 더 사랑스럽고, 더 사랑받는 존재로서 대접받을 만하다는 것을 늙은 여자들이 안다는 사실을 입증한다.

오이디푸스기의 소년은 어머니가 자신에게 완전히 몰두하는 것을 방해하는 다른 그 어떤 어린이도 원치 않지만 오이디푸스기의 소녀는 다르다. 소녀는 아버지와의 사랑의 선물로 아버지에게 아이를 주고 싶어 한다. 이것이 어머니와 경쟁하려는 소녀의 필요의 표현인지, 혹은 소녀에게 모성의 시기가 올 것이라는 희미한 예감 때문인지는 결정하기 어렵다. 아버지에게 아이를 주려는 이 욕망이 아버지와의 성적인 관계를 갖는 것을 의미하지 않는다.—꼬마 소녀는 꼬마 소년처럼 그렇게 구체적으로 생각하지 않는다. 꼬마 소녀는 아이들이 남자를 여성에게 더욱 강하게 붙들어 두는 것임을 알고 있다. 그것이 바로 옛이야기에서 오이디푸스적인 소망과 그에 따른 문제들, 소녀의 시련이 상징적인 형태로 다루어지며, 때때로 행복한 결말의 일부로 아이들이 언급되는 이유다.

《라푼첼》에 대한 그림 형제 The Brothers Grimm의 판본에서, 비록 앞에서 어린이들이 언급된 적이 없었지만, 방랑하던 왕자가 "마침내 라푼첼이 사는 사막에 도달해 보니, 라푼첼은 자기가 낳은 쌍둥이 아들 딸과 불행하게 살고 있었다."는 이야기를 듣게 된다. 라푼첼이 왕자와 포옹했을 때 라푼첼이 흘린 두 줄기의 눈물이, 가시에 찔려서 장님이 된 왕자의 눈을 적셨다. 그러자 왕자의 안 보이던 눈이 뜨였다. 그리고 "왕자는 자기를 즐겁게 맞이하는 왕국에 라푼첼을 데려가서, 그들은 오랫동안 행복하게 살았다." 일단 그 둘이 합쳐지면, 더 이상 아이들에 관해서는 언급되지 않는다. 아이들은 단지 라푼첼과 왕자가 헤어져 있을 동안 그 둘 사이를 연결해 주는 상징일 뿐이다. 둘이 결혼했다고 말하지 않았고 어떤 형태의 성적인 관계가 제시되지도 않기 때문에, 옛이야기에서 아이들에 대한 언급은 아이들이 단지 사랑의 결과로, 성관계 없이 생길 수 있다는 생각을 뒷받침해 준다.

일상적인 가족 생활에서, 아버지는 자주 집을 비운다. 반면에 어머니는 아이들을 낳아서 계속 아이들을 힘들여 돌보는 데 골몰한다. 결과적으로 소년은 쉽게 아버지란 존재가 자기의 생활에서 중요하지 않은 척한다(그러나 소녀는 어머니의 보살핌 없이 살아가는 것을 그렇게 쉽게 상상할 수 없다). 그렇기 때문에 옛이야기에서 나쁜 계모는 빈번히 등장하는데 이와 달리 원래의 "좋은" 아버지가 나쁜 아버지로 대치되는 경우는 드물다. 아버지는 전형적으로 아이들에게 관심을 덜 가지기 때문에, 아버지가 아이의 인생길에 나타나 아이에게 요구를 하기 시작하는 것이 근본적으로 실망스러운 것은 아니다. 그래서 소년의 오이디푸스적인 욕망을 가로막는 아버지는 어머니가 가끔 그렇듯이, 가정에서 악한 인물로 나타나거나, 착하거나 악한 두 인물로 분리되거나 하지 않는다. 대신에 오이디푸스기의 소년은 자기의 좌절과 고민을 거인, 괴물, 혹은 용에게 투사한다.

소녀의 오이디푸스기 환상에서, 어머니는 두 인물로 갈라진다. 즉, 오이디푸스기 이전의 훌륭하고 착한 어머니와 오이디푸스기의 악한 계모다(때로는《헨젤과 그레텔 Hansel and Gretel》같이, 소년과 관련된 옛이야기에서 나쁜 계모가 나온다. 그러나 그런 이야기는 오이디푸스기의 문제와는 별개의 문제를 다룬다). 환상이 진행되면서, 좋은 어머니는 절대로 딸을 질투하지 않고, 왕자(아버지)와 소녀가 행복하게 함께 사는 것을 방해하지도 않는다. 그래서 오이디푸스기의 소녀에게, 오이디푸스기 이전의 착한 어머니에 대한 믿음과 신뢰, 그리고 어머니에 대한 깊은 충성은, 소녀의 인생길에 등장하는 (의붓)어머니에게 일어났으면 하고 소녀가 소망하는 것에 대한 죄의식을 줄어들게 한다.

이같이 오이디푸스기의 소녀와 소년은 옛이야기에 감사하며, 두 세계의 제일 좋은 것을 가질 수 있다. 즉, 소년 소녀는 환상에서 오이디푸스적인 욕구의 만족을 전적으로 즐길 수 있고 현실에서는 부모와 좋은 관계를 유지할 수 있다.

오이디푸스기의 소년에게는, 만약 어머니가 자기를 실망시킨다 해도, 마음 한 편에 옛이야기 속의 공주가 있다. 소년이 현재에 겪는 모든 시련을 보상해 줄 미래의 훌륭한 여성이 있고, 그래서 그 생각은 현재의 시련을 더 쉽게 견딜 수 있게 해 준다. 만약 아버지가 소녀가 바라는 것보다 관심을 덜 가진다 해도, 다른 어떤 경쟁자보다 더 자기를 좋아할 왕자가 나타날 것이기 때문에 소녀는 그러한 불행을 견딜 수 있다. 모든 일은 공상의 나라에서 발생하므로, 어린이는 용의 역할과 나쁜 거인의 역할을 아버지에게 투사하거나, 악한 계모나 마녀의 역할을 어머니에게 투사하는 데 죄의식이나 갈등을 느낄 필요가 없다. 꼬마 소녀는 더욱더 자기의 실제 아버지를 사랑할 수 있는데 아버지가 어머니보다 자기를 더 좋아하지 못하는 데 대한 적의는 아버지가 불운하게도 무력하다는 것으로 설명된다. 초월적인 힘에는 어쩔 수 없기 때문에 누구도 아버지를 비난할 수 없다. 게다가 그것은 소녀가 왕자를 얻는 것을 방해하지 않는다. 소녀는 어머니를 더욱더 사랑하는데 왜냐하면 소녀가 백설 공주의 계모를 "시뻘건 쇠 신발을 신고 죽을 때까지 춤을 추도록" 하는 것처럼, 경쟁자에게 할 수 있는 온갖 분노를 다 터뜨렸기 때문이다. 그리고 백설 공주와 어린 소녀는 죄의식을 느낄 필요가 없는데 왜냐하면 그 어린 소녀는 계모 이전의 진짜 엄마를 계속 사랑하기 때문이다. 소년은 용이나 나쁜 거인을 무찌르는 환상을 통해서 아버지에 대한 모든 분노를 터뜨린 뒤라서 이전보다 더 실제 아버지를 사랑할 수 있다.

옛이야기의 그런 환상은 대부분의 어린이들이 자신을 완전하고 만족스럽게 만들어 가는 힘든 시기에 어린이가 자신의 오이디푸스적인 분노를 극복하는 데 크게 도움을 줄 수 있다.

옛이야기는 오이디푸스적인 갈등을 가진 어린이를 돕는 또 다른 특별한 가치를 갖고 있다. 어머니는 아버지를 멀리하고 어머니와 결혼하려는 꼬마 소년의 소망을 받아들일 수 없지만 용을 물리치고 아름다운 공주를 얻는 사람이 자기 자신이라는 아들의 환상에 기꺼이 참여할 수 있다. 마찬가지로 어머니는 잘생긴 왕자와 결합할 것이라는 딸의 환상에 전적으로 동참하여, 딸이 현재 낙담하고 있지만 행복한 결말을 가질 수 있다고 믿도록 도울 수 있다. 이같이 아버지에 대한 오이디푸스적인 집착 때문에 어머니를 잃지 않고도, 딸은 변장한 그런 소망을 어머니가 승인할 뿐만 아니라 그것의 실현을 희망하기까지 한다는 것을 인정한다. 옛이야기를 통해서 부모는 모든 환상의 여행에 어린이와 동반하면서, 현실적으로 부모의 임무에 충실해야 하는 중요한 기능을 아직도 하고 있다.

이같이 어린이는 양쪽의 가장 좋은 세계를 가질 수가 있는데, 그것은 어린이가 안전하게 어른으로 성장하는 데 필요한 것이다. 환상 속에서 소녀는 왕자와 행복하게 되는 것을 방해하고 행복을 잃게 만드는 (의붓)어머니를 이길 수 있다. 소년은 괴물을 물리치고 자기가 원하는 환상의 나라에서 소망하는 것을 얻는다. 동시에 소녀와 소년은 모두 실제의 아버지를 보호자로 하고 어린이의 필요를 만족시켜 주고 세심한 관심을 베푸는 실제의 어머니와 함께 살 수 있다. 용을 죽이고 포로가 된 공주와 결혼하는 것이나, 환상의 왕자에게 발견되어 사악한 마녀가 처벌받는 것은 먼 옛날과 먼 나라에서 일어나기 때문에, 정상적인 어린이는 절대로 그것을 현실과 혼동하지 않는다.

오이디푸스적인 갈등의 이야기는 가족을 벗어나 어린이의 흥미를 외부로 확산시키는 넓은 옛이야기 계층에서 전형적인 것이다. 성숙한 개인이 되는 첫 발자국을 디디기 위해서, 어린이는 더 넓은 세계를 바라보아야 한다. 만일 어린이가 가정 바깥의 세계에 실제적이고 상상적인 투자를 하게끔 부모가 도와 주지 않는다면, 어린이의 인격발전이 빈약할 위험이 있다.

어린이에게 삶의 지평을 확대하기 시작하라고 말을 해 주거나, 어린이에게 세상을 탐험하러 얼마나 멀리 가야 하는지, 또 부모에 대한 감정을 어떻게 정리해야 하는지에 대해 부모가 정보를 주는 것은 현명하지 않다. 만약 어린이에게 "성숙하라"는 의미로 심리적으로나 지리적으로 집을 떠나라고 말로 독려한다면, 어린이는 이것을 "그들은 나를 없애고 싶어 한다."는 의미로 해석한다. 그 결과는 의도에 반대된다. 그때 어린이는 자신이 필요없고 중요하지도 않다고 느끼기 때문에, 그런 감정은 어린이가 이 넓은 세상과 직면할 수 있는 능력을 발전시키는 데 가장 해롭다.

어린이가 배워야 할 임무는 정확히 자기 자신이 좋을 때에, 스스로 선택한 삶의 영역을 향해 떠날 결정을 하는 것이다. 옛이야기는 단지 신호만 보내기 때문에 이 과정에 도움이 된다. 옛이야기는 절대로 제시하지도, 요구하지도, 또 말하지도 않는다. 옛이야기는 우리의 나이에 맞는 임무는 무엇인가, 우리는 어떻게 부모에 대한 이중적 감정을 처리할 수 있나, 어떻게 이 감정의 소용돌이를 극복할 수 있나 하는 것을 함축적이고도 상징적인 형식으로 말한다. 옛이야기는 역시 어린이가 기대할 수도 있고 아마도 피해야 될 어떤 함정을 경고하며, 항상 좋은 결과를 약속한다.

18. 환상에 대한 공포—왜 옛이야기는 금지되는가?

왜 지성적이고, 선의를 갖고 있는, 대부분의 현대 중산층의 부모들은 자신의 어린이가 행복하게 성장하는 데 관심이 많으면서도, 옛이야기의 가치를 깎아 내리고 아이들에게 옛이야기가 제공하는 가치를 부정하는가? 빅토리아 시대의 선인들이 도덕적인 원리를 강조하고 고루한 삶을 강조했어도, 그 사람들은 어린이들이 동화의 환상과 흥분을 즐기도록 권장하기까지 했다. 옛이야기를 금하는 이러한 현상을 편협하고 잘못 인식된 합리주의의 탓으로 돌리기 쉽다. 그러나 실제로는 그렇지 않다.

어떤 사람들은 옛이야기가 있는 그대로의 진정한 삶의 모습을 표현하지 않아서 건전치 못하다고 주장한다. 이런 사람들은 어린이의 삶의 "진실"은 어른의 삶과는 다를 수 있다는 것을 모른다. 그 사람들은 옛이야기가 의도적으로 외부세계, "현실"을 묘사하려 하지 않는다는 것을 인식하지 못할 뿐 아니라 정상적인 어린이라면 옛이야기가 세상을 사실적으로 묘사한다고는 믿지 않는다는 사실을 인식하지 못한다.

어떤 부모는 옛이야기에서 나오는 환상적 사건을 들려주는 것이 어린이들에게 "거짓말"을 하는 것이 아닌가 두려워한다. 어린이들이 "그게 정말이에요?"라고 반문할 때 부모들의 걱정은 더해진다. 많은 옛이야기들은 그런 질문이 나오기 전에 이미 첫머리에서 대답을 제공한다. 예를 들어서 《알리바바와 사십 인의 도둑 Ali Baba and the Forty Thieves》은 이렇게 시작한다. "옛날옛적 아주 오랜 옛날에……" 그림 형제 The Brothers Grimm의 이야기 《개구리 왕 또는 무쇠 헨리 The Frog King or Iron Henry》는 다음과 같이 시작한다. "마법이 사람을 돕던 오랜 옛날에……" 이런 첫머리는 그 이야기가 일상의 "현실"과는 아주 다른 층위에서 일어나는 것을 명백히 한다. 어떤 옛이야기는 "옛날에 아기를 갖게 해 달라고 오랫동안 바랐지만 이루어지지 않았던 부부가 있었다."처럼 아주 현실적으로 시작한다. 그러나 옛이야기에 친밀한 어린이는 항상 옛날의 시간을 자기의 마음 속에서 "환상의 나라에서……"와 같은 의미로 받아들인다. 이 때문에 단 한 편의 옛이야기만을 어린이에게 들려 주면, 어린이는 옛이야기의 가치를 충분히 깨닫지 못한다. 어린이는 다양한 옛이야기와 접해야만 해결될 수 있는 문제들과 봉착하는 것이다.

옛이야기의 "진실"은 우리의 상상력의 소산이지, 정상적인 인과성의 소산이 아니다. 앞서 언급한 어린이들의 "그게 정말이야?"라는 질문에 톨킨 J. R. R. Tolkien은 이렇게 말한다.

> 그것은 서둘러서 대강 대답할 문제가 아니다. 어린이의 더 실제적인 관심은 "그 사람은 착한가? 그 사람은 악한가?"이며, 이것은 어린이가 선한 면과 악한 면을 분명히 하는 데 더 관심이 많다는 것을 말해 준다.

현실을 파악할 수 있기 전에, 어린이는 현실을 평가할 틀을 가져야 한다. 어린이가 어떤 이야기가 진실인지 물을 때, 어린이는 그 이야기가 어떤 중요한 것을 이해시켜 줄 수 있을지, 그리고 자기가 관심이 있는 것에 대해 말해 줄 수 있는지 알고 싶어한다.

톨킨을 한 번 더 인용하자면,

어린이들이 "그게 정말이야?"라고 말하는 것은 "그 이야기는 내 마음에 들지만, 그런 게 요즘에도 있어? 나는 내 침대에서 안전해?"라는 의미이다. 어린이들이 듣기를 원하는 대답은 "오늘날에는 어떤 용도 살고 있지 않단다." 이다.

톨킨을 계속 인용하면,

옛이야기는 쉽게 말해서 실현 가능성에 관한 것이 아니라, 희망하는 것에 관한 것이다.

이것이 어린이가 명백히 인식하는 것인데, 왜냐하면 어린이에게는 자기가 바라는 것보다 더 "진실"한 것은 없기 때문이다.
톨킨은 자신의 어린 시절을 이렇게 회상한다.

나는 앨리스 Alice처럼 꿈이나 모험을 바란 적이 없다. 나는 묻혀 있는 보물을 찾거나 약탈자와 싸우겠다고 생각한 적도 없으며《보물섬 Treasure Island》을 읽으면서도 담담하기만 했다. 그러나 마법사 마린 Merlin과 아서 왕 King Arthur은 이것들보다 더 좋았고, 가장 좋은 것은 북구의 이름이 알려지지 않은 니벨룽겐의 이야기에 나오는 지구르트 Sigurd와 용들을 대적하는 왕자였다. 나는 그런 나라를 무척 원했다. 나는 용이 결코 말과 같은 종류의 동물이라고는 상상해 본 적이 없다. 용은 확실히 어린 나에게 옛이야기의 증표였다. 용이 어떤 세계에서 살든, 그곳은 현실 세계가 아니다……. 나는 용들을 간절히 원했다. 물론 나는 겁이 많은 어린이로서 용과 이웃해서 살기를 바라지는 않았다. 그렇게 되면 나의 현실세계는 안전을 위협받을 것이기 때문이다.[52]

옛이야기가 진실을 말하는가 하는 질문에 대답하면서, 그 질문은 실제

---

52) 앞에서 언급한 톨킨의 책 참조.

적인 진실의 문제가 아니고, 마법에 걸리게 될까 봐 두려워한다든가, 혹은 오이디푸스적인 경쟁자에 대한 감정과 같은 어린이들의 당면 관심사로부터 주어져야 한다. 나머지의 대답은 이 이야기가 지금 현재와는 상관없는 먼 옛날에 일어난 일이라고 설명하는 것만으로도 거의 충분하다. 어린 시절에 옛이야기의 가치를 확신했던 부모는 아이의 질문에 대답하는 것이 별로 어렵지 않겠지만, 이 이야기가 단지 거짓말 덩어리라고 생각한 어른은 그 이야기를 아이에게 말하지 않는 것이 더 좋을 것이다. 그 사람은 어린이의 인생을 풍부하게 할 수 있는 방법으로 옛이야기를 들려 줄 수 없을 것이다.

어떤 부모들은 아이들이 옛이야기에 접하면 마법을 믿게 되어서 환상에 도취될까 봐 두려워한다. 그러나 모든 어린이는 마법을 믿지만 성장하면 마법을 믿는 것을 중단한다(현실에 너무 좌절하여 그 대가를 기대할 수 없는 사람은 예외로 하고). 옛이야기를 들어 본 적이 없는데도, 여지껏 강하고 악한 인물에게 옛이야기가 부여한 것과 같이 전기 팬이나 모터가 마법적이고 파괴적인 힘을 가졌다고 생각해서 문제가 생긴 어린이를 본 적이 있다.[53]

또 다른 부모는 어린이의 마음이 옛이야기의 환상에 지나치게 몰입하여 현실을 접하려는 노력에 소홀할까 두려워한다. 그러나 실제로는 정반대이다. 우리 모두가 갈등을 느끼고 양면감정을 갖고 복합적이듯이, 모순 덩어리인 인간의 인격은 분할할 수 없다. 어떤 경험을 하든지, 그것은 항상 인격의 모든 면에 동시에 영향을 끼친다. 그리고 총체적 인격은 인생에 부여된 일을 감당할 수 있도록, 현실에 대한 확고한 자각과 정확한 현실파악이 결합된 풍부한 환상이 뒷받침되어야 한다.

잘못된 발달은 인격—본능, 자아, 초자아, 또는 의식과 무의식—의 한

---

53) 베텔하임 Bruno Bettelheim의 《텅 빈 안전 지대 The Empty Fortress》(New York, Free Press, 1967) 중 "조이 Joey의 이야기" 참조.

요소가 다른 요소들을 지배하고, 개별적인 원천이 총체적인 인격을 고갈시킬 때 생긴다. 세상 일에서 벗어나 자신의 상상의 세계에서 시간을 보낸다면, 환상이 지나쳐 현실로의 성공적인 복귀가 어려워진다는 몇몇 사람들의 지적은 잘못되었다. 즉, 완전히 환상 속에서 사는 사람들은 폭이 좁고 판에 박힌 어떤 주제만을 영원히 반복하는 강박관념에 사로잡힌 자들이다. 풍요한 환상적 삶을 갖는 것이 아니라, 그런 사람들은 그것에 갇혀서, 한 가지 불안이나 한 가지 소원성취의 백일몽에서 깨어날 수 없다. 그러나 자유롭게 떠다니는 환상은 현실에서 마주치는 광범위하고 다양한 문제를 상상적 형식으로 담아, 자아와 함께 작용할 수 있는 무한히 풍부한 재료를 제공한다. 옛이야기는 어린이에게 풍부하고 변화가 많은 환상적 생활을 제공하며, 어린이의 상상력이 좁고 편향된 선입관을 맴돌면서 두세 가지의 갈등이나 소원성취의 백일몽에 좁게 제한되어 집착하는 것을 방지한다.

프로이트 Sigmund Freud는 생각이 실제적인 경험에 담긴 모든 위험을 피할 가능성을 탐색하는 것이라고 말한다. 생각은 작은 에너지를 쓰게 한다. 사색을 통해서 성공의 기회와 성공할 최선의 길에 대한 결론에 도달한 후에 행동으로 옮길 때 필요한 에너지를 갖는다. 이것은 어른에게 적용되는 말이다. 예를 들어, 과학자는 아이디어를 더 체계적으로 탐구하기 전에 "생각하는 시간을 갖는다." 그러나 어린이의 생각은 어른들처럼 질서정연하게 진행되지 않는다. 어린이에게는 환상이 바로 생각이다. 자신과 타인을 이해하려고 들 때, 혹은 어떤 행동의 특수한 결과를 추정할 때, 어린이는 제기된 문제를 둘러싼 환상을 만들어 낸다. 그것은 자기 식으로 "사고" 하는 것이다. 어린이에게 합리적인 사고로 자신의 감정을 분류하고 세상을 이해하라는 것은 단지 어린이를 혼란시키고 생각을 제한시킬 뿐이다.

이것은 어린이가 실질적인 정보를 요구하는 것 같이 보일 때조차도 마찬가지이다. 피아제 Jean Piaget는 이렇게 말했다.

> 네 살도 채 안 된 소녀가 코끼리의 날개에 대해서 물어 왔다. 나는 코끼리는 날 수 없다고 대답했다. 소녀는 "아니야, 코끼리는 날 수 있어, 나도 본 적이 있는데."라고 주장했다. 나는 농담하지 말라고 대답했다.[54]

이 예는 어린이의 환상의 한계를 보여 준다. 그 어린 소녀는 분명히 어떤 문제와 씨름하고 있었다. 그때 현실적인 설명은 그 소녀에게는 전혀 도움이 되지 않는다. 왜냐하면 그것이 어린이의 문제와는 별개의 것이기 때문이다.

만약 피아제가 코끼리가 어디로 그렇게 급히 날아가야 할 필요가 있었냐고 대화를 계속했거나, 소녀에게 코끼리가 어떤 어려움으로부터 도망치려고 했냐고 물었더라면, 어린이가 씨름하고 있던 그 문제는 드러날 수도 있었다. 왜냐하면 그 문제를 탐구하는 어린 소녀의 방식을 피아제가 기꺼이 받아들였을 것이기 때문이다. 그러나 피아제는 자신의 합리적인 지식의 틀에 바탕을 둔 채 어린이의 마음의 작용을 이해하려고 하였다. 이와 달리 어린 소녀는 세상을 자기 이해의 바탕에서, 즉 소녀가 보았다고 느끼는 현실의 환상적 묘사를 통하여 이해하려고 노력하고 있었다.

이것은 하고많은 "아동심리학"의 비극이다. 즉, 아동심리학은 올바르고 중요하지만, 어린이에게 도움이 되지 않는다. 심리학의 발견은 어른의 지식의 틀 안에서 어린이를 이해하는 데 도움이 된다. 그러나 어린이의 마음을 그렇게 어른식으로 이해하는 것은 때로 서로 이질감만 넓힌다.— 어른과 어린이는 같은 현상을 서로가 아주 다르게 본다. 비록 어른의 지식이 객관적으로 보일지라도, 만일 어른이 사물을 보는 방식이 옳다고 주

---

[54] 피아제, 《어린이 지능의 원천 The Origins of Intelligence in Children》(New York, International Universities Press, 1952), 《어린이의 현실 구성 The Construction of Reality in the Child》(New York, Basic Books, 1954).

장한다면 어린이는 일반적인 지식을 습득할 필요가 없다는 절망감에 빠지게 된다. 누가 힘이 있는지 아는 어린이는 충돌을 피하고 마음의 평화를 얻으려고 어른의 의견에 동의한다. 그리고 나서 혼자 그 문제를 고민해야 한다.

정신분석과 아동심리학의 새로운 발견으로 어린이의 상상력이 얼마나 난폭하고, 불안하며, 파괴적이고, 가학적이기까지 한가가 밝혀졌을 때 옛이야기는 가혹하게 비평을 받았다. 예를 들어, 어린이는 부모를 믿을 수 없을 만큼 강렬한 감정으로 사랑할 뿐 아니라, 어떤 때는 부모를 미워한다. 이런 것을 바탕으로 옛이야기가 어린이의 내적인 정신적 삶을 이야기한다고 인식하면 쉬웠을 것이다. 그러나 옛이야기 회의론자들은 이러한 이야기가 어린이들에게 혼란스러운 감정들을 만들거나 혹은 적어도 부추긴다고 주장했다.

옛이야기의 가치를 인정하지 않는 사람들은, 만약 어린이에게 들려 준 이야기에 괴물들이 등장한다면, 이 괴물들은 친근한 존재여야 한다고 주장하였다. 그러나 그 사람들은 괴물이야말로 어린이가 가장 잘 아는 것이며 가장 관심을 가지고 있는 것이란 사실을 몰랐다. 어린이는 자신이 괴물인 것처럼 느끼거나 괴물이 될까 두려워하며, 때로는 그것이 어린이를 괴롭히기도 한다. 어린이가 괴물에 대해 말하지 않고 무의식 속에 계속 지니고 있게 버려 둠으로써 어른은, 어린이가 알고 있는 옛이야기의 이미지를 통해서 괴물에 관한 환상의 실을 펼쳐 나가는 것을 방해한다. 그러한 환상 없이는, 어린이는 괴물을 더 잘 알 수 없으며, 그것을 극복하여 통솔할 수 있는 암시도 받을 수 없다. 결과적으로 어린이는 최악의 불안 속에 절망적으로 남아 있다. 만약 그 어린이에게 불안에 구체적 형태를 주는 옛이야기를 말해 주었더라면, 그리고 괴물을 극복하는 방법을 보여 주었더라면 더 좋았을 것이다. 만약 우리가 빠져들어 헤어나지 못할 것이라는 두려움이 마녀의 구체적인 형상을 취한다면, 그 두려움은 오븐에다 마녀를 넣어 태움으로써 없앨 수 있지 않을까! 그러나 이 생각들은 옛이야기를 금지한 사람들에게는 생각나지 않았다.

어린이들이 올바른 것만 받아들일 것이라는 기대는 편협하고, 편파적인 어른의 생각이다. 상상력을 갈망하는 어린이는 옛이야기의 거인들과 식인귀들을 없애길 기대한다.―거인과 식인귀는 어린이의 무의식에 잠재한 어두운 괴물이다. 그래서 이 괴물들은 어린이의 합리적인 사고 발전에 방해가 되지 않는다. 어른들은 합리적인 자아가 유아기에서부터 최고의 통치자가 되길 기대했다. 이것은 자아가 본능의 사악한 세력을 지배하기 때문이 아니라, 어린이가 무의식에 관심을 쏟지 못하게 막거나 무의식에 관해 말해 주는 옛이야기를 듣지 못하게 막아서 가능하다는 것이다. 간단히 말해서 그 사람들은 어린이는 즐겁지 않은 환상을 억압하고 단지 즐거운 환상만 가져야 한다고 생각한 것이다.[55]

그러나 그런 본능억압 이론 id-repressing theories은 작용하지 않는다. 어린이가 자신의 무의식의 내용을 강제로 억압당하게 될 때 발생할 수 있는 것은 극단적인 예로 묘사될 수 있다. 한 소년이 말을 못하여 오랜 치료를 받은 후에, 자기가 실어증에 걸린 이유를 설명하였다. 그 소년은 이렇게 말했다.

> 제 어머니는 제가 온갖 나쁜 말을 입으로 뱉는다고 제 입을 비누로 닦으셨는데, 이것이 아주 나빴다고 생각해요. 어머니는 나쁜 말을 모두 닦아내다가 좋은 말도 모두 똑같이 닦아냈다는 사실을 모르셨어요.

---

[55] 더 높은 인간성으로 발전하는 데 관한 프로이트의 격언, "본능이 있는 곳에는 자아가 있어야만 한다."는 반대로 오용되었다. 즉, "본능이 있었던 곳에는 본능이 없어야 한다."고. 그러나 프로이트는 본능만이 자아에게 무의식적 경향에 필요한 에너지를 줄 수 있고 무의식을 건설적으로 사용할 수 있음을 함축했다. 더 최근의 정신분석 이론은 자아 역시 태어날 때부터 자체 에너지를 갖고 있다는 가정을 하기는 하지만, 훨씬 더 큰 본능의 에너지를 부가적으로 끌어내지 못하는 자아는 약할 수밖에 없다. 더구나 그 제한된 양의 에너지를 본능의 에너지를 계속 억압하기 위해서 쓴다면 자아는 이중으로 고갈될 수밖에 없다.

치료를 통해 모든 나쁜 말은 풀려났으며, 이와 함께 좋은 말도 다시 살아났다. 이 소년의 어린 시절에 다른 일들도 많이 잘못되었던 것이다. 소년의 입을 비누로 씻었던 것만이 실어증의 주요 원인은 아니었다. 비록 그것이 일조를 했지만.

자아가 우리 인격의 체계를 세우는 데 있어 무의식은 가공되지 않은 자료의 원천이고 기반이다. 이 직유에서 우리의 환상은 가공되지 않은 자원을 자아가 인격을 만드는 과업에 제공하고 거기에 윤곽을 주는 천연자원이다. 만약 이 천연자원을 박탈당한다면, 우리의 생활은 협소한 것이 될 것이다. 희망을 주는 환상이 없다면, 우리는 인생의 역경과 대적할 힘을 갖지 못한다. 아동기는 이러한 환상을 키워야 할 때이다.

우리는 어린이들의 환상을 장려한다. 우리는 어린이들이 원하는 것을 그리거나 이야기를 만들라고 말한다. 그러나 공통된 환상의 유산인 옛이야기 없이는, 어린이는 혼자서 인생의 문제에 대처할 수 있게 돕는 이야기를 생각해 낼 수 없다. 어린이가 생각해 낼 수 있는 이야기는 오로지 자신의 소망과 불안의 표현이다. 경험적 원천에 의지하여, 어린이가 상상할 수 있는 모든 것은 현재의 자신의 처지를 묘사하는 것이다. 왜냐하면 그 어린이는 자기가 어디로 가야 할 필요가 있는지, 어떻게 그곳으로 갈 수 있는지를 모르기 때문이다. 이 점에서 옛이야기는 어린이에게 가장 필요한 것을 제공한다. 옛이야기는 어린이가 정서적으로 어디에 있는지, 어디로 가야 하는지를 그 어린이에게 보여 주고, 그것을 어떻게 할지 보여 준다. 그러나 옛이야기는 이 일을 함축적으로 하며, 어린이가 자신에게 가장 유리하게 끌어들일 수 있는 환상적 형식이나, 이미지를 통해서 어린이 자신이 이해하는 본질을 쉽게 파악하도록 한다.

정신분석이 무의식, 특히 어린이의 무의식에 대해서 밝혔음에도 불구하고, 아직도 옛이야기를 금지시키려는 논리를 정당화시키려는 움직임은 여러 가지로 나타난다. 어린이가 깊은 갈등과 불안과 난폭한 욕망에 휩싸이고, 온갖 불합리한 과정 때문에 무력하게 흔들린다는 사실이 더 이상 부정될 수 없을 때, 사람들은 어린이들이 이미 너무 많은 것을 두려워한다고 결론짓고, 두려움을 주는 것은 뭐든지 어린이에게서 멀리해야 한다고 결론짓는다. 정말로 어떤 이야기는 어린이가 불안해 할 수 있지만, 그러나 일단 어린이들이 옛이야기와 더 친해지게 되면, 그 두려운 면은 사라지고, 안심시키는 특질이 전보다 더 우세해진다. 그렇게 되면 "불안으로 인한 최초의 불쾌감은 불안을 성공적으로 극복하는 커다란 즐거움으로 바뀐다."

어린이가 살인의 욕망, 사물 심지어 사람까지 갈기갈기 찢고 싶어한다는 것을 부정하고 싶은 부모는, 자기 아이들이 가능하면 그런 생각에 동참하는 것을 막아야 한다고 믿는다(마치 그것이 가능한 양). 다른 어린이들도 같은 환상을 가지고 있다고 함축적으로 말해 주는 옛이야기에 접근하는 것을 지나치게 거부함으로써, 어린이는 자기가 그런 것을 상상하는 유일한 존재라고 느끼게 된다. 이것은 그 어린이의 환상을 정말로 무시무시하게 만든다. 그와 달리 다른 사람들도 마찬가지로 비슷한 환상을 갖고 있다는 것을 알게 되면 우리가 인류의 일부라고 느끼게 되고, 그런 파괴적인 생각을 가지는 것이 인류 공통의 규범을 넘어서는 생각이라는 두려움을 가라앉힌다.

정신분석의 결과로 잘 교육받은 부모들이 나이 어린 어린이의 마음은 순수와는 거리가 멀고 불안과, 분노와 파괴적인 상상으로 가득하다는 것을 인식하게 되었을 때, 그들이 아이들에게 옛이야기를 금지했던 일은 이상하게 모순된다.[56] 어린이들의 불안이 커질까 봐 지나치게 걱정하는 부

---

56) 다른 많은 경험들처럼 옛이야기는 어린이의 환상을 자극한다. 옛이야기를 부모가 반대하는 것은 때로 이 옛이야기에 발생하는 난폭하고 무서운 사건 때문이다. 예를 들어, 5학년 학생을 대상으로 한 실험적 연구에서는, 옛이야기가 자극하는 환상적 경험이 풍부한 어린이를 옛이야기에서 발생하는 그런 공격적이고 환상적인 자료에 노출시켰을 때(공격적인 내용을 가진 영화로 실험), 공격적인 행동이 두드러지게 감소하는 반응이 보였다고 언급하였다. 공격적인 환상에 자극받지 않았을

모들이 마음을 안정시키는 메시지가 옛이야기에 있다는 것을 잘 잊어버리다는 사실 또한 주목할 만하다.

그 수수께끼에 대한 대답은 정신분석이 역시 부모에 대한 어린이의 양면성을 밝힌다는 사실에서 드러난다. 어린이의 마음이 부모에 대한 깊은 사랑뿐 아니라, 강한 미움으로 가득 차 있다는 사실을 인식하는 것이 부모를 혼란시킨다. 어린이들이 자신을 사랑하기를 바라면서, 부모들은 어린이가 부모를 나쁘게 생각하도록 하는, 또는 부모가 어린이들을 거부한다고 생각하게 하는 이야기에 접하는 것을 두려워한다.

만약 어린이가 부모를 계모, 마녀, 혹은 거인으로 본다면, 이것이 실제의 부모나 어린이에게 비치는 부모들과는 관계가 없으며, 단지 어린이가 들은 이야기의 결과일 뿐이라고 믿고 싶어한다. 이런 부모들은 만일 아이가 그런 인물에 관해 듣는 것을 막는다면 자기들을 이런 이미지로 보지 않을 것이라고 생각한다. 어린이들이 거의 인식하지 못하는 것을 뒤집어서, 어린이들에게 부모가 그런 형태로 보이는 것은 어린이가 들은 이야기 때문이라고 믿으므로 자신을 속이는 것이다. 실제 사실은 그 반대다. 즉 옛이야기가 어린이에게서 사랑받는 것은 옛이야기에서 발견하는 이미지가 어린이 자신의 내부에서 일어나는 것과 부합하기 때문이 아니고, 어린이의 마음 속에서 일어나는 모든 분노, 갈등에도 불구하고, 옛이야기는 어린이가 혼자서는 상상할 수 없는 행복한 결과의 이야기로 항상 구체화할 수 있는 특별한 내용을 주기 때문이다.

때는 공격적인 행동이 감소되지 않는다고 관찰되었다. (비블로우 Ephraim Biblow의《상상적인 활동과 공격적인 행동의 조절 Imaginative Play and the Control of Aggressive Behavior》과, 싱거 Jerome L. Singer의《어린이의 환상적 세계 The Child's World of Make-Believe》(New York, Academie Press, 1973) 참조.
옛이야기는 어린이의 환상적 경험을 강하게 자극한다. 이 연구의 결론적인 두 문장을 인용하면 다음과 같다.

환상이 적은 어린이가 노는 것을 관찰하면, 노는 동안 행동을 많이 하고 생각은 적게 하면서 놀이에 더 활동적인 성향을 보이며 자신을 표현한다. 대조적으로 환상을 많이 가진 어린이는 육체적으로 공격적이기보다는 구조적이고 창조적이고 언어적으로 되는 경향을 보인다.

19. 환상의 도움으로 유아기를 넘어서기

만일 우리가 인생이 부여하는 거대한 계획을 믿는다면, 인생이 우리에게 적절한 시기에 적절한 심리적 경험을 하도록 보여 주는 심리적 사건들의 광범위한 다양성에 감탄하지 않을 수 없다. 바로 어린이가 자신과 부모의 한계를 넘어 더 넓은 세계로 이동하려는 유혹을 받기 시작할 때, 그 어린이의 오이디푸스기의 좌절은 부모로부터 다소 떨어지게 유도하고, 이때를 당하여 자기 자신을 육체적으로나 심리적으로 지탱하여 주는 유일한 원천으로 삼도록 유도한다.

이렇게 되면 어린이는 자신의 친밀한 가족의 일원이 아닌 사람들로부터도 어느 정도 정서적 만족을 얻을 수 있게 된다. 그리고 그것은 어느 정도 부모에 대한 어린이의 실망을 보상해 준다. 우리는 그것을 어린이의 유아기적인 기대에 맞추어 살지 못하는 부모에 대한 큰 기대에서 고통스럽게 깨어나게 되는 장치로 볼 수 있다. 이때부터 어린이는 스스로 육체적 정신적 결핍을 해결할 수 있게 된다. 이 모든 결핍 충족과 다른 많은 중요한 발전이 동시에 혹은 짧은 기간에 발생한다. 그것들은 서로 연관되고, 각각 다른 쪽의 일부를 담당하고 있다.

어린이는 성장하면서 세상을 대면하는 능력이 생기기 때문에, 타인들이나 세상과 더 많이 더 폭넓게 접촉할 수 있다. 어린이가 더 많은 것을 할 수 있기 때문에, 그때 그 어린이의 부모는 어린이에게 기대를 더 많이 할 때가 왔고 어린이를 덜 보살펴도 될 때라고 느낀다. 이 변화는 부모로부터 끝없이 사랑을 받으리라고 기대하던 어린이에게 커다란 실망을 준다. 그것은 어린 시절의 환상으로부터의 가장 고통스러운 각성인데, 자신에게 무제한 관심을 보여 주어야 마땅하다고 믿는 사람들에게서 고통을 받기 때문에 더욱 괴롭다. 그러나 이 사건은 어린이가 바깥 세상과 더 의미 있는 접촉을 갖는 작용을 한다. 적어도 감정적 지원은 최소한으로 받으면서 조금씩 자신의 필요성을 스스로 만족시킬 수 있는 능력이 자란다. 외부세계에 대한 새로운 경험 때문에, 어린이는 자신의 갖는 "한계"를, 즉 부모에게 비현실적인 기대를 했을 때 생긴 약점을 인식할 수 있다. 결과적으로, 어린이는 부모에 대해 실망하고 다른 곳에서 만족을 찾으려고 한다.

어린이가 경험을 넓힌다고 표현되는 새로운 도전이 너무나 압도적이지만 이 도전이 독립할 첫 발자국을 내디딜 수 있는 기회가 될 때, 그리고 새로운 일을 성취할 능력은 너무 적지만 그 문제를 해결하고 절망 속에서 포기하지 않기 위해서는 환상적 만족이 필요하다. 무엇이 실제적으로 가능한 것인지에 대한 이해가 없기 때문에 어린이의 실제적 성취는 그 어린이의 실패와 비교할 때 무의미하게 보일 것이다. 이러한 환멸로 인해 어린이는 모든 노력을 포기하고 완전히 자신 안으로 움츠러들어, 세상으로부터 떠나, 자신에 대해 심하게 실망함으로써, 환상을 통해 구출되지 않으면 안 되게 되어 버린다.

어린이의 여러 성장 단계 중의 하나가 고립이라고 볼 수 있다면, 현재를 넘어서서 환상을 펼칠 수 있는 능력은 모든 것을 가능케 할 수 있는 새로운 능력이다. 왜냐하면 환상 만들기는 현실에서 경험한 좌절을 견딜 수 있게 하기 때문이다. 만일 우리가 꼬마였을 때 어떻게 느꼈는지 기억할 수 있다면, 혹은 어린 아이가 친구 또는 형들와 놀 때 자기가 따돌림당하고, 형이나 친구들이 분명 자기보다는 유능하다고 느낄 때의 좌절감이나,

무엇보다도 부모가 자기를 웃음꺼리로 삼거나 하찮게 여길 때 어린 아이가 느끼는 패배감을 상상하면, 우리는 왜 어린이가 종종 자신을 국외자나, "얼간이"라고 느끼는지를 알 수 있을 것이다. 단지, 부풀려진 희망과 미래의 성취에 대한 환상만이 균형을 맞출 수 있을 것이며 그 어린이가 살아가면서 노력하게 만들 수 있다.

수많은 어린이가 좌절, 낙담, 그리고 절망하는 순간에, 구제할 길 없는 완전한 패배의 순간에, 발끈 화내는 것은 자기 인생의 "견딜 수 없는" 조건을 개선시키기 위해 아무 것도 할 수 없다는 결론의 가시적 표현이다. 어린이가 좋아하는 해결을 상상할 수 있거나 환상을 품게 되면, 발끈 화내는 것과 같은 짜증과 곤경에 대한 울화는 사라진다. 미래에 대한 희망이 자리 잡으면, 현재의 어려움은 더 이상 고통스럽지 않을 수 있다. 그러면 발로 차고 비명을 지르면서 되는 대로 몸으로 표출하는 행동에서, 지금이나 미래의 어떤 날에 바람직한 목적에 도달하려고 계획한 생각이나 행동으로 자리바꿈한다. 이같이 어린이가 그 순간에 마주쳐서 풀 수 없는 문제는 처리할 수 있는 것이 되는데, 현재의 절망은 미래의 성공이란 희망에 의해서 누그러지기 때문이다.

만일 한 어린이가 어떤 이유로 자기의 미래를 낙관적으로 상상할 수 없다면, 그 어린이의 발전은 정지된다. 극단적인 예는 유아기의 자폐증으로 고통받는 어린이의 행동에서 발견될 수 있다. 그런 어린이는 발작적으로 화를 내거나 아무것도 하지 않는다. 그러면서도 자기의 환경과 인생의 조건이 바뀌어서는 안 된다고 주장한다. 이 모든 것은 어떤 더 나은 상황을 상상하는 능력의 결핍에서 비롯된 결과다. 그런 어린이를 장기간 치료한 후 마침내 어린이가 자폐적인 모든 위축으로부터 벗어나 좋은 부모란 어떤 특징을 띠는지 생각하게 될 때 어린이는 스스로 말한다. "그들은 너에게 희망을 품고 있어." 그 말의 함축된 의미는 부모가 어린이로 하여금 희망을 느끼거나 어린이 자신이 세상에서 현재와 미래의 인생에 대해 희망을 느끼도록 하지 못했기 때문에 나쁜 부모였다는 것이다.

　우리가 깊이 불행을 느끼고 절망하면 할수록 더욱더 우리는 낙관적인 환상을 품을 필요가 있다는 것을 안다. 그러나 이것은 그 당시에는 쓸모가 없다. 그래서 어느 때보다도 더욱 우리는 다른 사람들이 우리와 우리의 미래에 대해 희망을 갖고 사기를 북돋아 주기를 원한다. 옛이야기만으로는 어린이에게 그 일을 해 줄 수 없다. 자폐증에 걸린 한 소녀가 우리에게 일깨워 주었듯이, 가장 먼저 부모가 그 어린이들에 대해 희망을 품을 필요가 있다. 부모가 우리와 우리의 미래를 긍정적인 태도로 보는 확고하고 실제적인 기반에서, 어린이는 공중누각을 세울 수 있다. 그것이 공중누각이라는 사실을 반쯤 인식하고 있지만, 그것으로부터 깊은 자기확신을 얻는다. 환상이 비현실적인 반면에, 그것이 우리 자신과 우리 미래에 주는 좋은 감정은 실제적이다. 그리고 이들 실제의 감정은 우리를 지탱시키는 데 필요한 것이다.

　모든 부모는 아이들의 기분을 저조하게 만들고 아이들에게 일이 더 잘 될 거라고 말하지 않은 책임이 있다. 그런데 어린이의 절망은 전면적인 것이다. 왜냐하면 일을 단계적으로 할 줄 모르기 때문에, 가장 캄캄한 지옥이나 영광스러운 행복을 느끼게 되고 그러므로 가장 완벽하게 지속하는 축복만이 바로 그 순간에 총체적인 파멸에 대한 그 어린이의 공포와 싸울 수 있게 한다. 어떤 이성적인 부모도 자기 아이에게 완벽한 축복이 현실적으로 가능하다고 약속할 수 없다. 그러나 어린이에게 옛이야기를 들려 줌으로써, 즉 어린이가 그런 상상을 하는 것이 현실성이 있다고 제시함으로써 어린이를 잘못 인도하지 않고, 미래에 대한 환상적 희망을 어린이가 개인적으로 가질 수 있게 부모가 어린이에게 용기를 줄 수 있다.[57]

---

57) 어린이에게《신데렐라 Cinderella》이야기를 해 주고 어린이로 하여금 자기가 "신데렐라"라고 상상하고 그 속에서 자신의 어려움이 어떻게 해결될 것인지를 상상해 보도록 하는 것과, 진지하게 환상을 현실에서 실현하도록 하는 문제는 매우 다른 문제이다. 전자는 희망을 불러일으키는 것이고 후자는 망상을 만드는 것이다.

어른에게 지배당하는 자신의 존재에 불만을 느끼고, 그리고 부모가 어떤 요구도 어린이에게 하지 않고 어린이가 바라는 모든 것을 부모가 충족시켜 주기 때문에 조그만 어린이의 왕국도 갖지 못한 채 불만을 느낀다면, 어떤 어린이라도 자신들만의 왕국을 갖기를 바라지 않을 수 없다. 그 어린이가 좀더 자라면 어느 정도의 소망이 이루어질 것이라는 사실을 일러 주어도, 이 사실은 어린이의 엄청난 욕망을 만족시키지 못할 뿐만 아니라 그것과는 비교조차 할 수 없다.

많은 옛이야기의 주인공이 이야기의 결말에서 얻는 이 왕국은 무엇인가? 그 주요한 특징은 우리가 그 왕국에 대해 어떤 것도 말해 본 적이 없고, 그 왕국의 왕이나 여왕이 무엇을 하는지조차 말해 본 적이 없다는 점

어떤 아버지가 딸에게 신데렐라 이야기를 해 주었다. 그런데 그 사람은 자신의 정서적인 필요성과 결혼 생활의 어려움으로부터 도피하려는 발상에서 어린 딸에게 옛이야기 이상의 것을 이야기하려고 했다. 밤마다 아버지가 딸에게 신데렐라의 환상을 풀어 이야기하는 가운데 그 딸은 아버지야말로 넝마를 걸치고 재투성이인데도 불구하고 딸이 세상에서 가장 훌륭한 소녀라고 인정해 주는 왕자라고 여겼다. 그래서 그 딸은 아버지에게 감사하며 환상 속의 공주로 살게 된다. 그 아버지는 딸에게 이것이 옛이야기라고 말해 주지 않고 마치 현실에서 그들 두 사람 사이에 일어났던 일로서, 약속한 일이 실현될 것처럼 말해 주었다. 아버지는 딸에게 실제 인생조건을 신데렐라의 것과 동일한 것으로 묘사함으로써, 그 소녀의 엄마―그 사람의 부인―를 딸을 배신한 사악한 엄마로 만들었다는 것을 깨닫지 못하고 있었다. 연인으로서 신데렐라를 택한 것은 환상 세계의 옛이야기 속 왕자가 아니라 아버지 자신이었기 때문에, 매일 밤 진행되는 이야기는 소녀로 하여금 자기 아버지와 오이디푸스적인 상황에 고착시켰다.

이 아버지는 확실히 딸에게 "희망"을 주었지만 그것은 너무나도 비현실적인 형태였다. 그 결과 소녀는 성장할수록 아버지와 이 환상이란 배에 밤마다 승선하는 데 너무 만족해서 현실이 끼여들거나 현실로 돌아오기를 원치 않았다. 이런저런 이유로, 그 여자는 나이에 알맞게 행동하지 않았다. 그 여자는 정신치료법으로 검사를 받았고, 그 결과 현실과의 접촉을 상실했다는 진단을 받았다. 실제로 그 여자는 현실과의 접촉을 "잃지"는 않았지만, 자신의 상상의 세계를 보호하기 위하여 현실 접촉에 실패하였다. 그 여자는 일상 세상과 교제를 갖기를 원치 않았다. 왜냐하면 아버지의 행동이 그 여자가 세상과 접촉하는 것을 원치 않도록, 그럴 필요가 없다고 지시했기 때문이다. 그 여자는 하루 종일 환상 속에서 살았고 정신분열증 환자가 되었다.

그 여자의 이야기는 먼 옛날에 일어나고 있는 옛이야기와 매일의 현실에서 일어나고 있는 것에 바탕을 둔 거짓된 기대와의 차이를 밝혀 준다. 옛이야기의 약속과 우리 어린이에 대한 희망은 다른 것이다. 그리고 후자는 현실에 뿌리를 두어야 한다. 우리는 어린이들이 경험하는 좌절과 극복해야 할 어려움이 우리 모두가 정상적인 환경에서 마주치는 것에 지나지 않는다는 것을 알아야 한다. 그러나 어린이들의 마음 속에서, 이 어려움들이 너무나도 크게 확대되기 때문에, 어린이들에게는 환상의 격려가 필요하다. 환상 속에서 주인공과 동일시하는 것은 엄청나게 어려운 상황에서도 결국 이를 헤쳐나갈 수 있는 길을 발견하도록 도와 준다.

이다. 이 왕국의 왕과 왕비란 존재는 지배당하기보다는 지배하는 사람이란 뜻 이외에 다른 목적이 없다. 이야기의 결론에서 왕이나 여왕이 된다는 것은 진정한 독립의 상태를 상징하고, 그 위치에서 주인공은 자기의 요람 왕국에서, 따뜻한 보살핌을 받았던 유아기 때의 느낌 즉 의존적 상태에서 느꼈던, 안전하고, 만족스럽고, 행복한 느낌을 갖는다.

옛이야기는 주인공이 자신의 능력을 무시하는 자들의 횡포에 부딪쳤을 때부터 시작한다. 그 사람들은 주인공을 신뢰하지 않고, 《백설 공주 Snow White》에 나오는 사악한 여왕처럼 주인공의 생명을 위협하기조차 한다. 이야기가 펼쳐지면서 《백설 공주》의 난쟁이 같은 지하세계의 존재나, 혹은 《신데렐라》에 나오는 새들처럼, 마법의 동물과 같은 친절하게 도와 주는 존재에 의지하지 않을 수 없게 된다. 결말에서 주인공은 모든 시련을 극복하며 시련에도 불구하고, 자신의 모습을 잃지 않는다. 혹은 성공적으로 그 시련을 견뎌서 진정한 자기를 성취한다. 주인공은 가장 좋은 의미에서의 독재자이다. 남을 지배하는 사람이 아니라 자기를 지배하는 자, 진정하게 자율적인 사람이다. 옛이야기는 신화와 달리 다른 사람을 이기는 것이 아니라 단지 자신과 악을 이기는 것이 성공이다. 옛이야기에서 악은 주로 자신 내부의 것으로서, 주인공의 적대자로 설정된다. 만일 옛이야기가 우리에게 이러한 왕과 여왕의 지배에 대해 무언가 들려 주는 것이 있다면, 그것은 그 사람들이 현명하고 평화스럽게 지배했다는 것이고, 그 사람들이 행복하게 살았다는 것이다. 스스로를 현명하게 지배하고 그 결과로 행복하게 사는 것, 이것이 마땅한 성숙의 구성요소다.

어린이는 이것을 매우 잘 이해한다. 어떤 어린이도 어느 날 자신의 인생 영역 이상의 왕국을 지배하게 될 것이라고 믿지 않는다. 옛이야기의 이야기는 어린이에게 언젠가는 자기 삶의 왕국을 다스리게 되리라는 것과, 그것은 투쟁하지 않으면 안 될 것이라는 것을 확신시켜 준다. 어린이가 구체적으로 "왕국"을 어떻게 상상하는가 하는 것은 그 어린이의 나이와 성숙의 단계에 달려 있다. 그러나 그것이 문자 그대로의 왕국이 아니라는 사실은 분명히 알고 있다. 더 어린 아이에게는 왕국의 지배란 주위에서 누구도 명령하지 않는 가운데 자기의 모든 소망이 충족되어진다는 것을 의미한다. 좀더 나이 든 어린이에게는, 그것은 역시 현명하게 살고 행동한다는, 지배에 따르는 의무를 포함한다. 그러나 어떤 나이의 어린이도 왕이나 여왕이 되는 것은 성숙한 성인이 되는 것이라고 해석한다.

성숙하려면 어린이의 오이디푸스적 갈등을 긍정적으로 해결해야 하기 때문에, 어떻게 옛이야기에서 주인공이 왕국을 얻는지 생각해 보자. 그리스 신화에서, 오이디푸스 Oedipus는 자기의 아버지를 죽이고 스핑크스 Sphinx의 수수께끼를 푼 후에 친어머니와 결혼한다. 스핑크스는 자살한다. 이 수수께끼의 해답은 인간발달이 세 단계로 이루어진다는 것을 이해해야 풀 수 있다. 어린이에게 가장 큰 수수께끼는 성이 무엇으로 구성되는가 하는 것이다. 그것은 어린이가 발견하고 싶은 성년의 비밀이다. 스핑크스의 수수께끼를 풀었기 때문에 오이디푸스는 자기의 어머니와 결혼하여 왕국에 입성할 수 있었던 것이고, 여기서 우리는 이 수수께끼가 적어도 무의식 차원에서 성적인 지식과 관련이 있음을 짐작할 수 있다.

역시 많은 옛이야기에서 "수수께끼"를 푸는 것은 결혼과 왕국을 얻는 것으로 인도된다. 예를 들어, 그림 형제 The Brothers Grimm의 이야기 《영리한 꼬마 재단사 The Clever Little Tailor》에서, 주인공만이 공주의 두 가지 머리색을 제대로 구분할 수 있었기 때문에 공주를 얻는다. 이와 비슷하게, 투란도트 Turandot 공주의 이야기에서는 공주의 세 가지 수수께끼에 올바르게 대답할 수 있는 사람만이 공주를 얻는다. 특별한 여성이 제시한 수수께끼를 푸는 것은 일반적으로 여성의 수수께끼를 나타낸다. 그리고 결혼은 보통 답을 맞춘 다음에 오기 때문에, 풀어야 할 수수께끼가 성적인 의미를 지닌다는 것은 무리한 추측이 아닐 것이다. 다른 성이 지니는 비밀을 이해하는 사람은 누구나 성숙해졌다. 그러나 오이디푸스 신화에서는 수수께끼를 낸 괴물이 수수께끼가 풀리자 파멸되고 수수께끼를 올바르게 대답한 인물은 자멸하여 혼인의 비극이 잇따르는 반면에, 옛이야기에서 그 비밀의 발견은 곧바로 수수께끼를 푼 사람과 그것을 제시한 사람 양쪽의 행복으로 나간다.

 오이디푸스는 자기의 친어머니인 여자와 결혼하였다. 그러니까 분명히 그 여자는 오이디푸스보다 훨씬 나이가 많다. 옛이야기의 주인공은 남자건 여자건, 같은 나이의 동반자와 결혼한다. 부모에 대한 오이디푸스적인 고착을 가졌다 해도, 옛이야기의 주인공은 자기의 부모에 대해 애정을 가질 수 있고, 그 사람은 성공적으로 그것을 가장 적절한 비오이디푸스non-oedipal적인 동반자에게 전이시켰다. 거듭해서 옛이야기에서는 《신데렐라》가 약하고 무능한 아버지와 연결되는 것처럼, 부모와의 불만족스러운 관계—항상 변함없이 오이디푸스적 관계 같은 것—는 결혼할 동반자를 구출하는 행복한 관계로 대치된다.

 그런 옛이야기에서 부모는 어린이가 부모에 대한 오이디푸스적 고착을 극복하는 것을 불쾌하게 여기는 것이 아니라, 오히려 기뻐하며 그렇게 되도록 징검다리가 되기도 한다. 예를 들어, 《고슴도치 한스 Hans, My Hedgehog》와 《미녀와 야수 Beauty and the Beast》에서 주인공의 아버지는 의도적이건 아니건 간에 딸이 결혼하게 되는 원인을 제공한다. 딸에 대한 아버지의 오이디푸스적 집착을 포기하고 딸에게도 아버지에 대한 오이디푸스적 고착을 포기하도록 유도하면서 아버지는 모두에게 행복한 결말이 되도록 유도한다.

 옛이야기에서 아들은 아버지의 왕국을 절대로 뺏지 않는다. 만일 아버지가 왕국을 포기한다면, 그것은 항상 노쇠해졌기 때문이다. 아들이 왕국을 얻을 때조차, 《세 개의 깃털 The Three Feathers》에서처럼 자신에게 가장 바람직한 여성을 발견함으로써 가능해진다. 이 이야기는 왕국을 얻는 것이 도덕적이고 성적인 성숙에 도달한 것과 같다는 것을 분명히 한다.

첫번째는 주인공이 왕국을 상속하기 위하여 임무를 수행해야 한다는 요구다. 주인공이 성공했을 때, 이것으로 충분치 않다는 것이 드러난다. 같은 일이 두 번째 반복된다. 세 번째 과업은 좋은 신부를 발견하여 데려오라는 것이다. 주인공이 이것을 잘 이행했을 때, 왕국은 마침내 주인공의 것이 된다. 이같이 아버지를 질투하는 아들의 존재를 투사하거나 아버지가 아들의 성적인 시도에 분개하기는커녕, 옛이야기는 그 반대다. 어린이가 적당한 나이에 달하여 성숙해졌을 때, 부모는 아들이 성적으로도 역시 성숙해지기를 원한다. 사실 아버지는 아들이 성숙해진 후에만 가치 있는 상속자로 받아들인다.

많은 옛이야기에서 왕은 자기 딸을 주인공과 결혼시키거나, 자신의 왕국을 주인공에게 나누어 주거나, 아니면 그 사람을 최종 상속인으로 임명한다. 물론 이것은 어린이가 바라는 환상이다. 그 이야기는 이러한 일이 어린이에게 정말로 일어날 것이라는 확신을 심어 주며, 무의식에서 "왕"은 자기 자신의 아버지를 나타내기 때문에, 옛이야기는 오이디푸스적 갈등을 올바르게 해결한 아들에게 최고의 보상—행복한 인생과 왕국—을 약속한다. 이때 올바른 해결이란 어머니에 대한 사랑을 자기 나이의 적당한 동반자에게 전이시키고, 아버지는 위협적인 경쟁자가 아니라 정말로 아들이 충분히 어른임을 입증해 주는, 인정 많은 보호자라는 것을 인정하는 것이다.

가장 적당하며 바람직한 동반자와 사랑으로 결합하고 결혼하여 그 자신의 왕국을 얻는 것은 부모들이 전적으로 찬성하고 악당을 뺀 모든 사람이 축복하는 결합인데, 이것은 오이디푸스적인 어려움에 대한 완벽한 해결뿐 아니라 진정한 독립과 완전한 인격의 통합을 얻는 것을 상징한다. 그런 고도의 성취를 우리 자신의 왕국에 들어가는 것으로 이야기하는 것은 정말 비현실적인가? 이것은 역시 "사실적인" 옛이야기의 주인공이 성취한 일이 옛이야기의 그것에 비해 일반적이고 진부하게 비교되는 까닭을 제시한다. 이 이야기들은 역시 어른이 이 문제를 정의하듯이, 어린이가 자기의 "실제" 생활에서 부딪치는 중요한 문제를 풀 수 있다는 확신을 제공한다. 그렇게 하면서, 그 이야기는 뚜렷하고 제한된 장점이 있다. 그러나 어린이들에게 있어서 오이디푸스적 갈등보다 더 "현실적"이고 파악하기 어려운 문제가 무엇이겠는가. 오이디푸스 콤플렉스의 해결은 한 사람의 인격의 통합이고, 성적인 성숙을 내포한 성숙에 도달하는 것이다. 그것은 무엇으로 구성되어 있고, 어떻게 그것을 얻는가? 이 문제에 포함된 세부적인 것이 어린이를 질리게 하고 혼란케 하므로, 옛이야기는 보편적 상징을 사용하여 어린이가 자신의 지적이고 심리적인 발달 상태에 어울리는 방법으로 이야기를 선택하고, 배재하고, 해석하게 한다. 발달 단계가 어떻든 간에, 옛이야기는 어린이가 어떻게 그것을 초월할 수 있을까, 무엇이 성숙한 통합을 향한 발전 과정에서 다음 단계의 도달을 내포할 수 있을까를 넌지시 암시한다.

한 편의 옛이야기와 잘 알려진 두 편의 창작동화를 비교해 보면 현대의 사실적인 창작동화의 상대적인 단점을 알 수 있다.

《용감한 꼬마 기차 The Little Engine That Could》처럼, 현대의 창작동화는 어린이가 열심히 노력하고 포기하지 않으면 마침내 성공한다고 믿도록 어린이에게 용기를 준다.[58] 한 젊은 여성은 어린 시절에 어머니가 이 이야기를 읽어 주었을 때 얼마나 큰 인상을 받았는지 기억한다. 이 여성은 우리의 태도가 정말로 우리의 성취 결과에 영향을 미친다고 확신하게 되었다. 만약 그 여성이 해낼 수 있다는 확신을 가지고 과업에 접근한다면 성공하게 될 것이다. 당시 초등학교 1학년이던 이 여성은 며칠 후 첫 단계의 도전적 상황에 부딪친다. 그 여성은 여러 조각의 종이를 아교로 붙여서, 종이집을 만들려고 애쓴다. 그러나 종이집은 계속 망가졌다. 그

---

58) 파이퍼 Watty Piper, 《용감한 꼬마 기차》(Eau Claire, Wisconsin, E. M. Hale, 1954).

여성은 좌절하여 그런 종이집을 지으려는 생각이 실현될 수 있을지 심각하게 의심하기 시작했다. 그러나 그때 《용감한 꼬마 기차》란 이야기가 머리에 떠올랐다. 이십 년 후 그 여성은 어떻게 그 순간에 자기가 그 마법의 공식 "나는 할 수 있어. 나는 할 수 있어. 나는 할 수 있어……."를 노래하기 시작하였는지 기억한다. 그때 어린 소녀였던 그 여자는 종이집 만드는 작업을 계속하고, 종이집은 계속 망가졌다. 그 계획은 완전히 실패로 끝났다. 그때 이 여자는 꼬마 기차가 할 수 있었던 것처럼 누구나 성공할 수 있는 것을 자신이 실패했다고 확신했다.

《용감한 꼬마 기차》는 현대에 무대를 둔 이야기이고 기차를 끄는 데 엔진과 같은 상식적인 도구를 이용하였기 때문에, 이 소녀는 어떤 환상적인 묘사도 없이, 그 교훈을 곧장 자신의 일상생활에 응용하려고 했고, 이십 년 후까지도 마음 속에 사무치는 패배를 경험하게 되었다.

《스위스 로빈슨 가족 The Swiss Family Robinson》이 다른 어린이에게 끼친 충격은 또 다르다. 그 이야기는 난파된 가족이 어떻게 모험적으로, 전원풍으로, 건설적으로, 즐겁게 사는지 말하고 있다. 그것은 이 어린이의 삶과는 매우 다른 삶이었다. 소녀의 아버지는 집을 자주 비운다. 그리고 어머니는 정신병을 앓아서 요양기관에서 계속 지낸다. 그래서 소녀는 집을 떠나 아주머니 집으로 갔다가 할머니의 집으로, 그리고 필요가 생기면 집으로 돌아왔다. 이 몇 해 동안 소녀는 무인도에 사는 행복한 가족의 이야기를 거듭 반복해서 읽었다. 그것은 가족의 한 일원이 다른 가족으로부터 떨어져 있는 것을 막았다. 여러 해 뒤에 커다란 베개를 몇 개 받쳐 놓고 이 이야기를 읽었을 때, 그 여자는 오래 전 이 이야기를 통해 자기가 느꼈던 기분이 얼마나 따뜻하고, 편안했는지 기억하였다. 그 여자는 이야기를 다 읽자마자 다시 반복해서 읽기 시작했다. 환상의 나라에서 로빈슨 가족과 함께 보낸 행복한 시간은 주어진 현실의 어려움 속에서 좌절하지 않도록 그 여자를 지켜 주었다. 그 여자는 상상적인 만족을 통해 거친 현실의 충격에 대항할 수 있었다. 그러나 그 이야기는 옛이야기가 아니어서, 그 여자의 인생이 더 나은 상태로 변화한다는 어떤 약속—즉 그 여자가 인생을 훨씬 더 잘 견딜 수 있는 희망을 보여 주지 않았다.

또 다른 한 대학원생은 어린 시절을 이렇게 기억했다.

> 나는 내가 만든 것뿐 아니라 민담과 옛이야기에 흠뻑 젖어 있었다. 그러나 그 중에서도《라푼첼 Rapunzel》에 제일 빠져 있었다.

이 대학원생은 어린 소녀였을 때, 자동차 사고로 어머니를 잃었다. 그 차를 몰았던 소녀의 아버지는 아내의 일에 깊이 상심하고 슬픔에 빠져, 딸의 양육을 유모에게 맡겼다. 그 유모는 소녀에게 거의 관심이 없었다. 소녀가 일곱 살이 되었을 때 아버지는 재혼하였고,《라푼첼》이 소녀에게 그토록 중요하게 된 시기는 그때쯤이다. 소녀에게 있어서 계모는 명백히 이야기 속에 나오는 마녀였다. 그리고 자기는 멀리 떨어진 탑 속에 갇힌 소녀였다. 소녀는 자기가 라푼첼과 비슷하다고 느꼈다. 왜냐하면 "마녀가 강제로" 라푼첼을 얻은 것처럼, 계모가 억지로 소녀의 생활을 새어머니식으로 지배했기 때문이다. 유모는 소녀가 하고 싶은 대로 완전히 자유롭게 돌본 상태여서, 소녀는 자기가 새로운 가정에 갇혔다고 느꼈다. 소녀는 라푼첼이 탑에 갇혀서 조금도 자기 마음대로 할 수 없었던 것처럼 자기도 포로가 되었다고 느꼈다. 라푼첼의 긴 머리는 소녀에게 그 이야기의 열쇠였다. 소녀는 머리를 길게 기르기를 원했지만, 계모가 짧게 잘랐다. 긴 머리 자체는 자유와 행복의 상징이 되었다. 어른이 되어, 그 여자는 자신에게 올 것이라고 생각한 왕자가 자기의 아버지였음을 알았다. 라푼첼 이야기는 언젠가 아버지가 와서 자기를 구출할 것이라는 확신을 심어 주었다. 만일 삶이 너무 어렵다면, 그 소녀에게 필요한 일은 자신을 라푼첼이라고 상상하는 것이다. 머리를 길게 기르면, 왕자가 소녀를 사랑하여 구출해 줄 것이다. 그리고 왕자는 라푼첼에게 행복한 결말을 주었다. 이야기에서 왕자는 한동안 장님이 된다. 이것은 소녀에게는 아버지가 장님이 되는 것을 의미한다. 아버지와 함께 사는 "마녀"가 아버지가 딸을 더 좋아한다고 장님을 만든 것이다. 그러나 결국 계모가 자르게 한 소녀의 머리는 다시 길게 자랐고, 왕자는 영원히 소녀와 함께 살려고 왔다.

《라푼첼》을《스위스 로빈슨 가족》과 비교하면 왜 그런 멋진 창작동화보다 옛이야기가 어린이에게 더 많은 것을 줄 수 있는지를 알 수 있다.《스위스 로빈슨 가족》에서는 어린이가 환상 속에서 화가 났을 때 반발할 수 있는 마녀가 없다. 게다가 그 여자는 아버지가 딸에게 흥미가 없는 것을 부끄러워할 수 있다.《스위스 로빈슨 가족》은 소녀를 환상 속으로 도피시키고, 그것을 반복해 읽은 소녀로 하여금 일시적으로 자신의 어려운 인생과 자신을 잊게 도와 준다. 그러나 그것은 미래에 대한 특별한 희망을 제공하지 못한다. 반대로《라푼첼》을 읽는 가운데 소녀는 그렇게 사악한 마녀를 보았기 때문에, 이와 비교할 때 집에 있는 계모가 그렇게 나쁘지는 않다는 것을 알게 된다.《라푼첼》은 또한 소녀에게 머리카락이 자랐을 때, 자신의 몸으로 자신을 구출할 수 있다고 약속한다. 가장 중요한 것은 "왕자"가 일시적으로만 장님이 된 것이다. 왕자는 다시 눈을 떠 자기의 공주를 구출한다. 이 환상은 비록 그렇게 절대적이지는 않지만 계속 소녀를 지탱해 주었고, 소녀가 자라 사랑하게 되고 결혼하자, 더 이상 필요가 없어졌다.

우리는《라푼첼》이 의붓딸에게 의미하는 바를 계모가 알았다면, 옛이야기가 어린이에게 나쁘다고 느꼈을 수 있다. 계모가 알지 못한 것은 의붓딸이《라푼첼》을 통해서 환상의 만족을 발견할 수 없었다면, 그 딸은 아버지의 결혼을 깨려고 할 수 있었다는 사실이다. 그리고 옛이야기가 소녀에게 준 미래에 대한 희망이 없었다면 그 여자는 잘못된 인생을 살게 되었을 것이다.

이야기가 비현실적인 희망을 불러일으킬 때, 어린이는 깊이 절망하게 되고 그 때문에 더욱 고통받을 것이라는 비판이 있다. 그러나 어린이에게 실현가능한 미래에 대한 합리적인 희망, 즉 제한적이고 일시적인 희망을 제시하는 것은 앞으로 일어날 일과 포부에 대한 불안을 완화시키지 못한다. 어린이의 비현실적인 공포는 비현실적인 희망을 요구한다. 어린이의 소망과 비교해서, 현실적이고 제한된 약속은 위안이 아니라 오히려 깊은 좌절을 경험하게 한다. 그러나 그것들이 사실적인 이야기가 제공할 수 있는 전부다.

옛이야기가 주는 행복한 결말에서 흘러 넘치는 약속이 만약 사실적인 이야기의 일부였거나 실제로 어린이가 사는 곳에서 발생할 수 있는 어떤 것을 반영했다면 그것은 어린이에게 삶에 대한 실망을 주게 될 것이다. 그러나 옛이야기의 행복한 결말은 환상의 나라에서 발생하고, 그 나라는 우리의 마음 속에서만 찾아갈 수 있는 것이다.

옛이야기는 어린이에게 언젠가 왕국을 얻게 될 것이라는 희망을 준다. 어린이는 참을성이 없으므로, 이 왕국을 자기 힘으로 이룩할 수 있다고 믿지 않는다. 옛이야기는 어린이에게 마법의 힘이 도와 줄 것이라고 말한다. 이것은 희망을 되살아나게 하고, 그런 환상 없이는 가혹한 현실을 해결할 수 없을 것이다. 옛이야기는 어린이가 바라는 유형의 승리를 약속하므로, 어떤 "사실적인" 이야기보다도 심리적으로 설득력이 있다. 그리고 왕국이 자기의 것이라는 언질을 주었기 때문에, 어린이는 옛이야기가 가르치는 나머지도 믿으려 한다. 즉, 우리는 왕국을 발견하기 위하여 집을 떠나야 하며, 그것은 즉시 얻어지지 않고, 위험을 겪어야 하며, 고난을 감수해야 한다. 그것은 혼자서는 할 수 없고, 누군가 도와 주는 사람이 필요하며, 그 사람들의 도움을 받기 위해서는 그 사람들의 요구를 충족시켜 줘야 한다는 것 등이다. 궁극적인 약속이 복수를 하고 영광된 존재가 되려는 어린이의 소망과 맞아떨어지기 때문에, 옛이야기는 비할 바 없이 어린이의 환상을 풍부하게 한다.

"좋은 어린이 문학"이라 간주된 것의 문젯거리는 어린이들의 상상력을 어린이가 이미 도달한 수준에다 고정시킨다는 것이다. 어린이는 그런 이야기를 좋아하지만, 순간적인 즐거움 이상은 거의 얻을 게 없다. 그런 이야기에서 어린이는 자기를 억압하는 문제에 관해서 편안함도 위안도 얻을 수 없다. 그 어린이는 순간적으로 도피할 수 있을 뿐이다.

예를 들어서 어린이가 부모에게 복수를 하는 "현실적인" 이야기가 있다. 어린이가 복수하려는 열망이 가장 클 때는 오이디푸스적인 단계를 넘어 더 이상 전적으로 부모에게 의지하지 않을 때이다. 복수의 환상은 이 시기의 어린이가 자신의 인생에서 즐기는 것이지만, 좀더 현명한 시기에 이르면 그것은 극히 불공평하다고 인식한다. 왜냐하면 부모는 어린이가 살아가는 데 필요한 모든 것을 제공하고 그러기 위해서 열심히 일한다는 것을 알기 때문이다. 복수는 항상 죄의식과 응보를 받을 것이라는 불안이 따른다. 실제적으로 복수를 택하라고 부추기는 이야기는 죄의식과 응보를 증가시키고, 모든 어린이가 혼자 할 수 있는 것은 그런 생각을 억누르는 것이다. 그런 억압은 때로 십여 년 후에 청년이 되어 실제로 이런 어린애 같은 복수의 환상을 진짜로 행하는 결과를 낳는다.

어린이는 그런 환상을 억누를 필요가 없다. 반대로 만약 그 사람이 진짜 부모에 가깝지만 진짜 부모는 아닌 목표물로 자기들을 묘하게 인도한다면, 어린이는 그것을 충분히 즐길 수 있다. 부모의 자리를 뺏은 사람 즉 옛이야기의 의붓아버지, 의붓어머니보다 더 적당한 복수의 대상이 어디 있겠는가? 만약 우리가 그런 악한 탈취자에게 복수의 부도덕한 환상을 발산한다면, 죄의식이나 보복의 두려움을 느낄 이유가 없다. 왜냐하면 그 인물은 분명히 그런 대접을 받아 마땅하기 때문이다. 만약 복수의 생각이 부도덕하고 어린이들이 가질 만한 생각이 아니라는 이유로 반대한다면, 그런 생각을 가지는 것을 전혀 막지 못하고, 단지 무의식으로 그 생각을 쫓아내서 더 큰 정신 생활의 황폐화를 불러올 것이다. 이같이 옛이야기는 어린이가 양쪽 세상에서 만족할 수 있게 해 준다. 즉, 어린이는 옛이야기 속에서 진짜 부모에 대해서는 어떤 죄의식이나 공포를 느끼지 않고, 그 이야기의 양부모에 대한 복수의 환상에 몰두하고 즐길 수 있다.

밀른 A. A. Milne의 시에서 "제임스 제임스 모리슨 모리슨 James James Morrison Morrison"은 자기를 빼놓고 엄마 혼자서 마을 변두리에 가지 말라고 경고한다. 돌아오는 길을 잃어버리고 영원히 돌아올 수 없을 수도 있기 때문이다. 그 시에 나오는 일이 실제로 일어난다면, 어른에게는 정말 우스꽝스러울 것이다.[59] 어린이에게 그것은 가장 나쁜 악몽과 같이 버림받는 것에 대한 불안을 보여 준다. 어른에게 이 시가 우스운 점은 여기서 보호자와 보호받는 자의 역할이 뒤바뀌었다는 것이다. 많은 어린이들이 이것을 무척 바랄지 모르지만, 어린이는 부모를 영원히 잃어버린다는 생각을 즐길 수가 없다. 이 시를 들으면서 어린이가 즐길 수 있는 것은 자기를 두고 가지 말라는 부모에 대한 경고다. 어린이는 그것을 즐기지만, 시가 제시하는 일이 정말로 일어난다면, 어린이는 자기가 영원히 버림받으리라는 불안에 대한 더 크고 깊은 두려움을 애써 억눌러야 한다.

부모보다 더 능력이 있고 더 똑똑한 어린이가 등장하는 몇 개의 유사한 현대 이야기가 있지만, 그것은 옛날옛날의 옛이야기에서가 아니라 일상의 현실에서다. 어린이들은 그저 믿고 싶으니까 그런 이야기를 즐긴다. 그러나 궁극적인 결과는 어린이가 아직 의존하는 부모에 대한 불신과 실망이다. 왜냐하면 자기가 믿고 싶은 그 이야기와 반대로, 부모들은 꽤 오랫동안 우월한 존재로 남아 있기 때문이다.

어린이들은 부모가 자신들보다 더 많이 아는 존재라는 사실에 안도감을 느낀다. 옛이야기는 그 안도감을 훼손하지 않는다. 그러나 하나의 중

---

59) 밀른의 시집 《우리가 아주 어렸을 때 When we were very young》(New York, E. P. Dutton, 1924)에 수록된 시 "내 말을 안 듣더니 Disobedience"

대한 예외가 있다. 그것은 부모가 어린이의 능력을 인정하는 데 실수가 있었음이 판명됐을 때이다. 많은 옛이야기에서 부모는 자식들 중 하나를 무시하고, 때로는 그 아이를 얼간이라고 부른다. 그런데 얼간이 자식은 이야기가 진전되면서 자기에 대한 부모의 평가가 잘못되었음을 입증한다. 여기서 다시금 옛이야기는 정말 심리학적이다. 거의 모든 어린이는 자기의 부모가 한 가지만 빼고는 모든 것을 더 잘 안다고 확신한다. 그것은 부모들이 어린이를 충분히 생각하지 않는다는 것이다. 이런 생각을 불어넣어 주는 것은 그 사실이 어린이에게 자신의 능력을 발전시켜야 한다고 암시하기 때문에 유용하다. 즉, 부모보다 더 잘 할 수는 없지만, 부모의 어린이에 대한 낮은 평가를 수정할 수는 있다.

부모를 능가하려는 관점에서, 옛이야기는 자주 부모를 두 인물로, 즉 어린이를 거의 생각하지 않는 부모와 또 다른 인물로 분리하는 장치를 사용한다. 어린이가 만나는 현명한 노인과 동물은 어린이에게 부모가 아닌 우월한 형제를 어떻게 이길 것인가 하는 건전한 충고를 준다. 때로 이 다른 인물은 주인공이 거의 불가능한 임무를 성취할 수 있게 도와 준다. 그것은 부모가 어린이를 낮게 평가한 게 잘못이라는 것을 보여 주는 것이다. 부모는 이같이 의심하는 측면과 도와 주는 측면으로 갈라지고, 결국에는 도와 주는 측면이 이긴다.

옛이야기는 어린이가 부모를 능가하려는 세대 경쟁의 문제도 표현하고 있는데, 부모는 때가 무르익었다고 느낄 때, 자식에게 스스로를 입증하라고 세상에 내보낸다. 그리고 부모 자리를 넘겨 줄 만한 능력과 가치가 입증되면, 부모는 그 자식에게 자리를 넘긴다. 객관적으로는 믿기 어렵지만, 어린이가 과제를 수행하는 특별한 재주는 어린이가 부모보다 우월할 수 있어서 부모의 자리를 넘겨 받는다는 생각 이상으로 어린이에게 더 환상적인 것은 아니다.

이런 유형의 이야기는 전세계에서 다른 형태로 발견될 수 있는데, 아주 늙은 아버지가 나이가 들어 자식들 중 재산을 상속할, 또는 자기의 자리를 이을 자격이 있는 어린이를 결정해야 한다는 현실적인 이야기로부터 시작된다. 수행해야 할 임무가 주어지면 이야기 주인공은 어린이가 느끼는 대로 똑같이 느낀다. 즉, 수행하기가 불가능하다는 것이다. 이렇게 생각하고 있음에도 불구하고, 옛이야기는 그 임무가 성취될 수 있다는 것을 보여 주는데, 초인적인 힘이나 어떤 다른 중개자의 도움을 통해서다. 그리고 정말로 어린이가 느낄 수 있는 아주 특별한 성취만이 자기가 부모보다 우월하다는 느낌을 주는데, 그렇게 증명하지도 않고 믿는 것은 공허한 과대망상증이다.

20. 《거위 치는 소녀》—자율성 획득

그림 형제 The Brothers Grimm의 《거위 치는 소녀 The Goose Girl》의 주제는 부모로부터 벗어나 자립하는 것이다. 이 옛이야기는 옛날에는 유명했지만 지금은 그다지 알려져 있지 않다. 이 이야기는 다양한 판본으로 거의 전 유럽에서 발견되는데, 다른 대륙도 마찬가지다. 그림 형제의 판본에서는 다음과 같이 시작한다.

> 옛날에 늙은 여왕이 남편을 여러 해 전에 여의고, 아름다운 딸 하나를 데리고 살았다……. 결혼할 나이가 되자 그 딸은 낯선 나라로 가는 여행을 해야 했다.

여왕은 딸에게 귀한 보석과 보물들을 주었다. 한 시녀가 공주를 수행하도록 정해졌다. 공주와 시녀는 각각 말을 탔는데, 공주는 사람의 말을 할 줄 아는 팔라다 Falada란 말을 탔다.[60]

---

[60] 팔라다란 말의 이름을 보면 그 이야기가 고대로부터 생겨났다는 것을 암시한다. 이 이름은 로랑의 노래 Chanson de Roland에서 발랑탱 Valantin, 발랑티스 Valantis, 발라탱 Valatin으로 불린 로랑의 말의 명칭에서 파생되었다.
말하는 말의 모티프는 말 이름보다 더 오래 전부터 있었다. 타키투스 Tacitus는 독일 말 가운데 미래를 예언하며 신탁을 전해 주는 역할을 하는 말이 있다고 전한다. 스칸디나비아의 나라들도 말에 관해 이와 비슷한 인식을 지녔다.

작별할 시간이 오자, 늙은 어머니는 거실로 가서 작은 칼로 자신의 손가락에 작은 상처를 내어 피가 나게 했다. 그리고 나서 하얀 손수건에 피 세 방울을 받은 다음 손수건을 딸에게 주고 말했다. "이것을 조심해서 잘 간직해라. 아가야, 여행 중에 어려운 일을 만나면 도움이 될 것이다."

두 사람이 한 시간쯤 갔을 때, 공주는 목이 말라서 하녀에게 자신의 황금 컵을 주고 시내에 가서 물을 떠 오라고 시켰다. 하녀는 거절하면서 공주의 컵을 빼앗고, 공주가 직접 말에서 내려 강에 가 물을 마시라고 말했다. 그 여자는 더 이상 공주의 하인이 아니었다.

후에 같은 일이 반복해서 일어났다. 이번에는 공주가 물을 마시려고 허리를 굽히는데, 세 방울의 피가 적셔진 손수건을 떨어뜨려 잃어버렸다. 이것을 잃자 공주는 약해지고 무능력해졌다. 하녀는 이때를 이용해서 강제로 공주의 말과 옷을 바꾸게 하고, 왕궁에 갔을 때 신분을 바꾼 사실을 어떤 사람에게도 말하지 않겠다는 맹세를 하게 했다. 궁전에 도착하자, 하녀는 왕자의 신부로 맞아들여졌다. 늙은 왕이 함께 온 사람이 누군지 묻자, 가짜 신부는 그 여자에게 일거리를 좀 주는게 좋겠다고 말해서, 공주는 거위 치는 소년을 돕는 일을 맡았다. 그 후에 곧 가짜 공주는 자기와 약혼한 젊은 왕의 호의를 이용해서 팔라다의 목을 치게 했다. 그 말이 자신의 나쁜 행동을 밝힐까 두려웠기 때문이다. 목이 잘리자 말의 머리는 진짜 공주의 탄원 덕분에, 공주가 매일 거위들을 돌보러 나갈 때 지나는 어두운 성벽에 매달렸다.

매일 아침 공주와 소년이 거위를 불러 모아 성문을 지나갈 때, 공주가 깊은 슬픔을 담아 팔라다의 머리에 인사를 하면 그 머리는 공주에게 대답했다.

> 만약 당신의 어머니께서 이 사실을 알았다면,
> 가슴이 찢어지실 거예요.

풀밭에 다다르자, 공주는 머리카락을 풀어내렸다. 그 머리는 순수한 황금 같아서, 소년이 몇 가닥의 머리카락을 뽑으려고 애썼다. 공주가 바람을 불러 소년의 모자를 날려 버리는 바람에 소년은 날아간 모자를 이리저리 쫓아가야 했다. 다음 날도 똑같은 일이 되풀이되자 몹시 짜증이 난 소년이 늙은 왕에게 불평을 했다. 다음 날 늙은 왕은 성문에 숨어서 그 모든 일을 관찰했다. 저녁이 되어 거위 치는 소녀가 성에 돌아오자, 늙은 왕은 이 일들이 무엇을 의미하는지 물었다. 공주는 아무에게도 말하지 않겠다는 맹세를 했다고 하면서 대답하지 않았다. 공주는 자신의 이야기를 밝히라는 왕의 압력에 저항했지만, 마침내 왕의 제안에 따라 그 사실을 무쇠 난로에다 말하였다. 늙은 왕은 무쇠 난로 뒤에 숨어서 거위 치는 소녀의 이야기를 들었다.

이후로 진짜 공주에게는 왕족의 의복이 주어지고, 모든 사람이 잔치에 초대되어, 거기서 진짜 공주는 젊은 왕의 한쪽에, 가짜 공주는 다른 쪽에 앉았다. 식사가 끝난 뒤 늙은 왕은 가짜 공주에게 그 여자가 실제로 행동했던 방식을 그대로 묘사하면서 이에 대한 바른 처벌은 어때야 하느냐고 물었다. 가짜 공주는 자신이 발각됐는지도 모르고 대답했다.

"그런 여자는 완전히 발가벗겨서 날카로운 못이 박힌 통 속에 집어 넣어야죠. 그런 다음 그 통을 두 마리의 백마에 매달아 죽을 때까지 계속 끌고 다니게 해야겠죠." "그게 바로 너다." 늙은 왕이 말했다. "그리고 너는 네 자신의 판결을 언도했으니까, 그대로 너한테 이루어질 것이다." 그 처벌이 집행됐을 때, 젊은 왕자는 진짜 공주와 결혼하고, 두 사람은 왕국을 평화롭고 고결하게 다스렸다.

이 이야기의 시작에서, 세대 계승의 문제는 늙은 여왕이 자기의 딸을 멀리 있는 왕자에게 약혼하라고 보낸 것으로 투사된다. 그것은 여왕의 딸이 혼자서 인생의 기반을 잡고, 부모로부터 독립하는 것이다. 고된 시련에도 불구하고, 공주는 어떤 사람에게도 자신에게 일어났던 일을 밝히지 않겠다는 약속을 지켰다. 이같이 공주는 자신의 도덕적 가치를 입증하여 마침내 보복을 하고 행복한 결말을 맺었다. 여기서 여주인공이 극복해야 할 위험은 비밀을 밝히려는 내적인 유혹에 져서는 안 된다는 내적인 것이다. 그러나 이 옛이야기의 주된 주제는 가짜 공주가 주인공의 자리를 강탈하는 것이다.

이 이야기와 모티프가 모든 문화에서 널리 발견되는 까닭은 오이디푸스적 의미를 담고 있기 때문이다. 주인공은 보통 여자로 나타나지만, 역시 남자 주인공도 나타난다. 아주 잘 알려진 영어판 이야기, 《로즈월과 릴리언 Roswal and Lillian》에서 한 소년은 교육을 받으러 다른 왕궁에 보내지는데 그 일에서는 주제가 성장과정, 성숙하기, 그리고 자신을 찾는 것임을 더 분명히 한다.[61] 《거위 치는 소녀》처럼, 소년도 여행 도중에 하인이 소년과 자리를 바꾸도록 강요하였다. 타국의 궁전에 도착하자, 시종은 왕자를 하인으로 삼았지만, 왕자가 공주의 마음을 사로잡았다. 인정 많은 인물의 도움을 통해서, 강탈자의 거짓이 드러나고 끝에 가서는 가혹하게 처벌당한다. 반면에 왕자는 자신의 올바른 자리를 회복한다. 이 이야기에서 역시 가짜 왕자는 결혼을 바꿔치기하려고 하였고, 그 구성은 공주 이야기와 본질적으로 같다. 단지, 주인공의 성별이 바뀌었는데, 그것은 중요하지 않다고 제시된다. 왜냐하면 그 이야기가 소녀와 소년의 삶에서 마찬가지로 일어나는 오이디푸스적인 문제를 다루기 때문이다.

《거위 치는 소녀》는 오이디푸스적 발달에서 상반되는 두 면을 상징적

---

61) 《로즈월과 릴리언》은 앞에서 언급한 브리그즈 Briggs의 책 참조.
악한 강탈자가 진짜 신부의 자리를 빼앗지만 그 강탈자는 결국 가면이 벗겨지고 처벌을 받고, 진짜 신부는 자신을 시험하는 가혹한 시련을 견뎌야 한다는 모티프는 전 세계에 널리 알려졌다. 아르페르트 P. Arfert의 박사학위 논문 "세계 서사문학의 뒤바뀐 신부 모티프 Das Motiv von der unterschobenen Braut in der internationalen Erzählungsliteratur"(Rostock, 1897) 참조. 일반적으로 문화마다 나라마다 세부적인 것은 옛이야기에서 다양하게 나타나는데, 지방색과 풍습이 기본 모티프로 도입되기 때문이다.

으로 구체화한다. 초기 단계에서 어린이는 같은 성의 부모가 다른 성을 가진 부모의 사랑을 받아야 하는 어린이의 자리를 가로챈 가짜로 생각한다. 다른 성을 가진 부모가 실제로 결혼 상대자로서 더 좋아하는 사람은 자기라고 믿는다. 어린이는 같은 성의 부모를 의심하는데, 그 사람이 간사하게 자기가 도착하기 전에 다른 성을 가진 부모 곁에 있었다. 어린이는 그 사람이 자기를 속여 자신이 타고난 권리를 빼앗았다고 의심한다. 그리고 자기는 어떤 더 높은 중재를 통해서 권리를 찾아 다른 성을 가진 부모의 짝이 될 것이라고 희망한다.

이 옛이야기는 역시 어린이를 초기 오이디푸스적 단계에서 벗어나 더 높은 다음 단계로 인도한다. 이 단계에서는 이전의 소망충족적인 생각들이 오이디푸스기의 국면 동안 어린이가 처한 진정한 상황을 보는 더 바른 견해로 대치된다. 성숙해 가면서 차츰 이해성이 생기고, 어린이는 같은 성을 가진 부모가 자기 자리를 침해한다는 생각이 현실과 맞지 않는다는 것을 이해하기 시작한다. 강탈하길 바라는 존재, 같은 성의 부모의 자리를 차지하려는 욕망을 가진 자가 그 자신이라는 것을 인정하기 시작한다. 《거위 치는 소녀》는 우리가 그런 생각을 포기해야만 한다고 경고한다. 왜냐하면 한때는 권리를 가진 결혼의 상대자를 자신과 바꿔치기하는 데 성공하지만 그런 사람에게는 무서운 벌이 가해지기 때문이다. 그 이야기는 어린이에게 아무리 부모의 자리를 차지하고 싶더라도, 부모의 자리를 차지하려고 노력하는 것보다 자신의 자리를 받아들이는 것이 더 낫다는 것을 보여 준다.

이 모티프가 주로 여주인공으로 전개되는 이야기의 판본에서 나타나는 것이 어린이들에게 어떤 차이가 있는지 궁금할 수 있다. 그러나 어린이의 성별과는 무관하게, 이 이야기는 전의식적 층위 preconscious level에서 어린이 자신과 유사한 오이디푸스적 문제를 다루는 이야기라고 이해하기 때문에 어떤 어린이에게도 강한 인상을 준다. 하인리히 하이네 Heinrich

Heine의 가장 유명한 시의 하나인 "독일, 겨울 옛이야기 Deutsh-land, ein Wintermärchen"에서, 하이네는 《거위 치는 소녀》가 자기에게 얼마나 깊은 인상을 주었는지 말한다.

> 왕의 딸이, 그 옛날
> 히스 우거진 황무지 벌판에 홀로 앉아
> 황금빛 머리채를 반짝반짝 빛내고 있다는
> 늙은 유모의 말은 얼마나 내 가슴을 뛰게 했는지.
>
> 공주의 일은 거위를 돌보는 것
> 거위 치는 소녀로서, 밤이 되면
> 거위를 몰고 성문을 지나 다시 집에 온다.
> 서약에 떨어지는 공주의 눈물……[62]

《거위 치는 소녀》는 또 다른 중요한 교훈을 담고 있다. 어머니가 아무리 강력한 여왕이라 해도, 자신의 어린이가 성숙하여 자기 확신을 갖는 것을 도와 줄 수 없다는 교훈이다. 자기 확립을 위하여, 어린이는 스스로의 힘

---

62) 같은 시 몇 줄을 통해 옛이야기가 시인에게 미치는 이미지 형성의 힘을 다시 한 번 확인해 볼 수 있다. 하이네는 옛이야기를 떠올리며 쓴다.
> 나의 늙은 유모의 이야기는 얼마나 달콤하게 귀에서 울리는지,
> 얼마나 사랑스러운 생각들을 내게 불러일으켰던지!

그리고
> 내가 회상하는 그 노래,
> 나의 사랑스런 늙은 유모의 기억도 함께 샘솟는다.
> 나는 또 한 번 그 여자의 주름진
> 거무스름한 얼굴을 본다.
>
> 유모는 문스터 Münster 거리에서 태어나,
> 영광 속에 잠긴,
> 많은 대중 가요와 놀라운 이야기들을,
> 그리고 무서운 귀신의 이야기를 알고 있었지.

《하이네 시집 The Poems of Heine》(London, G. Bell and Sons, 1916).

으로 인생의 시련에 직면해야 한다. 어린이는 연약해서 생긴 결과로 초래한 곤경에서 벗어나기 위해 부모에게 구원을 요청할 수 없다. 어머니가 공주에게 준 모든 보물과 보석들도 공주를 도울 수 없는데, 이 사실은 부모가 아이에게 줄 수 있는 세속적인 물건은 그 어린이가 사용법을 잘 모른다면 하등의 도움이 되지 않는다는 사실을 암시한다. 여왕이 딸에게 자신의 피 세 방울을 떨어뜨려 준 손수건이 어머니의 마지막 선물이자, 가장 중요한 것이다. 그러나 공주는 부주의한 탓으로 잃어버렸다.

세 방울의 피가 성적인 성숙을 성취하는 상징임은 뒤에 《백설 공주 Snow White》와 《잠자는 숲 속의 미녀 The Sleeping Beauty》와 관련시켜 더 논의하겠다. 공주가 결혼하기 위해 집을 떠난 것은 처녀로부터 여성이자 부인으로의 변화다. 그리고 여왕인 어머니는 사람 말을 할 줄 아는 말보다는 피가 뿌려진 손수건 선물이 더 중요하다고 강조한다. 이 세 방울의 피가 하얀 헝겊조각에 뿌려진 것은 성적인 성숙을 상징한다고 생각해도 그리 동떨어져 보이지 않는다. 이것은 자신의 딸이 성적으로 눈 뜨도록 준비한 어머니의 특별한 증서이다.[63)64)]

그러므로 만일 소녀가 손수건을 간직했다면, 강탈자의 불법적인 짓을 막았을 텐데, 공주의 증거를 잃었다는 사실은 공주가 아직 여성이 되기에 충분히 성숙하지 못했음을 암시한다. 공주가 태만하여 손수건을 잃은 것은 "프로이트적인" 실수로서, 자기의 처녀성을 곧 상실하게 될 것을 기억하고 싶지 않았기 때문에 그로부터 회피하기 위한 수단이다. 거위 치는 소녀로서, 공주의 역할은 어리고 결혼하지 않은 소녀로 되돌아간다. 소녀의 미성숙함은 거위를 치는 꼬마 소년을 돕는 역할로 더욱 강조된다. 그

---

63) 세 방울의 피가 이 옛이야기에서 얼마나 중요한 요소인가는 로레인 Lorraine에서 발견된 이 이야기의 독일판 제목이 《세 방울의 피묻은 헝겊 The Cloth with the Three Drops of Blood》이라는 것으로도 알 수 있다. 프랑스판 이야기에서는 마법의 힘을 가진 선물이 황금 사과로 나오는데, 에덴 동산에서 이브에게 건네진 사과를 연상시키는 이 사과는 성적인 상징을 나타낸다.
64) 《거위 치는 소녀》의 다른 판본 및 그림 형제의 옛이야기에 관해 여러 가지 정보는 앞에서 언급한 볼테 Bolte와 폴리프카 Polivka의 책 참조.

러나 그 이야기는 성숙해야 될 때가 왔을 때 미성숙한 상태에 머물러 있는 것은 자신과 가까운 이에게, 즉 충실한 말인 팔라다에게 비극을 불러 일으킨다고 말한다.

거위 치는 소녀는 매번 팔라다의 잘린 목을 마주칠 때마다 "오, 팔라다, 거기에 걸려 있는 그대"라고 탄식하는데 이때마다 매번 응답하는 팔라다의 시는 세 번 말한다. 팔라다는 공주의 어머니의 속수무책의 슬픔을 표현하는 말로 소녀의 운명을 슬퍼한다. 팔라다의 함축적 충고는 공주 자신뿐 아니라, 어머니인 여왕에 대한 것으로서, 공주에게 자신에게 일어나는 일을 무엇이든지 수동적으로 받아들이지 말라는 것이다. 그것은 역시 미묘한 고발인데, 공주가 너무 미성숙해서 손수건을 떨어뜨려 잃어버리는 행동을 하고 하녀에게 밀려 자신의 자리를 내주도록 행동하지 않았다면, 팔라다는 죽게 되지 않았을 것이다. 일어났던 모든 나쁜 일들은 소녀가 스스로에 대한 확신이 없었기 때문에 생긴 실수다. 말하는 말 팔라다조차도 공주가 곤경에서 벗어나게 도와 줄 수 없었다.

그 이야기는 우리가 인생의 여행길, 즉 성적으로 성숙해지고, 독립과 자기실현의 여행을 시작했을 때의 어려움을 강조한다. 어려움은 극복되어야 하고, 시련은 견뎌야 하며, 결정을 내려야 한다. 그러나 그 이야기는 만약 우리가 자기 자신과 자신의 가치관에 진실하다면, 한동안 절망적으로 보이더라도, 행복한 결말이 있으리라는 사실을 말해 준다. 그리고 물론 오이디푸스적인 상황의 해결에 관련하여, 그 이야기는 한 사람이 몹시 원해서 다른 사람의 자리를 빼앗는 것은 빼앗은 자의 파멸을 가져온다는 사실을 강조한다. 자신을 찾는 유일한 길은 자신의 노력을 통해서이다.

우리는 이 짧은 옛이야기―거의 다섯 쪽 분량―를 전에 언급했던 널리 알려진 현대 작품 《용감한 꼬마 기차 The Little Engine That Could》와 한 번 더 비교해 보면서 이 옛이야기가 지닌 깊이를 찾을 수 있다. 그것 역시 어린이가 열심히 노력한다면, 끝내는 성공할 것이라는 사실을 믿도록 용기를 주는 이야기다. 이 현대의 이야기와 이와 비슷한 창작동화는 어린이에게 희망을 주어서 좋지만 그 목적은 매우 제한된 역할을 한다. 이 현대 동화는 어린이의 더 깊은 무의식적 욕망과 불안을 건드리지 못한 채 남아 있다. 그리고 어린이가 인생에서 스스로를 신뢰하는 방법을 알려 주는 것이 바로 이들 무의식적 요소다. 창작동화는 직접적으로나 간접적으로나 어린이의 깊은 불안을 드러내지 못하며, 절박한 감정에 걸맞는 적절한 위로도 제공하지 못한다. "꼬마 기차"의 메시지와 반대로, 성공만으로는 내적인 어려움을 없애지 못한다. 그렇지 않다면, 그토록 계속 노력하고, 포기하지 않고, 외적으로 성공하게 된다 해도, 내적인 어려움이 그 "성공"으로 해결되지 않아 고민하는 어른들이 없어야 하는 것이다.

　어린이는 실패하지 않을까 불안해 하지만, 실패를 단순히 두려워하지는 않는다. 그러나 실패에 대한 두려움은 창작동화 작가들이 생각하는 것이고, 이것은 아마 어른이 두려워하는 것에 비중을 두었기 때문이다. 예를 들어 실패는 현실적으로 불편을 가져온다. 실패를 넘어서는 어린이의 불안은 만일 실패한다면, 자기는 거부당하고, 버려지고, 결국 파멸하게 될 것이라는 생각이 대부분이다. 이같이 주인공이 강탈자에게서 자신을 강하게 방어하는 데 실패한다면, 어떤 식인귀나 다른 악한 인물이 주인공을 파멸시키겠다고 위협하는 이야기 전개는, 어린이가 자신의 실패의 결과를 보는 심리학적 입장에 따르면 옳다.

　최후의 승리도 자신의 무의식의 불안이 해결되지 않으면 어린이에게는 무의미하다. 옛이야기에서, 이것은 악인의 파멸로 상징된다. 무의식의 불안을 해결하지 않고는, 주인공이 최후로 획득하게 되는 정당한 위치는 완전하지 않다. 만약 악이 계속 남아 있다면, 그것은 영원한 위협이 될 것이기 때문이다.

　어른들은 때로 옛이야기에서 악한 사람에 대한 잔인한 처벌에 놀라고 그것이 어린이들을 불필요하게 겁주고 있다고 생각한다. 사실은 아주 그 반대다. 그런 처벌은 범죄에 합당한 응보라고 어린이가 느끼게 한다. 어린이는 자신이 자주 어른이나 세상에 의해서 정당하게 대우받지 못하는데도 아무 조치도 취해지고 있지 않다고 느낀다. 그런 경험만을 바탕으로 할 때, 《거위 치는 소녀》에서 사기꾼인 하녀가 공주를 기만하고 처벌되듯이, 어린이는 자기를 기만하고 지위를 떨어뜨리는 사람들이 가혹하게 처벌되길 바란다. 만약 그 사람들이 처벌을 받지 않으면, 어린이는 아무도 자신을 진지하게 보호해 주지 않는다고 생각한다. 그러나 그 나쁜 사람들이 가혹하게 벌을 받으면 받을수록, 어린이는 안전하다고 느낀다.

여기서 가짜 공주가 스스로 자신의 판결을 내린 것은 주목할 만한 일이다. 하녀는 스스로 공주의 자리를 빼앗았듯이, 이제 자신의 파멸 방식도 스스로 선택한다. 그런 잔인한 처벌은 모두 다 하녀의 악덕의 결과인데 이것은 외부로부터 그 여자에게 가해진 게 아니다. 그 메시지는 악한 의도는 결국 악인 자신의 파멸을 가져온다는 것이다. 두 마리의 백마가 처형자로 선택되면서, 강탈자는 팔라다에게 했던 하녀의 무의식적인 죄의식을 드러낸다. 팔라다는 신부가 결혼식에 타고 가는 말이었기 때문에, 우리는 팔라다가 백마였다고 추정하며, 그 색은 순수성을 나타내고, 그래서 그것은 백마인 팔라다의 복수에 적합하게 보인다. 어린이는 이것을 전의식에서 감지한다.

외적인 임무 수행에 성공하는 것은 내적인 불안에는 충분치 않다고 전에 언급했다. 그러므로 어린이에게는 단지 꾸준히 노력하는 것 이외에 또 무엇이 필요한지를 누군가 제시해 주는 것이 필요하다. 표면적으로 거위 치는 소녀가 자기의 운명을 바꿀 아무 일도 하지 않은 것처럼 보이고 자애로운 힘이나 우연의 개입, 즉 왕이 발견해서 소녀를 구하는 덕택에 지위를 회복했다고 볼 수 있다. 그러나 어린이는 어떤 순간에도 자신의 운명을 거의 바꿀 수 없기 때문에 어른에게는 사소하고 아무것도 아닌 것으로 보이는 것도 어린이에게는 상당한 성취로 이해된다. 그다지 인상에 남지 않는 행위야말로 중요하며, 주인공이 진정한 자율성을 얻기 위해서는 내적인 발달이 이루어져야 함을 옛이야기는 제시한다. 독립을 얻고 어린 시절을 벗어나기 위해서는 어떤 특정한 임무에 능숙해지거나, 외적인 어려움과 싸우는 것이 아니라, 인격의 발전이 우선 요구된다.

나는 이미 《거위 치는 소녀》에서 어린이가 오이디푸스적 상황의 두 측면, 즉 강탈자가 어떤 사람의 정당한 자리를 빼앗았다고 하는 감정과, 현실에서 자기 부모에게 해당하는 자리를 강탈하기 바랐다는 점을 어린이 스스로 뒤에 깨닫는 것을 어떻게 투사했는지 이미 토의했다. 그 이야기는 역시 너무 오랫동안 어린애다운 의존성에 매달리는 것은 위험하다는 것을 말하고 있다. 처음에 여주인공은 부모에게 의존하다가 하녀에게 의존한다. 그리고 자기 자신이 판단하려고 하지 않고, 하녀가 시키는 대로 한다. 어린이가 언제까지나 누군가에 의존하고 싶다고 생각하듯이, 거위 치는 소녀도 자신이 처한 상황의 변화에 제대로 대처하지 못한다. 이것은 파멸을 가져올 뿐이라고 옛이야기는 말해 준다. 계속 의존하다가는 더 높은 인격을 얻을 수 없다. 만약 그 여성이 세상에 나간다면—공주가 자신의 왕국을 얻기 위해 집을 떠나는 것으로 상징되듯이—그 여성은 독립해야 한다. 이것이 "거위 치는 소녀"가 거위를 돌보면서 배운 교훈이다.

새로운 가정을 이룩하려고 떠나는 여행에서 하녀가 했던 것처럼, 거위를 치는 동료 소년이 그 소녀를 지배하려고 한다. 소년은 자신의 욕망에 따라 소녀의 자율성을 무시한다. 소녀는 어린 시절의 가정을 떠나오는 여행길에서, 하녀에게 자기의 황금 물잔을 빼앗겼다. 이제 소녀가 풀밭에 앉아서 머리를 빗자(하이네의 시에서 "황금빛으로 반짝거리는" 머리털이라고 묘사된), 소년은 소녀의 머리카락을, 다시 말하자면 소녀의 몸의 일부를 빼앗으려 한다. 이번에는 소녀가 허락하지 않는다. 이제 그 소녀는 어떻게 그런 사람을 피할지를 안다. 예전에는 하녀가 화내는 것이 두려워 대항하지 못했지만 이번에는 소년의 욕망에 말려들지 않고 소년의 분노를 밀쳐내는 것이 더 낫다는 것을 잘 알고 있다. 이 옛이야기에서 물잔과 소녀의 머리카락이 모두 황금으로 설정되는 것은 유사 상황에 대처하는 소녀의 반응이 달라지는 것의 중요성을 듣는 이에게 일깨워 준다.

거위 치는 소녀가 자기의 명령을 거절하는 데 화가 난 소년이 왕에게 불평한 것이 문제의 해결을 가져왔다. 소년이 무시했을 때 여주인공이 스스로 자기 확신을 가진 것이 소녀에게는 인생의 전환점이 된다. 하녀가 자기를 얕잡아 보았을 때는 감히 아무런 반대도 하지 못했던 소녀가 자율성을 배웠다. 이것은 공주가 가령 무리하게 맹세를 강요당했다고 해도 자기가 맹세한 말을 어기지 않으려는 데서 확인된다. 공주는 애초에 이 약속을 해서는 안 되었다는 것을 깨닫지만, 일단 맹세한 이상 그것을 지켜야 한다. 그러나 이 맹세는 어떤 물체에게 비밀을 말하지 말라고 하지는 않았다. 이것은 마치 어린이가 자신의 슬픔을 인형에게 자유롭게 말하는 것과 비슷하다. 무쇠 난로는 가정의 신성함을 나타내며, 자신의 슬픈 운명을 고백하기에 적당한 대상이다. 그림 형제의 옛이야기에서 난로는 오븐이나 스토브가 되는데, 거기서 음식이 준비되므로, 기본적인 안정을 나타낸다. 그러나 본질적인 것은 공주가 자신의 존엄을 주장하고 자기 몸을 아무도 건드릴 수 없도록 함으로써 행복해질 수 있다는 점이다. 즉, 소녀는 소년이 자기의 머리카락을 잡아 끌지 못하도록 거절함으로써 자신은 존엄을 주장한다. 악한 자는 자기가 아닌 누군가가 되려고만—혹은 외견상 그렇게 보이려고—한다. 거위 치는 소녀는 진정한 자기가 되는 것이 훨씬 더 힘들지만, 그러나 이것만이 진정한 자율성을 얻을 수 있고 운명을 바꿀 수 있다는 것을 배웠다.

21. 환상, 회복, 도망, 그리고 위안

현대적 창작동화에서 모자라는 점은 옛이야기에서 대부분 유지하고 있는 요소들이다. 톨킨 J. R. R. Tolkien은 환상, 회복, 도망, 그리고 위안이 좋은 옛이야기에 필요한 특질이라고 말한다. 즉, 깊은 절망에서의 회복, 어떤 커다란 위험에서의 도망, 그리고 가장 중요한 위안, 이것이 필요한 특질이다. 톨킨은 모든 완전한 옛이야기는 행복한 결말이 있어야 한다고 강조한다.

> 제아무리 환상적이거나 무서운 모험일지라도 그것을 듣고 있는 어린이나 어른은 이야기의 전환이 오면, 숨을 죽이고, 가슴의 고동을 멈추고, 거의 눈물을 흘릴 뻔하게 되는데, 그것은 갑작스럽고 즐거운 "전환"이다…….[65]

그러므로 어린이들에게 각자 좋아하는 이야기의 이름을 대라면 현대적 동화가 거의 없는 것은 얼마나 수긍이 가는 일인가.[66] 이 현대의 새로운 동화들은 거의 슬픈 결말로 끝나며, 옛이야기에서 무서운 사건을 필수적

---

65) 앞에서 언급한 톨킨의 책 참조.
66) 콜라이어와 유진 Mary J. Collier and Eugene L. Gaier, "어린이들이 좋아하는 이야기에 대한 어른의 반응 Adult Reactions to Preferred Childhood Stories", 《아동발달 Child Development》 (1958), 제29권.

으로 만드는 도망과 위안이 결여되어 있다. 용기를 주는 그러한 결론이 없다면, 정말로 그 이야기를 듣는 어린이는 인생의 절망에서 자신을 구해낼 아무런 희망이 없다고 느낄 것이다.

옛이야기에서 주인공은 보상을 받고 악한 사람은 그에 합당한 벌을 받음으로써, 정의가 승리하는 것은 어린이의 필요성을 깊이 만족시킨다. 그렇게 자주 불공평하게 취급받는다고 느끼는 어린이에게 달리 어떤 방법으로 정의가 행해질 것이라는 희망을 가지게 할 수 있겠는가? 그리고 주인공이 반사회적인 욕망의 자극에 져서 빈번하게 유혹에 넘어간다면 어떤 어린이가 자신이 바르게 행동해야 한다고 스스로 다짐하겠는가? 예전에 체스터튼 G. K. Chesterton은 메테르링크 Maurice Maeterlink의 희곡 《파랑새 The Blue bird》를 함께 본 어떤 어린이가 한 말을 인용해서 이렇게 말했다.

> 그 아이는 여주인공과 남주인공에게 충실했던 개와 충실치 못했던 고양이에 대해서 정의로운 심판을 내리지 않은 채 이야기가 끝났다고 불만을 나타냈다. 어린이들은 선량하기 때문에 정의를 사랑하지만, 우리 같은 대부분의 어른들은 사악해서 자연적으로 자비를 더 좋아한다.[67]

우리는 어린이들이 선량하다는 체스터튼의 믿음에 대해 당연히 의문을 가질 수 있다. 그러나 정당치 못한 것에 대한 자비로운 이해는 성숙한 마음의 특성이지만, 어린이를 좌절케 한다는 체스터튼의 관찰은 전적으로 옳다. 더 나아가서 어른의 경우엔 위안을 주기 위해서 자비가 필요하지만, 어린이들에게는 정의의 실현이 반드시 필요하다. 위안은 정의 실현의 직접적 결과다.

---

67) 앞에서 언급한 체스터튼의 책 참조.
   메테르링크, 《파랑새》(New York, Dodd, Mead, 1911).

《헨젤과 그레텔 Hansel and Gretel》에서 어린이들을 오븐 속에다 넣어 구워 먹으려던 마녀가 오븐 속으로 떠밀려서 타죽게 되거나, 《거위 치는 소녀 The Goose Gril》에서 여주인공의 이름을 강탈한 자가 스스로 처벌을 받게 되는 것과 같이, 악인이 주인공에게 고통을 준 일이 그대로 악인에게도 적용되어 그 악인의 운명이 되고 만다는 것은 어린이의 생각과 일치한다. 위안은 세상에 바른 질서가 회복됨으로써 주어진다. 이것은 악한 행동을 하는 자의 처벌을 의미하며, 주인공의 세계로부터 악을 제거하는 것을 의미한다. 그래야 주인공이 그 후 계속 행복하게 사는 데 더 이상의 걸림돌이 없게 된다.

아마도 톨킨이 열거한 네 가지 요소에 한 가지를 더 붙이는 것이 적절하겠다. 나는 주인공의 육체적 실존에 대한 위협, 혹은 도덕적 실존에 대한 위협 등과 같은 "위협"의 요소가 옛이야기에서 결정적인 요소라고 믿는다. 마찬가지로 거위 치는 소녀의 전락이 어린이에게는 도덕적인 곤경으로 경험된다. 만일 우리가 그것을 생각한다면, 옛이야기의 주인공이 사건이 발생하여 위협을 받을 때 얼마나 군소리 없이 상황을 잘 받아들이는지 놀랄 것이다. 《잠자는 숲 속의 미녀 The Sleeping Beauty》에서 화가 난 요정은 공주를 저주하고, 누구도 그 저주가 약하게나마 다가오는 것을 막을 수 없다. 백설 공주는 여왕이 왜 그토록 무섭게 질투하며 자신을 쫓아다니는지에 대해 놀라지도 않고, 난쟁이들도 백설 공주에게 여왕을 피하라고 경고하지만 그 까닭에 대해서는 의문을 갖지 않는다. 《라푼첼 Rapunzel》에서도 사람들은 여자 마법사가 왜 라푼첼을 부모로부터 데려가려고 하는지—결국 그 일은 불쌍한 라푼첼에게 일어나고야 말았지만—아무런 의문도 제기하지 않는다. 《신데렐라 Cinderella》에서처럼, 주인공을 희생시켜서 자기 자식들을 출세시키려는 계모의 바람은 드문 예외이다.—그런 때에도 우리는 왜 신데렐라의 아버지가 그것을 허용하는지 이유를 듣지 못한다.

어떤 경우에나 이야기가 시작되자마자 주인공은 가혹한 시련에 부딪힌다. 그리고 이것이 어린이가 인생을 보는 시선이다. 실제로 어린이가 외적으로 아주 좋은 환경에서 인생을 살아나갈 때라도 마찬가지다. 어린이는 평탄한 삶의 기간이 계속되다가 갑작스럽게 그리고 이해할 수 없이 거대한 위험이 들이닥쳐 방해받는 것이 인생이라고 본다. 그들은 세상을 거의 걱정이 없이 안전하다고 느끼지만, 한 순간에 모든 것이 바뀌어, 다정했던 세상은 위험으로 가득한 악몽으로 바뀐다. 이것은 사랑하는 부모가 갑자기 전적으로 이해할 수 없는 요구를 하거나 무서운 위협적인 요구를 할 때 발생한다. 어린이는 이런 일들이 생기는 합리적인 원인이 없다고 확신한다. 그런 일은 그냥 일어날 뿐이다. 그것이 바로 자신의 냉혹한 운명이다. 그때 어린이는 절망 속에 빠져들거나(어떤 옛이야기의 주인공은 바로 그렇게 한다. 주저 앉아서 마법의 구조자가 도착하여 해결할 길을 제시하고 자기가 당한 위협과 싸울 때까지 울고 있다.) 혹은 백설 공주가 한 것처럼 무서운 운명으로부터 도망치려고 애쓰면서, 모든 것으로부터 멀리 달아나려고 애쓴다. 즉 "불쌍한 공주는 거대한 숲 속에 혼자 절망적으로 남아 있으면서 너무나 무서웠다······. 백설 공주는 이제 어떻게 해야 될지 몰랐다. 그래서 뾰족한 돌을 넘고 가시덤불을 통과해서 달리고 또 달렸다."

우리가 버려져 혼자 남겨지는 것보다 인생에서 더 큰 위협은 없다. 정신분석은 이것을 인간의 가장 큰 두려움으로서 분리불안이라고 명명하였다. 어리면 어릴수록, 버려졌다고 느낄 때 더 불안해 하는데, 나이 어린 어린이는 실제로 적절히 보호받거나 돌봐 주지 못할 때 큰 해를 입기 때문이다. 그러므로 궁극적인 위안은 우리가 절대로 버려지지 않을 것이라는 것이다. 터키 옛이야기들에는 주인공들이 아주 불가능한 상황에 반복해서 빠지지만, 그들은 친구를 얻으면서 그 위험을 교묘히 피하거나 극복하는 데 성공한다. 예를 들어, 한 유명한 옛이야기에서 주인공 이즈켄더

Iskender는 어머니의 미움을 사서, 어머니가 아버지로 하여금 이즈켄더를 상자에 넣어 바다에 표류시키도록 강요하였다. 이즈켄더의 구조자는 파랑새다. 파랑새는 이즈켄더를 상자에서 구하고 그 뒤의 무수한 위험에서 구했지만, 매번 위험은 전보다 더 커진다. 그 새는 매번 이즈켄더에게 "알지? 너는 절대로 버려진 게 아니야."[68]라는 말로 자기확신을 심어 준다. 그런데 이것은 궁극적인 위안이자 일반적인 옛이야기의 결말에서 암시하는 것과 마찬가지로, "그리고 그 사람들은 그후로 내내 행복하게 살았다."에서 함축하고 있는 것이다.

옛이야기의 궁극적인 위안인 행복과 충족은 두 층위에서 의미가 있다. 예를 들어, 왕자와 공주의 영원한 결합은 인격의 이질적 측면들의 통합, 즉 정신분석적으로 말해서, 본능, 자아, 그리고 초자아의 통합을 상징하며, 그때까지 이질적이었던 남성과 여성의 원리를 조화시키는 것인데 이것은 《신데렐라》의 결말과 관련시켜 토의될 것이다.

윤리적으로 말해서 그 결합은 악의 처벌과 제거를 통해서 더 높은 단계에서의 도덕적인 통합을 상징한다. 그리고 동시에 가장 만족스러운 인간적 관계를 이상적인 동반자와 이룩할 때 분리불안은 영원히 극복된다. 옛이야기에 따라서, 그리고 그것이 다루는 심리적인 문제나 각각의 발달 단계에 따라서, 비록 내재적인 의미는 항상 같더라도, 이런 결합은 아주 다른 외적 형태를 취한다.

예를 들어, 《오누이 Brother and Sister》에서 오누이는 거의 언제나 함께 있다. 그들은 우리 인격의 동물적인 면과 정신적인 면을 표현하고 있으며, 분리되더라도 인간의 행복을 위해 통합되어야 한다. 그러나 누이동생은 왕과 결혼한 후 위협을 당하며, 아기를 낳은 뒤 강탈자에게 자기 자리

---

68) 터키의 옛이야기, "이즈켄더의 이야기"는 니츄케 August Nitschke의 《위협 Die Bedrohung》(Stuttgart, Ernst Klett, 1972) 참조. 이 책은 옛이야기의 다양한 측면에 대해서 논의하고 있는데, 특히 어떻게 위협이 자기 실현과 자유를 얻는 투쟁 요소가 되는가를 논의하고 있다. 그리고 도움이 되는 친구의 역할에 대해서도 논의하고 있다.

를 빼앗긴다. 누이는 자기의 아기와 사슴이 된 오빠를 돌보러 밤마다 돌아온다. 왕이 왕비를 발견하는 순간은 다음과 같이 묘사된다.

> 왕은…… 왕비에게 뛰듯이 달려와 말했다. "당신은 내 사랑하는 아내가 분명하오." 거기에 누이는 대답했다. "네, 나는 당신의 귀여운 아내예요." 그와 동시에 누이는 하나님의 은총으로 생명을 되찾았으며 신선한, 장미빛으로 발그레한, 건강한 사람이 되었다.

궁극적인 위안은 악이 사라질 때까지 기다려야 한다는 것이다.

> 마녀는 불 속에 떨어져 죽을 때까지 비참하게 타 죽었다. 마녀가 재로 변하자 작은 사슴은 사람의 모습을 되찾고, 어린 누이와 오빠는 죽을 때까지 행복하게 살았다.

이같이 "행복한 결말"이자 최종적 위안은 인격의 통합과 영속적 관계 확립으로 이루어진다.

표면적으로 보면 《헨젤과 그레텔》에서는 모든 것이 다르다. 《헨젤과 그레텔》에 나오는 어린이들은 마녀가 불에 타 죽자마자 더 높은 인격을 성취하고 이것은 그 아이들이 갖게 된 보물로 상징된다. 그러나 두 사람은 결혼할 수 있는 연령이 아니기 때문에, 영원히 분리불안을 없앨 인간 관계의 확립은 그 어린이들 자신의 결혼이 아니라, 아버지가 있고 다른 악한 인물인 어머니는 죽고 없는 자기들의 가정으로 행복하게 귀환하는 것으로 상징된다. 이제 "모든 걱정은 사라지고, 식구들은 오손도손 즐겁게 살았다."

이 정당하고 위안을 주는 결말이 주인공의 성장을 말해 주는 것과 비교해서, 현대의 많은 창작동화는 주인공의 고통에 대해 말하고, 깊은 감동을 주지만, 인간 실존의 궁극적인 형태로는 이끌어가지 않기 때문에 목적

의식이 부족하다(비록 천진난만하게 보일지 모르지만 왕자와 공주는 결혼해서 왕국을 물려받고, 평화롭고 행복하게 왕국을 다스린다는 것은 어린이가 정말로 바라는 것이기 때문에 가장 높은 존재 형태를 상징한다. 어린이가 바라는 것은 자기의 왕국—그 자신의 인생—을 성공적으로, 평화롭게 경영하는 것이고, 자기를 절대로 혼자 남겨 두지 않을 가장 바람직한 반려자와 행복하게 결합하는 것이다).

현실적으로는 회복과 위안을 경험하지 못할 수도 있다. 그러나 이 사실은 어린이가 가혹한 시련을 통과하여 더 높은 지평으로 나갈 수 있도록 인생을 꿋꿋이 마주 대할 용기를 주지 못한다. 위안은 옛이야기가 어린이에게 줄 수 있는 최대의 봉사다. 《헨젤과 그레텔》에서 부모에게 버림을 받으리라는 위협, 《백설 공주 Snow White》에서는 질투심에 불타는 계모, 《신데렐라》에서는 형제의 질투, 《잭과 콩나무 Jack and the Beanstalk》에서는 거인의 삼킬 듯한 분노, 《잠자는 숲 속의 미녀》에서는 심술궂은 요정의 저주 등에서 보여지듯이, 주인공은 성공할 뿐만 아니라, 악한 세력이 사라져서 다시는 주인공의 평화로운 마음을 위협하지 않는다.

옛이야기를 원전 형태로 들은 어린이라면 누구나 예쁘게 치장하거나 고난을 겪어야 함에도 불구하고 삭제 정정한 옛이야기는 거절한다. 어린이에게 신데렐라의 나쁜 언니가 처벌을 면하거나 신데렐라 덕분으로 신분 상승까지 하는 것은 적합해 보이지 않는다. 그런 관대함은 어린이에게 인상적이지 못할 뿐 아니라, 좋은 사람과 나쁜 사람이 모두 보상을 받으므로 이야기의 문구를 삭제한 부모로부터 그 관대함을 배우지 못할 것이다. 어린이는 자기가 꼭 들어야 할 말을 안다. 어른은 일곱 살 먹은 어린이에게 《백설 공주》이야기를 들려 주면서 아이의 마음을 혼란스럽게 할까 봐 불안해서, 백설 공주의 이야기를 결혼으로 끝맺는다. 그 이야기를 아는 어린이는 즉시 요구한다. "나쁜 여왕을 죽이던 빨갛게 달군 쇠 신발은 어떻게 됐어?" 그 어린이는 결말에 사악한 자가 처벌되어야만 세상이

평안하고 그 안에 사는 자신도 안전할 수 있다고 느낀다.

　이것은 그런 악과 이기적인 행동이 빚은 불운한 결말 사이의 커다란 차이를 옛이야기가 설명할 수 없다고 말하는 것은 아니다.《라푼첼》은 이 점을 설명해 준다. 결국 라푼첼이 "커다란 슬픔과 비참함 속에서" 사막에서 살도록 여자 마법사가 강요했음에도 불구하고, 그 여자 마법사는 처벌받지 않는다. 그 이유는 이야기의 사건을 통해 명백해진다. 라푼첼은 독일어로, 유럽 사람들이 샐러드에 쓰는 상추의 이름이다. 그리고 주인공의 이름은 사건을 이해하는 열쇠가 된다. 라푼첼의 어머니는 라푼첼을 임신했을 때, 담으로 둘러싸인 여자 마법사의 정원에서 자라는 상추를 먹고 싶은 강한 욕망에 사로잡혔다. 라푼첼의 어머니는 남편을 졸라서 들어갈 수 없는 정원에 몰래 들어가 자기가 먹을 상추를 훔쳐 오게 했다. 남편이 두 번째로 그 정원에 들어갔을 때 여자 마법사에게 붙잡혀서 도둑 행위를 처벌하겠다는 위협을 받는다. 남편은 임신한 아내가 상추를 너무 먹고 싶어했기 때문이라는 말을 하며 애걸했다. 여자 마법사는 그 사람의 탄원에 감동하여, 원하는 만큼 상추를 가져가라고 하고, 대신에 "그대의 아내가 아기를 낳으면 그 아기를 내게 주어야 하오. 아기의 앞날에 대해서는 걱정할 필요 없어요. 내가 친엄마처럼 잘 돌봐 줄 테니까."라고 말했다. 아버지는 이 조건에 동의했다. 이렇게 해서 첫째로는 라푼첼의 부모가 금지된 영역을 침범했고, 두 번째로 라푼첼을 마법사에게 넘겨 주는 일에 동의했기 때문에, 여자 마법사는 라푼첼을 돌볼 권리를 얻었다. 그러므로 여자 마법사는 라푼첼의 부모보다 더 라푼첼을 원했다. 아니 원한 것같이 보인다.

　라푼첼이 열두 살이 될 때까지는 탈없이 잘 지냈다. 그것은 우리가 그 이야기에서 추측해야 하는 것인데, 주인공이 성적으로 성숙한 나이에 도달한 시기를 말한다. 이와 더불어 라푼첼이 양어머니를 떠나야만 하는 위험이 발생한다. 라푼첼을 탑 속 접근하기 어려운 방에 격리시키는 것은 라푼첼을 아무 문제 없이 계속 데리고 있으려는 여자 마법사의 이기적인 생각이다. 라푼첼을 자유롭게 떠나지 못하게 한 것은 잘못이지만, 라푼첼을 떠나보내지 않으려는 여자 마법사의 절망적인 소원은 부모가 자신을 열렬히 떼어놓지 않길 바라는 어린이의 눈으로 보면 심각한 범죄행위가 아니다.

여자 마법사는 라푼첼의 머리채를 타고 올라와 탑 속에 있는 라푼첼을 만난다. 같은 머리채를 타고 왕자가 라푼첼을 방문한다. 여기서 부모에서 연인으로의 관계 변이가 상징적이다. 라푼첼은 자신이 여자 마법사이자 양어머니에게 얼마나 중요한 존재인지 알아야 한다. 왜냐하면 이 이야기에서 드물게 나타나던 "프로이트적인" 실수가 발생하기 때문이다. 라푼첼이 여자 마법사에게 다음과 같이 묻는 데서 왕자와의 조심성 없는 만남에 죄의식을 느끼고 있음이 분명히 드러난다. "어머니가 왕자님보다 훨씬 더 무겁게 느껴지니 웬일일까요?"

어떤 어린이라도 사랑하는 사람의 배신보다 더 큰 분노를 일으키는 것이 없다는 것을 안다. 그리고 라푼첼이 아무리 왕자를 끔찍이 생각한다고 하더라도, 여자 마법사가 자신을 사랑하는 것을 안다. 여자 마법사처럼 이기적인 사랑은 잘못된 것이고 항상 잃어버리게 되어 있다 할지라도, 다시금 어린이는 만일 우리가 어떤 사람을 독점적으로 사랑한다면, 다른 사람이 그 연인의 사랑을 뺏는 것을 원치 않는다는 것을 안다. 그렇게 이기적이고 어리석게 사랑하는 것은 잘못된 것이지만 악한 것은 아니다. 여자 마법사는 왕자를 파멸시키지 않는다. 그 여자는 오로지 자기처럼 왕자가 라푼첼을 잃게 됐을 때 고소해하는 것이다. 왕자의 비극은 자신의 행동이 초래한 결과다. 라푼첼이 사라진 데 절망하여 왕자는 탑에서 뛰어내리고, 가시에 떨어지는 바람에 눈을 찔렸다. 어리석고 이기적으로 행동하여 여자 마법사는 사랑하는 라푼첼을 잃었지만, 그 여자는 사악한 뜻으로 라푼첼에게 나쁘게 한 것이 아니라 라푼첼을 너무나 사랑했기 때문에 그런 행동을 했으므로, 아무런 벌도 받지 않았다.

나는 상징적 유형으로 말하는 것이 어린이들에게 얼마나 위안을 주는 것인지 전에 언급한 적이 있다. 즉, 왕자가 라푼첼의 머리채를 타고 라푼첼에게 올라가는 것처럼 바로 라푼첼 자신의 몸이 원하는 것을 얻는 수단이다. 라푼첼의 행복한 결말은 다시 한 번 자신의 신체 때문에 가능하게 된다. 라푼첼의 눈물은 연인의 눈을 치료하고, 이것으로 두 사람은 다시 왕국을 얻는다.

《라푼첼》은 무수한 다른 옛이야기보다 환상, 도피, 회복, 그리고 위안에 대해 잘 보여 주고 있다. 그 이야기는, 각각 기하학적이고 윤리적인 엄격함이 서로 따르는, 다른 사람의 행동과 균형을 이루는 행동을 설명한다. 훔친 상추(라푼첼)는 그것을 원래 가져온 곳으로 돌려 보낸다. 자신의 남편으로 하여금 불법적으로 상추를 가져오게 하는 어머니의 이기성은 라푼첼을 자신에게 묶어 두려는 여자 마법사의 이기성과 균형을 이룬다. 환상적 요소는 최종적인 위안을 제공하는 것이다. 신체의 힘은 상상력으로 과장되었는데, 긴 머리털을 이용해 탑에 올라가는 밧줄을 삼을 수 있고, 눈물로는 눈을 뜨게 할 수 있다. 그러니 우리 자신의 몸보다 우리가 더 믿을 만한 회복의 자원이 어디 있겠는가?

라푼첼과 왕자는 둘 다 미숙한 행동을 한다. 왕자는 공개적으로 라푼첼에 대한 자기의 사랑을 드러내면서 라푼첼에게 접근하려 하지 않고, 여자 마법사를 염탐하여 몰래 그 여자를 따라서 탑으로 올라간다. 그리고 라푼첼 역시 자신이 한 행동을 말하지 않고 속이고, 실수로 드러내는 잘못을 한다. 이것이 라푼첼을 탑에서 쫓겨나게 하고 여자 마법사의 영향으로부터도 벗어나고, 즉각적으로 행복한 결말을 이룰 수 없는 이유가 된다. 라푼첼과 왕자는 많은 옛이야기의 주인공이 그랬던 것처럼 시련과 고난의 기간을 견뎌야 하고 불운을 통해서 내적인 성장을 견뎌야 한다.

어린이는 자신의 내면에서 진행되는 것들에 대해 의식하지 못하니까,

옛이야기에서 이것을 겉으로 드러내며, 내적이고 외적인 투쟁을 행동을 통해 상징적으로 표현한다. 그러나 개인이 성장하는 데는 역시 깊고 집중적인 사색이 요구된다. 이것은 전형적으로 옛이야기에서 여러 해 동안 겉으로 드러난 사건 없이 지내는 것으로 상징되는데, 내적이고 조용한 성장을 암시한다. 이렇게 어린이가 육체적으로 부모의 지배에서 도피한 후에는 성숙을 위한 회복의 긴 시간이 뒤따른다.

그 이야기에서 라푼첼이 사막으로 추방된 뒤, 양어머니가 더 이상 돌봐 주지 않게 되고, 왕자 역시 부모가 돌봐 주지 않는 때가 왔다. 그들 둘은 최악의 조건에서도, 자신을 돌보는 법을 배워야만 하는 것이다. 그들의 상대적인 미성숙은 그들이 희망을 포기하는 것으로 암시된다. 미래에 대한 믿음을 포기하는 것은 스스로에 대한 믿음을 포기하는 것을 의미한다. 이것이 바로 왕자도 라푼첼도 상대편을 결정적으로 찾을 수 없었던 이유다. 우리가 듣기에, 왕자는 "장님이 된 채 숲 속을 방황하며, 풀뿌리와 나무열매 이외에는 아무것도 먹지 못한 채, 사랑하는 사람을 잃은 슬픔과 비탄에 싸여 지냈다." 라푼첼도 적극적인 본성을 많이 가지고 있다고 볼 수 없다. 라푼첼은 너무 비참하게 살았고 자신의 운명을 비탄하고 저주하면서 살았다. 그럼에도 불구하고 이 기간은 그 두 사람이 성장하면서 스스로를 발견하는 회복의 시대였음이 분명하다. 결말에서 두 주인공은 서로를 구원할 준비가 되어 있을 뿐 아니라, 서로 잘 살 준비가 되어 있다.

22. 옛이야기의 구연에 대해서

    옛이야기의 위안을 주는 특성과, 상징적인 의미, 그리고 무엇보다도 상호적인 의미를 충족시키기 위해서는, 옛이야기를 읽기보다는 오히려 구연해야 한다. 만약 옛이야기를 읽는다면, 마땅히 그 이야기가 의미하는 대로 감정을 넣어, 듣는 어린이에게 정서적인 몰입을 한 채로 읽어야 한다. 구연하는 것은 읽는 것보다 더 큰 융통성을 주기 때문에 더 좋다.

    최근에 만들어진 창작동화와는 달리, 옛이야기는 매번 어른들이 다른 어른과 다른 어린이들에게 수백만 번 들려 줌으로써 형성되고 고쳐진 이야기이자, 구연물이라고 언급한 적이 있다. 구연자는 이야기를 자기 자신과 이미 자기가 잘 아는 듣는 이에게 더욱 의미 있는 쪽으로 덧붙이거나 빼면서 이야기를 한다. 어린이에게 이야기할 때, 어른은 어린이의 반응을 추측하여 구연한다. 이렇게 구연자는 어린이가 그 이야기에 영향받는 것을 무의식적으로 이해한다. 성공적인 구연자는 이야기를 어린이의 질문에 따라, 즉 어른과는 별도로 어린이가 공개적으로 기쁨과 슬픔을 표현하는 데 따라서 어린이가 좋아하는 방식으로 이야기를 각색한다. 옛이야기의 활자화된 내용만을 따라가는 것은 이야기의 많은 가치를 잃게 한다. 이야기를 가장 효과적으로 어린이에게 구연하는 것은 그 현장에 참여한 사람들이 상호간의 사건으로 만드는 것이다.

여기에 어떤 함정이 있을 가능성도 있다. 어린이의 수준에 맞추지 않는 부모나 자신의 무의식에 너무 구속을 받는 부모는, 옛이야기를 어린이의 필요성보다는 자신의 필요성에 바탕을 두고 선택할 수 있다. 그러나 어른이 그렇게 한다고 하더라도 다 잃어버리는 것은 아니다. 어린이는 부모가 감동을 받는 것을 잘 이해할 것이고, 이것이 어린이가 인생에서 중요한 동기들을 이해하는 데 더 흥미롭고 가치 있는 일이다.

어떤 아버지가 부양할 능력이 없어서 유능한 아내와 다섯 살 난 아들을 두고 한동안 가족을 떠날 때 발생했던 예를 들어 보겠다. 아버지는 자기가 없는 동안, 지배력이 강한 여자라고 평소에 생각했던 아내의 휘하에 아들이 전적으로 기울까 봐 염려가 되었다. 어느 날 저녁 아들은 아버지에게 잠들기 전에 이야기를 해 달라고 요청하였다. 아버지는 《헨젤과 그레텔 Hansel and Gretel》을 선택하였다. 그리고 헨젤이 토굴에 갇혀서 마녀가 먹기 좋게 살찌우는 부분까지 이야기하였을 때, 아버지는 다른 이야기를 시작하여 피곤함을 느낄 때까지 계속하다가 아들을 남겨 두고 잠자리에 들어가 잠이 들어 버렸다. 이렇게 옛이야기 속의 헨젤은 도움을 받지 못한 채 자신을 잡아먹으려는 마녀의 지배에 놓여진 채 있었고, 마찬가지로 아버지는 지배력이 강한 아내의 세력에 아들을 막 남겨 두려고 하고 있었다.

겨우 다섯 살밖에 안 되었지만, 소년은 아버지가 자기를 막 포기하려고 하는 것을 이해했고, 아버지가 엄마를 위협적인 존재로 생각하고 있지만, 자기를 보호하거나 구할 길이 없다는 사실을 이해했다. 소년은 악몽을 꾸며 뒤숭숭하게 밤을 지내고, 아버지가 자신을 돌볼 희망이 없다고 여겼기 때문에, 어머니와 대면해야 할 상황에 적응하기로 했다. 다음 날 소년은 어머니에게 어젯밤에 일어났던 일을 말하고, 비록 아버지가 곁에 없어도, 어머니가 늘 자기를 잘 돌봐 줄 것을 안다고 자연스럽게 덧붙였다.

다행히도 어린이들은 부모가 옛이야기를 어떻게 자신에 맞게 왜곡시키는지 알고 있으며, 자신의 정서적인 필요에 거슬리는 요소를 자기식으로 다룰 줄도 안다. 아이들은 옛이야기를 원전과 다르게 기억하거나 지엽적인 이야기로 바꾸기도 하고, 혹은 거기에 세부적인 사항을 덧붙이기도 한다. 이야기가 펼쳐지는 환상적인 방법은 그렇게 자연발생적인 변화가 가능하다. 우리 내부에서 비합리적인 것을 거부하는 이야기는 그런 변이를 쉽게 허용하지는 않는다. 이야기의 사건이 보편적으로 이해된 사실임에도 불구하고, 아무리 많이 알려져 있다 해도 개인의 마음 속에 받아들여지는 과정에서 내용이 바뀌는 것을 보는 일은 흥미롭다.

　어떤 소년은 토굴 속에는 그레텔이 갇히고, 헨젤은 마녀를 바보로 만들 꾀를 생각하여, 마녀를 오븐 속에 밀어넣고, 그레텔을 풀어 주었다는 것으로 《헨젤과 그레텔》의 이야기를 바꾸었다. 어떤 소녀는 《헨젤과 그레텔》에서 어린이들을 내쫓자고 주장한 것은 주인공들의 아버지이고, 어머니가 그렇게 하지 말자고 간청했는데도 불구하고, 아버지가 부인 몰래 나쁜 행동을 했다고 기억하여 개인적인 필요성에 적합하게 이야기를 만들어, 옛이야기에 약간의 여성적인 왜곡을 가했다.

　어떤 젊은 숙녀는 《헨젤과 그레텔》을 그레텔이 오빠에 의존하는 이야기로 기억했으며, 작품 속의 "남성 속물주의적" 사고방식에 반대하였다. 그 여자는 자기가 그 이야기를 아주 생생하게 기억한다고 주장한다. 그 여자의 기억으로는 헨젤이 재치를 내어 마녀로부터 도망치는 일을 주선하고 마녀를 오븐 속에 밀어 넣어 그레텔을 구했다는 것이다. 다시금 그 이야기를 읽어 가면서 그 여자는 자기의 기억이 왜곡되었다는 데 몹시 놀랐다. 그러나 어린 시절에 그 여자는 다소 나이가 많은 오빠에게 의지하는데 재미가 들려서, 그 여자가 그렇게 이야기를 왜곡함으로써, "나는 그것을 인식해야 할 능력과 책임을 받아들이고 싶지 않았다."고 인정한다. 청년기의 초기에 이런 왜곡이 강화된 데는 또 다른 이유가 있었다. 그 여자의 오빠가 외국에 간 동안, 어머니가 돌아가시고 그 여자는 어머니를 화장해야 했다. 그래서 어른이 되어 그 옛이야기를 다시 읽었을 때조차도 그 여자는 그레텔이 마녀를 태워 죽일 책임이 있다는 생각에 혐오감을 느꼈다. 그 여자는 이야기를 잘 이해하고, 특별히 마녀는 우리 모두가 부정적인 감정을 느끼는 나쁜 엄마를 표상한다는 것을 잘 이해하였지만, 무의식적으로 거기에 죄의식을 느꼈다. 또 다른 어떤 소녀는 신데렐라가 어떻게 계모의 반대에도 불구하고 아버지의 도움으로 무도회에 갈 수 있었는지 상세하게 기억하였다.

전에 언급했듯이 이상적으로 옛이야기를 구연하려면 어른과 어린이가 동등한 동반자의 자격을 가진 상호간의 사건으로 경험해야 하며, 절대로 옛이야기가 어린이에게 일방적으로 읽혀져서는 안 된다. 괴테 Johann Wolfgang von Goethe의 어린 시절 이야기가 이것을 설명해 준다.

프로이트 Sigmund Freud가 본능과 초자아에 대해 말하기 오래 전에, 괴테는 스스로의 경험으로 사람들은 인격의 칸을 쌓고 있다고 예언하였다. 다행스럽게도 괴테 자신의 인생에서는 본능과 초자아가 그 부모들에게서 표상되었다.

> 아버지로부터 나는 인생을 진지하게 사는 것과 인내심을 배웠다. 그리고 어머니로부터는 인생을 즐기고 환상적인 이야기를 만들어 내길 좋아하는 것을 배웠다.[69]

괴테는 인생을 즐겨야 한다는 것을, 인생의 힘든 일을 기분에 맞게 환상적인 삶으로 풍요롭게 만들어야 한다는 것을 알았다. 괴테가 어떻게 그

---

69) Vom Vater Hab' ich die Statur,
Des Lebens ernstes Führen,
Vom Mütterchen die Frohnatur
Und Lust zu fabulieren.

괴테, 《자메 크세니엔 Zahme Xenien》 제6권.

러한 능력과 자신감을 얻을 수 있었는가에 대한 설명은 옛이야기가 어떤 식으로 이야기되어야 하는지를 말해 준다. 그리고 어떻게 부모와 어린이가 각자의 역할을 함으로써 옛이야기를 통해 유대를 돈독히 할 수 있는가를 말해 준다. 괴테의 어머니는 노년에 이것을 자세히 이야기했다.

> 나는 공기, 불, 그리고 흙은 아름다운 공주들이며, 자연의 모든 것은 깊은 의미를 간직하고 있다고 괴테에게 말했다.

괴테의 어머니는 이렇게 회상하였다.

> 우리는 별들 사이에 길을 만들었고, 어떤 위대한 정신을 만났다……. 괴테는 삼킬 듯이 나를 쳐다보았다. 그리고 자기가 좋아하는 이야기의 끝이 자기가 바라는 대로 진행되지 않을 때, 나는 괴테의 얼굴에서 화난 표정이나, 눈물을 떨어뜨리지 않으려고 애쓰고 있음을 읽을 수 있었다. 때때로 괴테는 이렇게 말하며 끼어들었다. "엄마, 그 양복장이가 거인을 죽인다 해도, 공주는 비천한 양복장이와 결혼하지 않겠지요?" 여기서 나는 이야기를 중지하고 다음날 밤까지 파국을 미루었다. 그래서 나의 상상력은 괴테의 상상력으로 가끔씩 뒤바뀌어지기도 하였다. 그리고 다음날 아침 괴테가 암시한 데에 따라 결말을 처리하고 말하였다. "너는 어떻게 될지 벌써 알고 있었구나." 나는 괴테의 가슴이 기쁨과 흥분으로 쿵쿵 뛰는 것을 볼 수 있었다.[70]

모든 부모가 괴테의 어머니가 한 것처럼 이야기를 잘 만들 수는 없다. 괴테의 어머니는 옛이야기를 아주 잘 구연하는 사람으로 알려져 있었다. 그녀는 옛이야기가 듣는 이의 내적인 감정에 맞추어서 어떻게 진행되어야 하는지를 이야기한다. 그리고 이것이 이야기를 구연하는 바른 방법이

---

70) 괴테의 어머니가 괴테에게 옛이야기를 구연해 준 방식에 대해서는 아르님 Bettina von Arnim의 《어느 어린이와 괴테가 주고 받은 편지 Goethe's Briefwechsel mit einem Kinde》(Jena, Diederichs, 1906)에 기술되어 있다.

라고 생각한다. 불행히도 많은 현대의 부모들은 어린 시절에 옛이야기를 듣지 못했기 때문에 옛이야기로부터 어린이들이 받는 강렬한 즐거움과 내적 삶의 풍요를 누리지 못했다. 어린이에게 이야기를 들려 줄 때, 아무리 좋은 부모라도 자기가 경험하지 않은 것을 자녀들에게 자연스럽게 해 줄 수 없다. 그런 경우에 지성적인 부모는 옛이야기가 자녀들에게 얼마나 중요한지, 그리고 왜 부모 자신의 어린 시절의 회상에서 나온 직접적인 공감으로 바꾸어야 하는지를 이성을 통해 이해하여야 한다.

  옛이야기를 이성적으로 이해한 뒤 들려 줄 때라도, 교훈적인 의도를 가지고 옛이야기를 구연해서는 안 된다는 점이 강조되야 한다. 이 책의 여러 맥락에서 옛이야기는 어린이가 자신을 스스로 이해할 수 있게 도와 주고, 자기에게 당면한 문제의 해답을 발견하도록 인도하며 그런 일은 항상 은유적인 의미를 띤다고 언급했다. 비록 옛이야기를 들음으로써 어린이가 스스로 이런 것들을 성취하게 된다지만, 의식적으로 그렇게 하는 것이 아니라 오래 전 과거에 이야기를 만든 사람들이나, 한 세대에서 다음 세대로 옛이야기를 구연하여 전해 온 사람들이 그렇게 한 것이다. 옛이야기를 구연하는 목적은 괴테의 어머니의 목적과 같아야 한다. 즉, 이야기의 경험을 함께 즐기는 것인데, 이 즐거움은 어른과 어린이에게는 아주 다를 수도 있다. 어린이는 환상을 즐기는 반면에, 어른은 어린이가 즐거워하는 것에서 기쁨을 느낄 수 있다. 어린이는 어떤 것에 대해서 잘 알고 있다고 스스로 생각하기 때문에 기운이 북돋아질 수 있고, 어른은 어린이가 갑자기 깨닫는 충격을 경험하는 데에서 그 이야기를 말하는 즐거움을 느낀다.

  괴테가 《파우스트 Faust》의 서문에서

    많은 것을 주는 사람은 많은 사람들에게 조금씩이나마 무언가를 줄 수 있다.[71]

---

71) "Wer vieles bringt, wird manchem etwas bringen"
    괴테, 《파우스트》 중에서.

라고 말한 것처럼, 옛이야기는 거의가 예술작품이다. 이것은 어떤 특별한 사람에게 뭔가 특수한 것을 제공하려는 의도적인 시도는 예술작품의 목적이 될 수 없음을 함축한다. 옛이야기를 듣고 옛이야기가 표현하는 이미지를 취하는 것은 여기저기 씨앗을 뿌리는 것과 비교될 수 있는데 그 중에 어떤 것이 어린이의 마음 속에 심어질 것이다. 그 중 어떤 것은 곧장 어린이의 의식에서 작용될 것이고, 다른 것들은 어린이의 무의식의 발달을 자극할 것이다. 다른 것들은 어린이의 정신이 그것을 싹틔우기에 적당한 상태에 이르기까지 오랜 시간을 기다려야 하는 반면에, 그렇지 않은 많은 씨앗들은 전혀 뿌리를 내리지 못할 것이다. 그러나 올바른 토양에 떨어진 씨앗은 자라서 아름다운 꽃이 피고 강한 나무로 성장할 것이다. 즉, 옛이야기는 통찰력을 증가시켜 주고, 희망을 북돋아 주며, 불안을 감소시키는 등 어린이의 감정에 중요한 역할을 할 것이다. 그리고 그렇게 함으로써 그 순간에 그리고 그 후로도 영원히 어린이의 인생은 풍요롭게 된다. 어린이의 경험을 풍부하게 하려는 것이 아닌 특별한 목적을 가지고 옛이야기를 구연하는 것은 경고성 이야기나 우화로 전락하거나, 기껏해야 어린이의 의식에다 대고 말하는 교훈적인 경험으로 떨어진다. 반면에 역시 옛이야기의 가장 큰 장점 중의 하나는 어린이의 무의식에 직접 도달하는 것이다.

만일 부모가 자녀에게 바른 정신을 가지고 옛이야기를 구연한다면, 즉 부모가 어린이였을 때 기억했던 이야기의 의미와, 현재 자신이 느끼는 다른 의미를 포함한 양쪽의 감정을 가지고 구연한다면, 그리고 자녀가 그 이야기를 들으면서 어떤 개인적인 의미를 이끌어 낼 이유에 대해 감수성을 가지고 구연한다면, 그때 어린이는 그가 들은 대로, 연연한 그리움으로, 가장 열렬한 소망으로, 가장 심한 불안과 비참한 감정을 가지고, 그리고 가장 큰 희망까지도 이해하며 느낀다. 부모가 색다른 방법으로 어린이에게 말하는 것은 어린이의 마음 속 어둡고 비합리적인 측면에서 진행되는 것을 어린이에게 깨우쳐 주기도 하므로 이것은 어린이가 그의 환상적인 삶 속에 혼자가 아니며, 자기가 필요로 하고 가장 사랑하는 사람과 공유하고 있음을 깨닫게 한다. 그런 좋아하는 조건을 가지고, 옛이야기는 미묘하게 어떻게 이들 내적 경험을 건설적으로 다룰 지를 제시한다. 옛이야기는 어린이가 자신의 긍정적인 잠재력을 발전시킨다면 다가올 미래와 자신의 본성에 대한 직관적이고 잠재의식적인 이해를 도와 준다. 어린이는 옛이야기로부터 우리가 이 세계에서 인간으로 산다는 것은 어려운 도전을 받아들이는 것이면서, 놀라운 모험과 마주치는 일이라는 사실을 이해한다.

우리는 절대로 어린이에게 옛이야기의 의미를 "설명"해서는 안 된다. 어떻게 해서든 어린이의 전의식적 preconscious 정신에다 구연자가 이해한 옛이야기의 메시지를 전달하는 것이 중요하다. 옛이야기의 다양한 의미 층위를 구연자가 이해함으로써 어린이가 그 이야기를 실마리로 삼아 스스로 더 잘 이해하도록 만든다. 어린이의 발달 상태에 가장 적합한 이야기를 고른다거나, 어린이가 그 순간에 처한 특수한 심리적 어려움에 걸맞는 이야기를 고르려면, 먼저 어른의 감수성을 넓혀야 한다.

옛이야기는 정신의 내적 상태를 이미지와 행동으로 묘사한다. 어린이는 우는 것만 봐도 불행과 슬픔을 인식하기 때문에, 옛이야기는 누군가의 불행을 장황하게 설명할 필요가 없다. 신데렐라의 어머니가 죽었을 때, 우리는 신데렐라가 어머니를 잃은 슬픔으로 비탄에 잠겼다거나, 어머니를 잃고 고독감, 버려짐, 절망을 느꼈다고 말해서는 안 된다. 오히려 간단히 "신데렐라는 매일 어머니의 무덤에 가서 울었습니다."라고 해야 한다.

옛이야기에서, 내적인 과정은 시각적인 이미지로 나타난다. 주인공이 해결하기 힘든 내적인 어려운 문제에 직면했을 때, 그 주인공의 심리상태는 직접 묘사되지 않는다. 옛이야기는 단지 주인공이 돌아갈 방법조차 모르는 채 길을 찾는 것을, 깊고 어두운 숲 속에서 길을 잃어서 어디로 갈지 모른 채, 길을 잃고 절망한 것으로 보여 준다. 옛이야기를 들었던 사람은 누구나 깊고 어두운 숲 속에서 길을 잃었다는 감정과 이미지를 잊을 수 없는 것이다.

불행히도 어떤 현대인들은 문학에 총체적으로 적합치 않은 기준을 적용하여 옛이야기의 가치를 배제한다. 만일 우리가 이 이야기를 현실적인 묘사로 받아들인다면, 그 이야기는 모든 면에서 정말로 참을 수 없을 것이다. 잔인하고, 가학적이고, 정체를 알 수 없는 이야기들. 그러나 상징의 심리적인 사건이나 문제의 관점에서 보면, 이 이야기들은 아주 진실하다.

그렇기 때문에 옛이야기가 단조롭다거나 소중하다고 느끼는 것은 구연자의 감정에 달려 있다. 어린이를 사랑하는 할머니가 어린이를 무릎 위에 앉히고 이야기를 구연하여 어린이가 황홀하게 듣는 것은, 지겨워하는 부모가 연령이 다른 여러 명의 아이들에게 의무적으로 읽어 주는 것과는 매우 다르다. 이야기를 구연하는 어른이 능동적으로 참여하면 어린이가 그 이야기를 생생하고 풍요롭게 경험하게 된다. 또한 어른임에도 불구하고 어린이의 감정과 반응들을 충분히 헤아릴 수 있는 이와의 공유된 경험은, 어린이로 하여금 자신의 인격에 대해 긍정적인 확신을 가지게 한다.

만약 우리가 이야기를 들려 줄 때, 어린이가 자기가 최고가 아니라고 느끼는 절망, 형제간의 갈등에서 오는 고통, 기대 만큼 몸이 따라 주지 못할 때의 열등감, 어떠한 임무 수행에 자신이나 어떤 다른 사람이 적합치 않다는 점에 비참한 감정을 느끼는 것, 자기의 "동물적인" 성적 측면에 대한 불안, 그리고 이 모든 것을 어떻게 극복할 것인가에 대한 우려 등이 구연자의 마음에 전해 오지 않는다면, 우리는 어린이를 낙담시킬 것이다. 이러한 좌절로 인해 우리는 어린이에게 노력하기만 하면 훌륭한 미래가 기다리고 있다는 확신을 주는 데 실패할 것이다. 결국 훌륭한 미래에 대한 믿음만이 어린이에게 안전하게 자기확신과 자기신뢰를 가지고 잘 자랄 수 있는 힘을 준다.

찾아보기

ㄱ

가난뱅이와 부자 29
가족 로맨스 113
강도신랑 480
개 164~168
개구리 161, 164~168
개구리 왕 80, 104, 374, 456~464
개구리 왕 또는 무쇠 헨리 191
개미와 베짱이 72~74
개인적 지식 91
거세불안 427
거위 치는 소녀 219~230, 233
거인 48~51, 54~57, 69, 107, 186~187, 197, 315
거인 사냥꾼 잭 46, 57, 107
고슴도치 한스 116~117, 208
고양이 신데렐라 390~393, 399, 415
공포 23~24, 30~31, 214, 216
공포를 찾아 나선 청년 448~450
괴물 196~197, 465~467, 474, 476
구순고착 274, 283
구스타프 도레 292
그림 형제
    가난뱅이와 부자 29
    강도신랑 480
    개구리 왕 456~464
    고슴도치 한스 116
    공포를 찾아 나선 청년 448~450
    까마귀 452~453

두 왕의 아이들 448
두 형제 154~159
백설 공주 330~331
북 치는 사람 448
세 개의 깃털 169~181
세 개의 언어 160~168
신데렐라 382, 443
여왕벌 126~129
영리한 꼬마 재단사 207
오누이 130~137
일곱 마리 까마귀 116
작은 빨간 모자 278, 282
호리병 속의 정령 48~49, 68, 120
황금 거위 120
금발의 소녀와 곰 세 마리 350~364
기관차 투틀 300~301
기초적 신뢰 414~416, 438, 440
까마귀 116~117, 328, 347, 452, 455
꿈 61~62, 91, 94~95, 105~106, 437

ㄴ

나르시시즘 332
난쟁이 327, 330, 339~347, 349, 354, 360, 444, 455~456
남근 420~421, 427, 434
남신과 여신 84
눈의 여왕 64
늑대 27, 71~76, 109, 111, 124, 132, 278~281, 283~284, 286~303,

304, 336, 386, 493
니오베 68

ㄷ

다시 젊어진 노인 28
동물신랑 443~494
동물신부 450~452, 455
두꺼비 167, 176~180, 462
두 왕의 아이들 448
두 형제(이집트) 150~154
듀나 반즈 291~292, 386

ㄹ

라신 코아티 402, 412~413, 429
라이오스 320, 323~324
라푼첼 32~33, 98, 184~186, 212~213, 233, 238~241, 326
로버트 그레이브즈 467
로버트 사우디 352, 355
로즈월과 릴리언 222
루이스 40
루이스 맥니스 40
루이스 캐럴 44~45

ㅁ

마르틴 루터 382
마리온 콕스 393~394, 424, 428
마법에 걸린 돼지 470~476, 478
마술 86, 119~120, 365, 412, 414, 421, 424, 429
마이클 폴라니 90, 91

마크 소리아노 419
말 horse 95
머리카락 213, 221, 229~230, 330
모리스 메테르링크 232
무의식 16~18, 24, 27, 31, 34, 62~63, 65, 91~94, 96, 103, 105~106, 108, 169, 196~198
미녀와 야수 68, 80, 107, 208, 326, 451~453, 470, 483~494
미르시아 엘리아데 60~61
미운 오리 새끼 68, 172~173

ㅂ

바질 368, 370~371, 379, 390, 392, 394, 396, 398~399, 412
반투족의 이야기 454
백설 공주 21, 32, 206, 225, 233~234, 237, 319~321, 323, 326, 327~349, 353~356, 360~361, 439, 443~445, 493
백일몽 18, 61~62, 86, 113, 194, 335
뱃사람 신드바드와 짐꾼 신드바드 138~142
베스타 신전의 여사제 408
베오울프 68
보몽 부인 484
복수 214~216
북 치는 사람 448, 455
분리불안 24, 30, 234~236
불안 15, 19, 23, 30, 35, 227~228, 447~450

뷔네브 부인 484
브룬힐드 68
비둘기 164~165, 168, 274
비밀의 방 477, 479
빨간 모자 27, 110, 278~303

ㅅ

사과 346~347
사냥꾼과 사냥 134~135, 286, 293~
　295, 334~337
사랑 443~445, 447~448, 453~455,
　459~460, 483~484
사무엘 존슨 73
새 125, 157, 161, 165~168, 171~172
샤를 페로 278~282, 290, 293, 368,
　370~373, 375, 382, 401~407, 412,
　417~421, 424~425, 428, 477, 479~
　480, 482
성 446~456, 459~460, 462~470,
　473~475, 478~484, 487~492
성경 87~89, 122, 356
성냥팔이 소녀 64, 173
성모 마리아의 아이 28, 483
성적 불안 447~449, 467, 473~474
세 가지 소원 51, 117~118
세 가지 언어 160~168, 169, 171, 175,
　365
세 개의 깃털 20, 169~181, 208, 304,
　349, 365, 462
세 방울의 피가 묻은 헝겊 220, 225
세 번의 시도나 선택 49~50, 57, 132,

　136, 177~180, 306
세상 끝의 우물 457
셋(3) : 상징적 의미 169, 173~174,
　179, 331, 355~358, 421~423
소 305~306, 309~310, 312, 317, 413
소공자 68
솔로몬 왕 49
수수께끼 207~208
수호천사 84~85, 87
숲 154~157, 351~354, 358
쉴러 16
스위스 로빈슨 가족 211, 213
스트라보 431
스티스 톰슨 406
시타 42
신데렐라 21, 68~69, 103, 107, 169~
　170, 173, 184, 206, 208, 233, 249,
　381~442, 443~445, 488, 493
신화 13, 41~45, 58~59, 60~70, 77,
　89, 96, 206~207

ㅇ

아기 돼지 삼형제 71~76
아담 356
아동심리학 196
아라비안 나이트 ☞ 천일야화 참조
아리스토텔레스 60, 65
아벨 88, 382
아킬레스 41
아트레우스 322
아폴로 465

아풀레이우스 464, 466~467
아프로디테 346, 465~466, 468, 473, 484
악 19, 21, 23, 227, 233, 235~238, 373
안티고네 324~325
알리그히에리 단테 155
알리바바와 사십 인의 도둑 191
애니미즘 78~80, 104
앤 섹스턴 342
야곱 382
어린이 문학 15, 56, 215
어부와 지니 48~59, 103
얼간이 169~172, 175~180, 203, 217, 316
에릭 에릭슨 414, 440~441
에사오 382
에테오클레스 324
엘레노아 뮈르 351
여왕벌 126~129
여우신랑 477
여자 마법사 185, 238~240, 342
영리한 꼬마 재단사 207
옛이야기 속의 왕위 20, 175~178
옛이야기와 신화 속의 종교 27~29
오누이 130~137, 150~151, 160, 162, 235, 296, 383
오디세우스 41
오이디푸스적인 갈등
 거위 치는 소녀 222~223, 226
 금발의 소녀와 곰 세 마리 350, 352~356, 358~359, 361, 364

동물신랑 447, 453, 468, 484, 488~491
백설 공주 327~330, 333, 335~337, 338, 342, 349
빨간 모자 283, 285~288, 291~292, 295, 300
신데렐라 396~401, 423, 442
오이디푸스 신화 319~326
잠자는 숲 속의 미녀 371~372
잭과 콩나무 309, 313, 315~317
오피에 부부 80, 490
외노마우스 322~324
외다리 병정 64, 68
외부화 92~94, 109, 115, 124
요셉 62, 384~385
요정 대모 394, 398, 404, 406, 417~419
요카스타 319, 324
요한 볼프강 괴테 245~247
용 124, 182~184, 186~188, 192, 366, 447
용감한 꼬마 기차 210~211, 226
우화 42, 45, 57, 72~74, 248, 467
월경 347, 375~376, 379, 430, 432
월트 디즈니 403
융 심리학 63
이브 346, 356
이솝 우화 72, 74
이스메네 325
이중성 130
이즈켄더 234~235

인격통합 115, 130, 147~148
인형 92, 94, 107, 230
일곱 마리 까마귀 26, 116~117

ㅈ

자율성 229~230
자폐증 203
작은 빨간 모자 279, 282
잠자는 숲 속의 미녀 225, 233, 237, 365~380
장화 신은 고양이 23, 120
재투성이 69, 382, 409, 439, 441
잭과 콩나무 23, 56~57, 98, 237, 304~318, 319, 366, 493
잭의 거래 305, 308, 311, 316, 448
잿더미 382, 398, 403, 407~408, 410, 417~418, 420, 424, 433~434, 438
정신분석 16~17, 19, 65, 148, 169, 196, 198~200, 234~235, 320, 426, 446
정체성 94, 350, 357, 359~361
J. R. R. 톨킨 100, 191~192, 231, 233
제우스 13, 64, 466
조셉 쿤달 352
지그문트 프로이트 427, 437
질투 331~334, 336, 338

ㅊ

찰스 디킨즈 39
천일야화 27, 138, 143~149
체스터튼 40, 106~107, 232

ㅋ

카인 88~89, 382
쾌락원칙과 현실원칙 58, 71~75
큐피드와 프쉬케 367, 472~473, 487, 489, 492
크레온 324~325

ㅌ

탄타루스 321~324
테베에 반역한 일곱 사람 321, 324
테세우스 68
투란도트 공주 207
티에스테스 322

ㅍ

파랑새 232, 235
파리스 64
팔라다 219~220, 226, 228
페르스포레 379
펠롭스 321~323
폴리니세스 324
폴 생띠브 61
푸른 수염 28, 476~483, 488
프로이트 심리학 19
프쉬케 367, 465~469, 473, 492
플라톤 60
피 220, 225, 328, 330~331, 375~376, 379, 428~430, 432, 476~477, 479~481

ㅎ

하얀 새 477~480
하에몬 325
하인리히 하이네 223~224, 229
한스 크리스티안 안데르센 40, 64, 172
  ~173
해, 달, 그리고 탈리아 368, 370
해의 동쪽 달의 서쪽 472~473
해피엔딩 56
헤라 408
헤라클레스 42, 58~59, 68, 71
헨젤과 그레텔 24, 28, 30~31, 69,
  103, 162, 186, 236~237, 243~244,
  267~277, 278, 283~286, 296, 329,
  335~337, 339~340, 348, 493
형제간의 경쟁심리 18, 322~326,
  350, 362~364, 383~386, 389~
  390, 399, 401, 406, 410, 417, 421,
  426, 435
호리병 속의 정령 48~49, 68, 120
화성인 111~114
황금 거위 120, 305
회복 231, 233, 237, 240~241
흰눈이와 빨간 장미 455~456
히포다미아 322